Mein Prinz, der Callboy

Hartwig Schröder

Mein Prinz, der Callboy

eichborn

1. Auflage 2009

Umschlaggestaltung: Christiane Hahn
unter Verwendung eines Fotos von © Fabian Konstanzer
Lektorat: Barbara Werner van Benthem
Ausstattung, Typografie: Susanne Reeh
Satz: Fotosatz Reinhard Amann, Aichstetten
Druck und Bindung: CPI – Clausen & Bosse, Leck
ISBN 978-3-8218-7317-6

FSC
Mix
Produktgruppe aus vorbildlich bewirtschafteten Wäldern und anderen kontrollierten Herkünften
www.fsc.org Zert.-Nr. GFA-COC-001223
© 1996 Forest Stewardship Council

Eichborn Verlag, Kaiserstraße 66, 60329 Frankfurt am Main
Mehr Informationen zu Büchern und Hörbüchern aus dem Eichborn Verlag finden Sie unter www.eichborn.de

1

Das erste Mal, da war ich zwanzig, ich war etwas betrunken, saß in Hamburg in einer schwulen Kneipe und wollte nicht nach Hause. Und wie das so ist mit zwanzig, man wird angesprochen. Mich sprach ein Mittvierziger an, ganz direkt, ob ich mit ihm ins Hotel kommen würde, ich sollte hundert Mark bekommen, dafür möchte er mich ficken, mehr nicht.

Ich ging mit, zog mich aus, legte mich auf den Bauch und ließ es über mich ergehen. Eine Viertelstunde später war ich um hundert Mark reicher.

Mit zwanzig sah ich noch aus wie ein Sechzehnjähriger, ich musste im Kino für Filme ab achtzehn immer noch den Ausweis vorzeigen. In der schwulen Szene brachte das Vorteile. Und als Callboy war dies ein weiterer Pluspunkt. Nachdem ich mich entschlossen hatte, regelmäßig anzuschaffen, konnte ich mich vor Anfragen kaum retten. So hatte ich auch die Freiheit, mir meine Kunden auszusuchen.

Aber der Reihe nach.

Ich zog aus der Provinz nach Hamburg, um dort meine Ausbildung bei einer großen Versicherung zu machen. Mit mir kam ein guter schwuler Freund, Andreas. Er fing an zu studieren. Andreas hatte den Vorzug, dass seine Eltern ziemlich reich waren. So hatten wir kein Problem, eine Wohnung für unsere Wohngemeinschaft zu finden, es wurde einfach eine gekauft. Renovierter Altbau, fünf Zimmer, viel zu groß, aber Andreas' Vater sah alles mit kaufmännischen Augen. Gute Lage, guter Zustand, Gewinn beim Verkauf. Ich bezahlte eine symbolische Miete, den wirklichen Wert hätte ich mir (damals) noch nicht leisten können. Andreas' Eltern waren froh, so war ihr gut behüteter Sohn nicht alleine in der Großstadt.

Gleich am ersten Abend zogen wir los, hinein ins schwule Leben. Die Wohnung war natürlich noch nicht eingerichtet, nur ein Bett, eine Stereoanlage und die Kaffeemaschine waren schon aufgestellt. Das sollte reichen, die Neugier war zu groß, um weiter Kartons auszupacken.

Wir waren überall, im Sexshop, in Cafés, in Kneipen, in Discos und in einer Stricherbar. Andreas wollte da unbedingt rein, nur mal schauen, wie es da so ist. Als wir morgens nach Hause kamen, fielen wir gemeinsam in das einzige aufgebaute Bett. Ob wir ein Paar waren? Keiner hat es ausgesprochen, wir lebten einfach so. Ich mochte Andreas, seine Art, seine Bewegungen, seinen Geruch. Ich liebte ihn dafür, wie wichtig ihm kleine Dinge waren, der grün karierte Schlafanzug oder auch der Glastisch, den er unbedingt im Wohnzimmer stehen haben wollte. Und wenn Andreas mir mal wieder eine Rose oder eine Karte hinlegte, nahm ich ihn in die Arme und sagte: »Es ist schön, dass es dich gibt.«

Wir richteten unsere Wohnung ein. Jeder ein Zimmer für sich, ein Esszimmer und ein Wohnzimmer, das fünfte Zimmer diente als Rumpelkammer, Tür auf, Staubsauger rein, Tür wieder zu. Erst später wurde es unser »Bumszimmer«. Jeder hatte ein Ehebett, doch wir schliefen meist in einem zusammen. Wenn Besuch kam, hatten wir also Platz. Unsere Eltern wussten zwar, dass wir schwul sind, aber vorstellen, wie zwei Männer in einem Bett schlafen, konnten sie sich nicht. Wenn sie bei uns waren, bedankten sie sich überschwänglich, schließlich »opferten« wir uns und teilten ein Bett miteinander. Sie boten immer an, ins Hotel auszuweichen, damit jeder von uns sein Zimmer behalten konnte.

Ansonsten führten wir ein ganz normales Leben, Ausbildung, neue Freundschaften knüpfen, die Stadt kennenlernen, schwimmen gehen, Wäsche waschen und was man sonst noch so macht. Nur Andreas wollte immer wieder in Stricherkneipen, wegen des Flairs, wie er sagte. Das war wohl der Gegenpol zu seinem reichen Elternhaus, wo immer alles perfekt und ohne Probleme schien. Hier saßen die Jungs, die wegen Geldnot anschaffen mussten, oft waren sie gar nicht schwul. Die Freier teilweise selbstbewusst, teilweise frustriert und immer wieder angetrunken.

So gingen wir ab und zu auf ein Alster in die Kneipen, wo Jungs auf Kunden warteten. Zu Anfang wurden wir nicht angesprochen, vermutlich weil alle merkten, dass wir nur auf ein Bier hier waren und nicht, um zu verdienen. Wir unterhielten uns auch immer nur untereinander, da kamen Fremde schwer dazwischen. Andreas redete immer öfter über das Thema Anschaffen, es spukte ihm im Kopf herum. Bis ich dann mal sagte: »Dann probiere es halt, dann weißt du, wie es ist.«

Es dauerte noch Wochen. Andreas kam nach der Uni nach Hause und erzählte, dass er noch auf einen Schlenker im Rotlichtviertel war. Er hatte was getrunken und wurde vom Besitzer der Kneipe angesprochen, ob er mit ins Hinterzimmer käme. Er hat es gemacht und es hat ihm gefallen. Jemand fand ihn so geil, dass er Geld für ihn bezahlte. Nein, ich war nicht überrascht. Ich weiß nur noch, dass ich dachte: »Jetzt lebst du mit einem Stricher zusammen.« Und da wir ja offiziell kein Paar waren, durfte ich mich auch nicht aufregen oder eifersüchtig sein. Ich machte also einen auf großer Bruder und fragte, wie es ihm jetzt gehe und wie es gewesen war. Natürlich war ich total neugierig.

Andreas ging es gut, für ihn war es ein Abenteuer wie für andere ein Fallschirmsprung. Das Gegenteil seiner alten Welt, seiner Kindheit. Wüssten seine Eltern davon oder das Dorf, in dem wir aufgewachsen waren, es hätte einen Donner gegeben und der Ort wäre unter großem Getöse im Erdboden versunken vor Scham und Ekel. Andere Jugendliche gingen auf Demos, Andreas auf den Strich, so nabelt sich jeder auf seine Art ab.

2 Es war ein Mittwoch, ich ging alleine was trinken, einfach so, mal raus, eine normale Kneipe im Kiez. Der Laden war leer, außer der Bedienung noch ein paar Gestalten. Kaum hatte ich bestellt, setzte sich ein Junge im gleichen Alter neben mich an den Tresen. Er war kontaktfreudig und sprach mich gleich an. Das Übliche, was man so redet, wenn man sich noch fremd ist. Wetter. Was machst du? Wo gehst du so hin? Warst du schon mal in Berlin?

Er sei Springer für eine große Restaurantkette, müsse also mal hier und mal da arbeiten, immer wo Not am Mann ist. Jeden Moment könne das Telefon klingeln und er müsse weg. Sagte er. Es dauerte nur 24 Stunden, bis ich wusste, dass dies eine Legende war.

Der Abend war sehr unterhaltsam, Andreas – ja, noch ein Andreas – gefiel mir. Wir hatten die gleiche Wellenlänge. Jetzt würde jeder vermuten: ab in die Kiste. Dem war aber nicht so. Wir gingen brav, jeder für sich, nach Hause. Na ja, wo Andreas hinging, wusste ich nicht wirklich. Zuvor hatten wir für den nächsten Tag verabredet, gemeinsam eine Hafenrundfahrt zu machen. Weder er noch ich hatten bisher je den Hafen besichtigt. Was jeder Tourist spätestens am zweiten Tag in Hamburg macht, gleich nach der Reeperbahn oder dem Musicalbesuch, machen viele Einheimische erst nach Monaten, wenn überhaupt.

Ich kam pünktlich zu den Landungsbrücken. Nur Sekunden später tauchte Andreas – also der Andreas aus der Kneipe – auf. Mich hätte es nicht überrascht, wenn er nicht gekommen wäre. Es war doch alles recht unverbindlich, nicht mal Telefonnummern hatten wir getauscht.

Wir schlenderten über die Landungsbrücken und lästerten über die Touristen. Männer mit Bauchtaschen, die den Bauch noch mehr betonten. Zwanghaft Verliebte, die jetzt Urlaub hatten, das »musste« dann einfach harmonisch sein. Hand in Hand spazieren gehen, zwei gleiche T-Shirts kaufen. Und das alles, obwohl jedem der beiden genau das Gegenteil ins Gesicht geschrieben stand. Wir fantasierten, dass die Frau lieber in den Armen eines heißen Latinos liegen würde, irgendwo am Strand, nicht mal den Namen wissend, und einfach nur genießen. Und er hätte gerne Sex mit drei Frauen und einem Mann, würde sich aber nie trauen, es auszusprechen, geschweige denn zu tun. Zu Hause würden sie von den tollen Tagen in Hamburg berichten und von dem verruchten Höhepunkt ihrer Reise, dem Besuch einer Travestieshow.

Wir beschlossen, Touristen zu schocken. Hand in Hand suchten wir uns eine Barkasse für die Hafenrundfahrt aus. Im Nachhinein ein Fehler. Der Barkassenführer hatte ein überaus freches Mundwerk, und er versäumte es bei keiner Gelegenheit, uns aufzuziehen, zur Freude der Mitfahrer. Als Schmerzensgeld sprangen dann noch zwei Bier für uns raus. Trotzdem, ich genoss es. Ich war der besondere Mittelpunkt, der, der ein anderes Leben führte. Ich dachte nur, wenn die wüssten, was mein Mitbewohner für ein Hobby hat. Die Mütter würden ihre Söhne an die Hand nehmen und erst wieder loslassen, wenn ich außer Sichtweite war. Ich musste schmunzeln.

Andreas und ich gingen hoch zur Reeperbahn. Und unterwegs verplapperte er sich. Er hätte nicht mehr viel Zeit, ein Kunde. Ein Kunde? Die Katze war aus dem Sack, er war kein Springer einer Restaurantkette, sondern Callboy. Komisch, es finden sich doch immer die Leute mit dem gleichen Hintergrund oder Gedanken. Ich wette, ein Motorradfahrer würde in einer Kneipe mit lauter Anglern den einzigen Motorradfahrer finden, der außer ihm noch da ist. Eine Art Radar für Gleichgesinnte.

Jetzt wurde ich heiß, ich hatte einen Profi mit Erfahrung an der Angel. Andreas gab bereitwillig Auskunft. Er hatte wohl das Gefühl, dem Auszubildenden aus der Provinz was vom wirklichen Leben berichten zu können. Das stimmte ja auch. Er gab Anzeigen auf – das Internet war damals erst im Kommen –, er hatte ein Apartment nur zum Arbeiten und eine Wohnung zum Leben. In Stricherkneipen ging er selten, die zahlten da nur Dumpingpreise.

Nach dieser kurzen Einführung musste er weg. Ich lud ihn zu uns zum Essen ein. »Mein« Andreas würde schon nichts dagegen haben, eher im Gegenteil. Wir tauschten noch Telefonnummern. Ich bekam seine Privatnummer, was ich als Vertrauensbeweis ansah.

3

Ich saß in der Hochbahn, die recht leer war. Eine eigenartige Stimmung, alle im Waggon sahen so zufrieden aus. Konnte doch gar nicht sein, wo waren die Gehetzten, die Gestressten? Da die alte Oma, sie hatte bestimmt gerade ihren Enkel gesehen. Weiter hinten die Frau mit dem Aktenkoffer, war sie vom Chef gelobt worden oder hatte sie einen guten Vertrag abgeschlossen? Dann noch der Jugendliche, jede Wette, er war frisch verliebt. So zufrieden sieht man nur aus, wenn man frisch verliebt ist.

Verliebt, was für ein Wort. Hört sich so nach Irrtum an. Man verfährt sich oder vergisst etwas. Aber gut, bei vielen stimmt das dann schon mit »verliebt«. Ein Versehen, erst später merkt man, was man da an Land gezogen hat. Bei uns in der Versicherung wird immer für ein Geschenk gesammelt, wenn ein Kollege heiratet. Soll man nicht besser bei einer Scheidung sammeln? Die ist doch meist teurer und die Menschen brauchen dann mehr Zuwendung.

Ich genoss die kurze Fahrt, schaute aus dem Fenster, alles kam mir wie im Film vor. Und ich dachte: »Das Leben bietet so viel Schönes, selbst in der U-Bahn, man muss es nur sehen.«

Ich kaufte Lebensmittel, obwohl das normalerweise Andreas tat. Andreas ging lieber einkaufen, ich putzte lieber. Passte also wunderbar, so gab es nie Streit darüber, wer was machen musste. Zu Hause angekommen, berichtete ich meinem Andreas von dem Treffen mit dem Escort-Andreas und dass ich ihn zum Essen eingeladen hatte.

Wir fanden einen Termin, der allen recht war. Escort-Andreas brachte eine Flasche Sekt mit, schaute sich neugierig in unserer

Wohnung um, wie es wohl jeder macht, der das erste Mal ein fremdes Domizil betritt. Andreas und Andreas verstanden sich auf Anhieb. Der Sekt wurde aufgemacht, leise Musik lief und wir witzelten rum. Man merkte, Escort-Andreas war ein Profi. Er musste öfter dafür sorgen, dass das Eis gebrochen wird, Leute sich wohlfühlen. Aber meinte er es dann ehrlich oder dachte er nur ans Geld?

Wir aßen Pasta mit einer Meeresfrüchtesoße und tranken Wein. Natürlich kam das Gespräch recht schnell auf DAS Thema: Anschaffen. Wir waren gespannt. Escort-Andreas sprach übrigens nie von Freiern, sondern immer nur von seinen Kunden.

Viele kommen, weil sie einsam sind. Da geht es nicht um Sex, sondern um Seelsorge. Andere sind verheiratet und leben ihre schwule Seite aus. Die würden sich nie in eine schwule Bar trauen, man könnte ja gesehen werden. Ab und zu kommen auch ganz Junge, die es überall umsonst bekommen würden. In diesem abgesteckten Rahmen müssen sie aber keine Angst haben und können in Ruhe Erfahrungen sammeln, ohne dass es gleich zum Stadtgespräch wird, wenn mal was nicht klappt. Und dann noch die Älteren, die einfach auf Jüngere stehen und diese auf dem freien Markt nicht mehr bekommen. Oder auch welche, die mal ausspannen wollen. Bucht man einen Callboy, muss man sich keine Gedanken machen wie bei einem normalen Date, ob man gefällt, man kann einfach genießen.

Die Wünsche der Kunden geben alles her, was die Fantasie zulässt. Mal muss Andreas in Sportklamotten erscheinen, mal in Leder. Mal den großen Dildo einsetzen oder die Handschellen. Dann wieder Unmengen Flüssigkeit zu sich nehmen, weil ein Kunde angepisst werden will. Auch Merkwürdiges ist dabei, wie der Kunde, der Kartoffeln mitbringt und dazu gezwungen werden will, nackt Kartoffeln zu schälen, mehr nicht. Jedem das Seine.

Wir merkten schnell, als richtiger Profi brauchst du eine gute Ausstattung. Andreas' Vater hätte bestimmt sofort die Rendite errechnet: Großer Dildo, 150 Mark, hält bestimmt 100 Einsätze aus, macht 1,50 Mark pro Gebrauch. Nicht zu vergessen die entgangenen Zinsen, wenn man die 150 Mark angelegt hätte. Unterm Strich würde das dann etwa 2 Mark pro Gebrauch machen.

Ein Callboy stellt die Rechnung auf. Einmal oral, einmal ficken, 5 Milliliter Gleitcreme, ein Kondom, einmal duschen danach, neues Bettlaken, macht 134,56 Mark plus Mehrwertsteuer. Andreas nahm in seinem Apartment 150 Mark pauschal. Keinen Stundenpreis, die meisten Kunden waren eh aufgeregt und recht schnell »fertig«. Und wenn doch mal einer länger blieb, war es kein Problem. Nur wenn es zu lange dauerte, sagte er was. Mit diesem kundenorientierten Verhalten hatte er sich einen guten Ruf erarbeitet und viele Stammkunden.

Er könne auch wählerisch sein, müsse nicht jeden annehmen, sagte Andreas. Ungepflegte würde er zum Beispiel immer zurückweisen. Und aus Schaden würde man klug. Zu Beginn seien Kunden ohne zu bezahlen wieder gegangen. Nachdem die Geilheit befriedigt war, kam der Geiz. »Du billiger Stricher bist dein Geld nicht wert!« Beim Sex zuvor hörte sich das natürlich noch anders an. Seither gehe alles nur gegen Vorkasse, außer bei Stammkunden, das sei was anderes.

Am späten Abend war unsere Lehrstunde über käuflichen Sex vorbei. Wir wechselten aufs Sofa, schauten Video und tranken noch mehr Wein. Mein Andreas platzte dann plötzlich damit raus, dass er ab und zu in Kneipen anschaffte. Escort-Andreas sagte nur: »Hallo Kollege«, und schaute mich fragend an. »Ich mach hier nur die Puffmutter«, antwortete ich. »Ich bring euch im Winter heißen Tee zum Bahnhof und sorge dafür, dass immer genug Gleitgel da ist und der Dildo kaufmännisch richtig abgeschrieben und benutzt wird.«

Danach war das Thema für diesen Abend erledigt. Wäre jetzt jemand Neues zu uns gestoßen, hätte er bestimmt gedacht: »Drei Kumpel, vermutlich alles Studenten, machen sich einen schönen Abend.«

Nachdem Escort-Andreas gegangen war, wühlte ich sofort unsere schwulen Zeitungen durch und fand auch recht schnell die Anzeige von ihm. Er nannte sich Florian und bot Treffen bei sich und im Hotel an, Reise- und Abendbegleitung waren auch möglich, dazu ein Bild und seine Telefonnummer.

4

Frühstück. Andreas und ich hatten den Abend verdaut und waren uns einig, der andere Andreas war ganz nett und sah auch noch verdammt gut aus. Wer meldete sich jetzt bei wem wieder? Immer die gleiche Frage, als ob man sich was vergibt, wenn man einfach mal anruft. Ist das schon erforscht? Ich meine, das geht ja jeden an. Es wird doch fast alles untersucht, selbst das Liebesleben der Ameisen, aber das hier ist ein Thema, das jeden im Leben mal trifft.

Wir mussten nicht lange nachdenken, das Telefon klingelte. Escort-Andreas bedankte sich für den schönen Abend und fragte, ob wir Lust auf einen Gegenbesuch hätten, am gleichen Abend. Wir hatten! Es gab aber eine Option. Ein Stammkunde wollte vielleicht vorbeikommen, dies könnte den Termin zum Platzen bringen. Da fing es an. Was ist wichtiger, privat oder Strich? Aber hatte meine Mutter nicht eine Freundin, die Ärztin war, und wenn sie Bereitschaft hatte, musste sie alle Termine über den Haufen werfen? Jeder muss seine Rechnungen bezahlen.

Wir riefen zurück und sagten zu. Es war ja Samstag, da würde uns schon eine Alternative einfallen, falls er absagte. Diesmal brachten wir den Sekt mit. Andreas machte uns auf, nur in Shorts und mit nassem Haar. War das Absicht, hatte er sich einfach in der Zeit verschätzt oder wollte er uns anmachen? Sein Stammkunde war bis eben gerade da gewesen. Moment, hatte er nicht erzählt, er habe zum Arbeiten eine eigene Wohnung? Ich war gut drauf und fragte einfach nach. Ja, er hätte ein eigenes Apartment zum Arbeiten. Der Kunde bezahle ihm aber das Doppelte, wenn er zu ihm privat nach Hause kommen dürfe, es hätte dann mehr den Charakter von Freundschaft.

Jede Grenze kann also aufgeweicht werden, wenn der Preis stimmt.

Um darüber zu diskutieren, kannten wir uns noch zu wenig. Escort-Andreas war wegen des Kunden auch nicht zum Kochen gekommen, er fragte uns, ob Pizza okay sei. Wir bestellten Salat und Pizza. Es war schon alles recht ungezwungen, nicht so am Tisch, eher gemütlich auf der Couch. Escort-Andreas zog sich auch nicht an, er blieb in seinen Shorts.

Diesmal fragte er meinen Andreas nach seinen Erfahrungen. Schnell wurde klar, mein Andreas verkaufte sich unter Preis. Für ihn gehe es ja nur um das Spiel, um den Reiz des Unbekannten, nicht unbedingt um maximalen Gewinn, verteidigte er sich. Aber da hatte Escort-Andreas schon recht, wenn hinhalten, dann rausholen, was geht. Welcher Aktionär würde auf Rendite verzichten, welche Putzfrau auf eine Gehaltserhöhung, ohne groß was anderes machen zu müssen?

An der Tür klingelte es, das Essen kam. Und mit dem Essen wurde auf privat umgeschaltet. Salat, Pizza, dann spielten wir »Mensch ärgere Dich nicht«. Gegen Mitternacht kamen wir auf die Idee, noch auszugehen. Wir gingen tanzen.

In der Disco schaute mich immer ein älterer Typ an. Escort-Andreas bemerkte es und forderte mich auf, zurückzuschauen. Ich schaute zurück. Der Kellner kam mit einem Bier und einem Gruß von meinem »Anschauer«. Ich ging hin und bedankte mich, wie man es halt auf dem Dorf so macht, wenn man eingeladen wird. Ein Fehler. Jetzt dachte der Spender, ich wolle was von ihm. Ich wurde ihn nicht mehr los. Rettung kam in Form von Andreas und Andreas. Escort-Andreas stellte sich neben mich, griff mir unter das T-Shirt und sagte: »Uns gibt es nur zu dritt.« Mein Andreas tat das Gleiche und fügte hinzu: »Das kannst du dir gar nicht leisten.« Der Typ war weg und ich verwirrt.

Zwei Hände auf meiner Brust, eine davon fast fremd. Ich flirtete mit einem Älteren, weil es mir ein Bekannter gesagt hatte. Jetzt brauchte ich Luft. Mein Andreas kannte mich und kam mit raus. Ich wusste nicht, was ich sagen, machen oder denken sollte. Escort-Andreas kam später dazu, entschuldigte sich bei mir, bestellte ein Taxi und wir fuhren zur Alster, mit Stopp an einer Tankstelle, Sixpack kaufen. Nun saßen wir zu dritt nachts an der Alster und tranken Bier.

Zwei alte Freunde und eine neue Bekanntschaft. Ich wäre mit meinem Andreas gerne allein gewesen, traute es mich aber nicht zu sagen. Da sagte Escort-Andreas plötzlich: »Abschalten kann ich nur schwer, war nicht gut, dich aufzufordern, den Typ anzuschauen.« Ich zweifelte. Meinte er das nur, um die Situation zu retten? Oder stimmte es? Vermutlich war beides der Fall.

Am liebsten wäre ich zurück in unser Heimatdorf, hätte mir einen Hund zugelegt und wäre nie wieder in eine Großstadt gefahren. Bis zu meinem Tod den Hund ausführen und mit Nachbarn tratschen, das wollte ich nun. Klein, überschaubar, ruhig. Aber in der nächsten Minute wollte ich den älteren Typ schon wieder anmachen, wollte die zwei Hände unter meinem T-Shirt spüren. Ich machte ein neues Bier auf.

Wie hatte ich über die Touristen auf den Landungsbrücken gelästert, über ihre ungelebten, geheimen Wünsche. Und was machte ich gerade? Ich wollte zurück zu dem, was ich kannte, in mein Dorf. Nein! Ich bleibe und mache hier weiter, probiere aus, was mir gefällt, und lasse es sein, wenn es mir nicht zusagt! Das war knapp.

So saßen wir da, keiner redete ein Wort. Später gingen wir zu uns, wir schliefen ein, mein Andreas in seinem Zimmer, ich in meinem und unser Besuch auf der Couch. Nachts kam mein Andreas zu mir und kuschelte sich an mich, die Welt war wieder in Ordnung. Am Morgen danach stand unser Besuch in der Küche und suchte Kaffee, Filter und was man sonst noch so braucht. Selbstbewusst war er, es war was von wohlfühlen dabei, von unkompliziert, von »es passt«.

Ich konnte nicht anders, ich kniff ihn in die Brustwarze, er drückte mir einen Kuss auf die Wange. Ich fragte, ohne nachzudenken: »Hast du Freunde?«

»Ja schon, aber die wissen nichts von meinem Job. Wenn ich

Schwulen davon erzähle, bin ich entweder Freiwild oder der Kumpel, der ganz besonders ist. Beides auf Dauer nicht schön. Bei euch habe ich das Gefühl, so sein zu können, wie ich bin. Was meinst du, was ich gestern Abend an der Alster Angst hatte, dass du und dann bestimmt auch Andreas einfach Tschüss sagen würden. Hört sich jetzt altklug an, ist aber so.« Ich glaubte ihm.

Wir beschlossen spontan, mit dem Zug nach Westerland auf Sylt zu fahren, einfach ein, zwei Stunden am Meer verbringen. Es war ein toller Tag, Fischbrötchen, die Wellen, der Geruch nach Meer. Todmüde kamen wir mit dem letzten Zug in Hamburg an. Ab jetzt trafen wir uns regelmäßig. Wie heißt es in *Casablanca* am Schluss? »Der Beginn einer wunderbaren Freundschaft« oder so ähnlich.

5

Nach dem aufregenden Wochenende kehrte erst mal Ruhe ein. Uni, Ausbildung, ausgehen, Eltern besuchen und ab und zu Escort-Andreas treffen. Wir gingen ins Kino oder Eis essen, trafen uns zum Kochen oder zum Stadtbummel. Sein Job war nur selten Thema, also nur dann, wenn was Besonderes vorgefallen war, so wie ich nur berichtete, wenn mich mein Chef mal wieder nervte.

Es beruhigte mich auch, dass Escort-Andreas nicht bei mir und Andreas »eindringen« wollte, er respektierte unsere Partnerschaft. Es passierte schon mal, dass wir zu dritt auf dem Sofa saßen und kuschelten. Oder er mein Talent für gute Fotos nutzte und ich ihn in eindeutiger Pose fotografierte. Es war unausgesprochen, aber gut, Sex war kein Thema bei uns dreien, das wäre wie Inzucht gewesen.

Es dauerte lange, bis wir Andreas' Escortwohnung sahen. Wir waren verabredet und er sagte, wir könnten ihn ja dort abholen. Sie lag in einem großen Wohnblock, hier fiel es nicht auf, wenn immer wieder fremde Männer durch die Gänge huschten. Anonymität kann auch Vorteile haben. Das Apartment war klein. Ein

Raum von vier mal vier Metern, eine kleine Nasszelle und eine Kochzeile im Eingangsbereich. Im Wohnraum standen ein großes Bett, ein Sessel, eine Kommode mit Fernseher und kleiner Stereoanlage darauf. Vor den Fenstern hingen rote, bodenlange Vorhänge, die etwas Licht durchließen. Im gleichen Rot war die gegenüberliegende Wand gestrichen, die anderen Tapeten waren weiß. Kunstdrucke von Edward Hopper schmückten den Raum. Auf dem Bett lag keine Bettwäsche. Es war nicht zum Schlafen gedacht.

Andreas zeigte uns sein Reich genauer. Die Küchenzeile wurde nicht gebraucht, nur der Kühlschrank und etwas Platz für eine Kaffeemaschine. Die Schränke dienten als Ablage für Handtücher und Bettlaken. In der Kommode wurden diverse *Toys* wie Dildos, Handschellen und Kerzen aufbewahrt, aber auch Kondome, Gleitcreme und spezielle Klamotten. Das Bad war so, wie man es sich vorstellt. In einer Ecke die Dusche, daneben das WC und gegenüber das Waschbecken, nichts Besonderes.

Sein Arbeitszimmer, wie er es nannte, lag nur zwei Minuten zu Fuß von seiner Privatwohnung weg. Das hatte den Vorteil, dass er die gebrauchten Handtücher und Laken nicht weit schleppen musste, um sie zu waschen. Und er konnte flexibel planen. Das Telefon stand in der Privatwohnung, in der Escortwohnung gab es keines. Das sparte Kosten und man hatte Ruhe, wenn ein Kunde da war. Handys waren damals erst in den Kinderschuhen.

Der Vater von meinem Andreas wäre stolz gewesen, alles sehr gut durchdacht und kaufmännisch sowie unternehmerisch perfekt durchgeplant. Kosten senken und kundenorientiert arbeiten. Pro Dildoeinsatz 2 Mark extra berechnen nicht zu vergessen.

Das war Escort-Andreas' Arbeitszimmer.

Apropos Arbeitszimmer: Mein Andreas hatte umgesattelt, von Stricherkneipen auf Anzeigen. Also keine Fotoanzeige wie bei Escort-Andreas, sondern kleine Textanzeigen. »Studi 20 Jahre aus Hamburg verwöhnt dich«, so in der Art. Er hatte in unserer

Wohnung einen zweiten Telefonanschluss legen lassen, extra für diese Anzeigen. Wollten wir Ruhe, zogen wir den Stecker aus der Dose. So zwei, drei Mal die Woche verschwand Andreas, Grenzen austesten, wie er es nannte. Die Hälfte des Lohnes sparte er, die andere gab er aus. Wenn er danach ewig duschte, wusste ich, etwas war schiefgelaufen. Er brauchte dann immer ein bisschen Zeit, bevor er berichtete, dass zum Beispiel in einem Hotelzimmer nicht einer gewartet hatte, sondern drei. Er bekam sein Geld, zog sich aus, und dann tauchten zwei weitere Männer aus der Dusche auf. Die Freier wohl wissend: Selbst wenn er zur Polizei ginge, waren sie schon längst über alle Berge.

Doch so was kam selten vor. In Stricherkneipen gingen wir trotzdem noch, da lag was Besonderes in der Luft. Sie waren zwar alle Konkurrenten dort, trotzdem war es für viele eine Art Zuhause.

Ich war dem Thema Anschaffen gegenüber zwar offen, aber selber wollte ich das nicht machen. Mein Andreas wachte sogar eifersüchtig darüber, dass ich es nicht machte. Ich war sein Ruhepol, vielleicht sogar der Grund, warum er nicht noch weiter ins »Grenzenaustesten« abrutschte. Andreas dachte in Schwarz und Weiß, Grautöne gab es bei ihm nicht. Anschaffen war schwarz, ich war weiß, würde ich selber anschaffen, wäre ich auch schwarz und Andreas hätte nichts Weißes mehr.

Ich lebte also fast umsonst, dank Andreas' Eltern, in der tollen Altbauwohnung, Andreas verwöhnte mich mit Restaurantbesuchen und immer wieder Ausflügen nach Sylt. Für einen Studenten nicht schlecht. Das Geld, das meine Eltern überwiesen, reichte für meine Grundbedürfnisse. Trotzdem, ich hatte ein schlechtes Gewissen Andreas gegenüber. Ich konnte mich nie revanchieren. Wollte ich mal bezahlen, war die Rechnung garantiert schon beglichen. Hatte ich ihm was geschenkt, kam postwendend ein größeres Präsent.

Ich begriff, er tat es, weil er mich mochte, aus welchen Gründen auch immer, und wenn er es so wollte, durfte ich es auch annehmen. In seiner Familie war Geld ja immer gleich Liebe oder Lob. Manchmal glaube ich, er hatte nie gelernt, jemanden um seiner selbst willen zu lieben. Ich mochte Andreas einfach, nur weil er da war, und daher war ich ihm so wichtig. Sein »Danke« oder »Ich liebe Dich« zu sagen war es, mich finanziell zu versorgen und zu umsorgen.

6 Auf dem Hauptbahnhof herrschte Chaos, ein »Personenschaden«, ein Selbstmörder, brachte alles durcheinander. Müssen die mit ihrem Suizid unbedingt andere belästigen? Warum von der Brücke beim Bahnhof stürzen, warum nicht zu Hause Tabletten nehmen? Vielleicht sollte die Bahn irgendwo eine Ringstrecke bauen. Eine Lokomotive ohne Führer fährt immer im Kreis. Hier könnten sich die Lebensmüden dann gemütlich vor den Zug werfen, ohne einen Lokführer in eine unverschuldete Krise zu stürzen und Tausende von Reisenden warten zu lassen.

Ein Kunde hatte sich für meinen Andreas angekündigt, einen Abend und eine Nacht im Hotel war gebucht. Das erste Mal eine ganze Nacht. Ich bin mit zum Bahnhof, wo Andreas den Kunden abholen sollte. Bei der Menschenmenge fiel es nicht auf, wenn ich immer in seiner Nähe blieb, selber den Kunden einschätzte. Sollte ich ein komisches Gefühl haben, war verabredet, dass ich Andreas anspreche und ihn frage, ob er mir Geld wechseln kann.

Der Zug kam, Andreas und der Kunde fanden sich wie verabredet an der Rolltreppe. Ein Mittvierziger in Jeans, etwas zu sehr auf jugendlich gemacht, fast schon peinlich. Klar, der wollte meinen Andreas, weil er jung war. Sie gingen durch den Bahnhof in ein Hotel gleich gegenüber.

Ich stand auf der anderen Straßenseite und fühlte mich komisch. Ich sah zum ersten Mal direkt, wie Andreas mit einem Kunden mitging. Der Hoteleingang kam mir vor wie ein großes Maul, das ihn verschluckte, wie der Eingang zur Hölle. Aber er ging ja freiwillig mit, nicht aus Geldnot oder so. Was sollte ich jetzt denken, was sollte ich jetzt tun? Ich hätte ihn ja ansprechen können, das Zeichen, die Frage nach dem Wechselgeld. Aber das war das Zeichen für »Kunde nicht okay« und nicht für »Ich fühle mich dabei nicht gut«. Egal, es war zu spät. Wäre mir die Idee früher gekommen, ich hätte es auf den Kunden geschoben.

Ich war eifersüchtig. Am liebsten hätte ich Andreas auf der Stelle geheiratet und auf eine einsame Insel entführt. Nur: Würde er das auch wollen? Er war ja aus Neugier und Abenteuerlust da drüben. Waren sie schon auf dem Zimmer, hatte Andreas den Schwanz vom Kunden schon im Mund? Ich wurde fast wahnsinnig.

Ich ging die Lange Reihe, eine Straße in Bahnhofsnähe, zweimal hoch und wieder runter, bis ich wieder einen klaren Gedanken fassen konnte, bis ich innerlich etwas zur Ruhe kam. An einer Tankstelle holte ich mir zwei Dosen Bier und setzte mich auf den Bordstein. Es ging doch schon Wochen so, bisher fand ich das alles eher aufregend. Ich selber hatte die Idee, mit zum Bahnhof zu kommen, war ein Teil des Unternehmens Andreas. Klingelte das »Nuttentelefon« zu Hause – so nannten wir den Anschluss, der in den Anzeigen abgedruckt war –, ging ich ran, wenn Andreas nicht da war. Welcher Freier erinnerte sich schon später genau an die Stimme, und wir klangen eh ähnlich. Auf Betriebsfesten dachte ich mir: »Wenn die hier wüssten, in was für einer Welt ich lebe.« Das gab mir Stärke, ich war so was wie ein Geheimagent in einer fremden Welt. Und jetzt zog mich genau das runter.

Neben mich auf den Bordstein setzte sich plötzlich jemand. Ein Junge, vielleicht fünfzehn, er sah so aus, wie sich die Leute in meinem Dorf einen Junkie vorstellen. Blass, dünn, sein Gebiss ein Trümmerhaufen. Er fragte mich ganz direkt nach der zweiten Dose Bier, die auf dem Boden vor mir stand. Ich gab sie ihm. Er öffnete sie und blieb sitzen und fing an zu reden: »Du gehörst hier nicht her. Das ist keine Gegend für dich.« Ich schaute ihn fragend an. »Wer hier auf dem Bordstein sitzt und säuft, so gleich neben dem Hansaplatz, hat meist Probleme. Ist ja nicht umsonst das Drogeneck der Stadt. Und du siehst nicht aus wie ein Junkie, ein Stricher oder jemand, der keine Wohnung mehr hat. Aber wenn man gefrustet ist, ist hier die Verführung groß.«

Ein Junge erzählte mir gerade was vom Leben, nein, kein Streetworker, sondern einer, der sich nachts in billigen Hotels durchficken ließ für den nächsten Schuss. Ausgerechnet. Aber es lenkte ab, endlich dachte ich nicht mehr an mich und Andreas und die Eifersucht. »Wie bist du hier gelandet?« Er erzählte, dass er sechzehn war und seit drei Jahren anschaffte. Seinen Eltern war es egal, wenn er nächtelang weg war. »Als Frischfleisch wirst du richtig reich.« Irgendwann gab ihm ein Freier Heroin, plötzlich war die Welt schön. Er ging dann immer wieder zu diesem Freier, statt Geld gab es Stoff, ruckzuck war er abhängig, von den Drogen und von dem Freier, der sich als Zuhälter entpuppte. Für den Stoff und ein Dach über dem Kopf wurde er rumgereicht. Mit fünfzehn war er zu alt und der Zuhälter besorgte sich ein neues »Gesicht«. Freier wollen neue Körper. Nun lebte er in St. Georg und machte für Geld so ziemlich alles mit, nur um immer genug Kohle für den nächsten Schuss zu haben.

Ich fragte als Junge vom Dorf, Leser von *Christiane F.* und Teilnehmer des Religionsunterrichts zum Thema Drogen, also als richtiger Experte, nach Therapiemöglichkeiten. Darauf hatte er keine Lust: Er ist eh nichts mehr wert, und wenn er morgen verreckt, wäre es das Beste. Und Drogen haben ja auch was Gutes, sonst würde sie keiner nehmen. »Nur die Folgen sind halt scheiße.« Nein, er würde so weitermachen, das ist das Leben, hier findet er sich zurecht, hier kennt er sich aus. »Und nach einem Schuss, wenn das Glücksgefühl vom Körper Besitz ergreift, fühlst du dich eins mit der Welt, da ist alles andere dann egal.«

Stimmt, Drogen müssen was Gutes haben, sonst würde keiner damit anfangen. Und wer glaubt schon daran, dass, wenn er ab und zu ein Bier zu viel trinkt, er eines Tages zitternd und schwitzend nach mehr giert. Welcher Jugendliche denkt nicht, alles im Griff zu haben, bis zu dem Tag, wo er das erste Mal klaut, um

Geld für Nachschub zu bekommen? Das Positive an Drogen, das gute Gefühl, siegt, und am Anfang ist ja auch noch alles unter Kontrolle. Zumindest scheinbar.

Es gibt viele Stricher, die nicht schwul sind. Sie würden eher einen Mord zugeben, den sie nicht begangen haben, als zugeben, je angeschafft zu haben. Unterste Schublade halt. Der Junge wusste selber nicht, was er war, er hatte seit Kindertagen nur mit Männern geschlafen. Der erste war der Sozialarbeiter, der die Familie betreuen sollte.

Das Bier war alle, ich schlug vor, noch eins zu holen. Ich kam zurück und unsere Bordsteinparty wurde fortgesetzt.

Jetzt fragte er mich, was ich so mache. Ich log das Blaue vom Himmel, mein Gefühl sagte mir, erzähle bloß nichts, was auf dich rückschließen lässt. Ich sollte dies später noch oft machen, ich wurde ein richtiger Meister im Doppelleben Erfinden. Jeder Geheimdienst wäre stolz auf mich gewesen. Ich erzählte den Leuten das, was sie hören wollten, außer Sex gab es noch das passende Leben dazu. Wie im Zirkus, ein, zwei Stunden perfekte Illusion. Und auch wenn ich einen Kunden wiedersah, ich konnte mich noch an meine alte Geschichte erinnern und weiterspinnen. »Zum Lügen gehört Intelligenz«, sagte meine Oma immer. Danke Oma für das Kompliment.

Mein »Künstlername« Jan und mein Strichalter achtzehn sollten mir so in Fleisch und Blut übergehen, dass ich im »bürgerlichen Leben« ab und zu durcheinanderkam, nie aber beim Anschaffen.

Er zeigte mir, wie Grenzen verschwimmen können, ohne dass man es merkt, geschweige denn will. Manchmal denke ich, den hat ein Engel geschickt. (Ich sah den Jungen nie wieder.)

7

Nachdem ich mich von dem Jungen von der Bordsteinkante verabschiedet hatte, ging ich in ein Café in der Langen Reihe. Ich nahm mir eine Zeitung und bestellte ein Wasser. Zum Zeitunglesen kam ich nicht, mein Andreas und sein Kunde saßen ein paar Tische weiter. Das Herz schlug mir bis zum Hals. Andreas blinzelte mir zu, ich tat so, als ob ich nichts gesehen hätte und schaute in die Zeitung. Die Buchstaben verschwammen, die Bilder konnte ich nicht erkennen. Was sollte ich machen? Aufstehen und gehen? Irgendetwas hielt mich auf meinem Platz. Ich musste einfach zusehen, auch wenn es mich quälte.

Andreas und der Kunde bestellten, dann stand Andreas auf und ging zur Toilette, ich ging ihm nach. Auf dem WC wartete Andreas, er gab mir die 500 Mark Liebeslohn, die er bekommen hatte, und bat mich, sie nach Hause zu bringen, das sei ihm sympathischer. Er habe schon überlegt, wie er mich erreichen könnte. Ich brachte kein Wort raus. Andreas schien ganz normal, so wie immer, ihm machte das alles scheinbar nichts aus. Ich hätte jetzt am liebsten auf der Stelle Sex mit ihm gehabt, wollte ihn ganz alleine für mich. Aber ich nahm nur stumm das Geld und küsste ihn auf die Wange. »Alles okay?« Ich log und sagte: »Ja.« Andreas kniff mich in die Seite und ging wieder raus.

Ich schlich zurück in den Gastraum direkt zum Tresen, bezahlte und ging nach Hause.

Von Unruhe getrieben verließ ich später wieder unsere Wohnung. Es wäre gut gewesen, einen Freund anzurufen und mit ihm etwas zu machen. Jemand, der auf mich aufpasste in diesem Moment. Ich hörte nicht auf mein Gefühl und zog alleine los, fuhr wieder nach St. Georg, dahin, wo Andreas im Hotel war, wo ich ihn mit seinem Kunden gesehen hatte. Masochismus in Reinkultur. Meine Augen suchten jeden Winkel nach Andreas ab, ich fand ihn nicht. Was hätte ich gemacht, wenn ich ihn gefunden hätte? Vermutlich nichts.

Im Bahnhof kaufte ich mir eine Dose Bier und zog weiter durch die Straßen. Meine Gedanken waren bei dem Jungen von der Bordsteinkante. Was der jetzt wohl tat? Für ihn war Anschaffen kein Spiel, kein Abenteuer, für ihn war es Überleben. Der gleiche Job, aber die Umstände ließen daraus zwei völlig verschiedene Dinge werden. Dieser Gedanke beruhigte mich etwas.

Wäre ich genauso aufgewühlt, wenn Andreas über Nacht was anderes gemacht hätte, zum Beispiel mit Kommilitonen lernen? Bestimmt nicht. Es war was anderes, er machte etwas, das mich auch betraf. War es meine spießige Erziehung? War es Eifersucht? Keine Ahnung.

Auf meinem Zug durch die Straßen kam ich an einer schwulen Kneipe vorbei, kein Stricherladen, und ging rein. An der Bar bestellte ich Bier und trank es viel zu schnell. Wie viele Biere es waren, weiß ich nicht mehr, jedenfalls sprach mich irgendwann ein Mittvierziger an, ganz direkt, und fragte mich, ob ich mit ihm ins Hotel kommen würde. Er bot mir 100 Mark, er wollte mich ficken. Ich sagte ja, ohne lange nachzudenken.

Wir gingen zu einem Stundenhotel. Auf dem Zimmer gab er mir die 100 Mark, dann sollte ich mich ausziehen. Er schaute zu, bis ich nackt vor ihm stand, fasste mich überall an und zog sich selber aus. Ob ich es schon mal für Geld gemacht hätte? »Nein«, sagte ich wahrheitsgemäß. Das machte ihn an. Ich stand immer noch nackt vor ihm und er spielte mit meinen Eiern und meinem Schwanz. Mich erregte das. Die Unschuld vom Lande stand nackt in einem Stundenhotel in Hamburg und wurde dafür bezahlt. Es machte mich geil, als Objekt befingert zu werden. Als er mir sagte, ich solle mich aufs Bett legen, tat ich das bereitwillig. Er drang in mich ein und kam schon nach ein paar Stößen. Das war's. Wir zogen uns an und jeder verließ das Hotel in eine andere Richtung.

Duschen! Der erste Gedanke, der mir kam, als ich wieder alleine war, war »Duschen«. Oder doch nicht? Nein, eigentlich nicht, ich wollte den Geruch des Jobs behalten, ich fühlte mich schmutzig, aber wohl. Mit diesem Bewusstsein ging ich in einen In-Laden, dahin, wo die gehen, die denken, sie sind die Besten. Ich bestellte Wein und lehnte mich an eine Wand. Jetzt war ich zufrieden. Jetzt wusste ich, was mich an Andreas und dem Kunden gestört hatte. Ich wollte selber wissen, wie es ist. Was einen an anderen stört, stört einen doch nur, weil es ein Teil von einem selbst ist, ansonsten wäre es egal. Ich war eifersüchtig auf

Andreas, weil er sich was getraut hatte, das ich selber auch erfahren wollte.

So stand ich an der Wand und ließ den Abend Revue passieren. Ich bekam einen Steifen. Irgendwie muss ich eine super Ausstrahlung gehabt haben. An diesem Abend quatschten mich reihenweise Jungs an, einer hübscher als der andere. Mich interessierte keiner. Ich war was wert, hier als Beute für attraktive Bengel und vorher als Sexobjekt. Zum Glück war kein Psychologe in der Nähe, er hätte mir bestimmt ein gestörtes Selbstbewusstsein attestiert. Was ja vermutlich auch stimmte, aber hat nicht jeder seinen Knacks? Und ich fand es nicht schlimm, im Gegenteil, ich fand es geil. Also warum dann kurieren? Nur um der Moralvorstellung meiner Eltern, der CDU und der Kirche zu genügen?

Ich dachte an den Jungen von der Bordsteinkante und seine Drogen. Mir hatte die Droge Sex gegen Geld gefallen, wie würden die Spätfolgen sein? Würde ich zitternd aufwachen, würde ich eine Grenze ohne Wiederkehr überschreiten?

Als ich nach Hause kam, legte ich das Geld, das ich zuvor von Andreas' 500 Mark genommen hatte, zurück. Ich hatte es mit dem Gedanken genommen: »Wenn er mich schon im Stich lässt, soll er zumindest für den Abend bezahlen. Sein Freier bezahlte ihn und er mich für entgangene Stunden mit ihm, eine Art Schmerzensgeld.« Jetzt hatte ich selber angeschafft.

Ich duschte und holte mir dabei einen runter, ich dachte daran, wie ich nackt vor dem Fremden stand.

8

Samstagmorgen gegen elf Uhr, an der Tür klingelte es. Ich erwartete niemanden, vermutete die Post oder irgendeine Kirche, die mich nach meinem Glauben an Gott fragen würde. Nichts von beidem, es war mein Onkel Herbert, der im gleichen Dorf lebte wie wir. Auf dem Dorf schaut man einfach vorbei, in der Stadt ruft man an, ob es passt.

Da stand er nun in unserem Flur und erklärte, er sei gestern geschäftlich in Hamburg gewesen und weil es spät wurde, habe er ein Hotel genommen. Und er könne ja nicht zurückfahren, ohne uns besucht zu haben, das würde man ihm zu Hause nie verzeihen. Das stimmte, bei uns in der Familie musste jeder jeden besuchen, auch wenn man sich nicht mochte.

Meine Homosexualität war ein gut gehütetes Geheimnis in der Familie, meiner Mutter zuliebe. Mir war es egal, da mir das Dorf egal war. Ich würde dort nie mehr wohnen wollen. Aber meiner Mutter war das Dorf eben nicht egal, sie würde bis zum Ende ihrer Tage dort leben und sie wollte kein Spießrutenlaufen.

Normalerweise, wenn Besuch kam, der uns heterosexuell vermutete, räumten wir unsere Wohnung auf. Die schwule Stadtzeitung, das Monatsmagazin, Kondome, Gleitcreme, alles wurde weggeräumt. Postkarten nackter Männer am Kühlschrank wurden abgehängt, Flyer, die Werbung für die nächste Gay-Disco machten, verschwanden vom Küchentisch.

Jetzt stand ich vor Onkel Herbert, verschlafen, in Shorts und mit Wuschelhaaren, hatte gerade noch daran gedacht, mir vor dem Öffnen der Wohnungstür ein T-Shirt überzuziehen. Onkel Herbert schaute sich im Flur um, auf dem Boden vor ihm lag die neueste Ausgabe von *Männer aktuell*, achtlos von mir da hingeworfen. Zum Glück war ich schlaftrunken, so war es mir in dem Moment egal.

Gut erzogen, wie ich war, bat ich ihn herein, setzte Kaffee auf und huschte kurz ins Bad. Als ich angezogen zurückkam, saß Onkel Herbert in der Küche mit einem Werbeflyer in der Hand: zwei nackte junge Männer und ein Veranstaltungshinweis. Ich überspielte die Situation, goss Kaffee ein und fing an, das Befinden aller Verwandten abzufragen. Schließlich lebte ich in einer Großstadt und ein Flyer von einer Gay-Disco hieß noch gar nichts. Auf dem Tisch lag auch Aldi-Werbung, musste ich deswegen gleich da einkaufen?

Onkel Herbert berichtete alle Dorfneuigkeiten und fragte dann, ob er mal die Wohnung anschauen dürfe. Nein sagen konnte ich ja schlecht, also führte ich ihn herum. In diesem Moment klingelte das Telefon, das private, zwei Sekunden später folgte das »Nuttentelefon«. Die Geräuschkulisse kam der eines Callcenters gleich. Onkel Herbert schaute sehr verwundert. Ich entschied, das »Nuttentelefon« aus der Dose zu ziehen und beim privaten Apparat abzunehmen. Onkel Herbert schaute noch verwunderter. Es war Andreas am anderen Ende. Sein Kunde hatte nach einem weiteren Tag und einer weiteren Nacht gefragt. Ob ich ihm saubere Unterwäsche und das grüne Shirt mit der Acht auf dem Rücken ins Hotel bringen könne? Ich solle nach Esswein in Zimmer 261 fragen, und wenn er nicht da sei, einfach die Sachen an der Rezeption hinterlassen. »Schöne Grüße von Onkel Herbert, wir trinken gerade Kaffee.« Andreas schmiss sich weg vor Lachen.

Mein Onkel war inzwischen selber durch die Zimmer gegangen und fragte nach Andreas. »Er lernt mit seinen Studikollegen«, log ich. Onkel Herbert sagte nur, für mich und Andreas sei es wohl ganz gut, aus dem Dorf rauszukommen. Er hatte verstanden. Und plötzlich hatte er es ganz eilig, der nächste Zug würde in einer Stunde fahren. Onkel Herbert musste zum Bahnhof, ich ja auch. Ohne daran zu denken, warum ich dorthin ging (das Hotel und Andreas waren ja da), stand ich auf. »Wir haben die gleiche Richtung!«

Unter dem Vorwand, Schwimmsachen einzupacken, suchte ich die Klamotten für Andreas und verstaute sie in meinem Rucksack, danach verließen wir das Haus. Am Bahnhof wollte sich Onkel Herbert noch eine Zeitung für die Fahrt besorgen. Wir gingen zum Presseladen – und liefen Escort-Andreas in die Arme. »Hallo!« »Selber hallo!« Mein Onkel sagte nichts, Escort-Andreas verschwand sehr schnell. Mein Onkel sagte immer noch nichts, er bewegte sich aber auch nicht mehr, er war blass. Ich konnte ihn gerade noch mithilfe eines Passanten auf eine Bank setzen, er wäre sonst umgekippt. Der Notarzt kam und brachte meinen Onkel ins Krankenhaus. Kreislaufversagen. Ich rief meine Mutter an, die wiederum rief Onkel Herberts Frau an.

Der Krankenwagen war weg, das Dorf informiert, jetzt hieß es, die Sachen zu Andreas bringen und dann hinterherfahren ins Krankenhaus.

Der Portier rief in Zimmer 261 an. Ja, ich könnte raufkommen. Wollte ich das? Wäre es nicht besser, Andreas käme runter? Zu spät, ich ging in den zweiten Stock und klopfte. Andreas machte auf und stellte mir Dieter Esswein vor. Ich gab ihm seine Sachen und sagte dann wahrheitsgemäß, dass ich wieder gehen müsse, nach Onkel Herbert schauen. Dieter Esswein war spontan und fragte, ob ich nicht abends mit ihnen essen wollte. Wir einigten uns, dass ich gegen 18 Uhr im Hotel anrufen und es mir bis dahin überlegen würde.

In der Hotellobby war eine Telefonzelle, ich rief Escort-Andreas an. Er sei gerade zur Tür reingekommen, und ich war ja nicht alleine im Bahnhof gewesen, daher habe er es kurz gemacht. Ob ich jetzt auch anschaffen würde? Ich war verwundert, hatte er mich gestern Abend gesehen? Ich fragte etwas ängstlich: »Warum?« Der Mann an meiner Seite sei ein Stammkunde von ihm. Schallendes Gelächter. »Du hast wohl gerade einen Stammkunden verloren, das war mein Onkel Herbert, verheiratet, zwei Kinder, Mitglied im Schützenverein und was es sonst noch so gibt auf dem Land.« Mehr brachte ich nicht heraus.

Als ich das Hotel verließ, war ich mir sicher, Onkel Herbert würde nie und nimmer was verraten. Ich fuhr ins Krankenhaus und spielte den besorgten Neffen, bis meine Tante kam und mich ablöste. Sie bekam Onkel Herbert auch gleich mit nach Hause, einen Hinweis auf eine körperliche Erkrankung hatte man nicht gefunden.

Es machte Spaß, damit zu spielen, etwas zu wissen, was andere nicht wissen. Es machte Spaß, zu merken, dass der eigene Onkel jetzt Angst vor dem Neffen hatte, weil dieser sein Geheimnis kannte. Mein Onkel Herbert wird heute noch blass, wenn er mich auf Familienfesten sieht. Geschäftsbeziehungen nach Hamburg hatte er fortan keine mehr, dafür aber in Kiel, erzählte mir meine Mutter. Die Kieler Callboys wird es freuen.

9 Es war gegen 18 Uhr, als ich im Hotel anrief. Andreas nahm ab. Ich fragte ihn, was er von Essweins Idee hielt. Sollte ich mit zum Essen kommen? Ja oder nein? Andreas sagte: »Ja.«

»Gut, ich bin dabei«, antwortete ich. »In einer Stunde im Hotel oder wo?«

Um 19 Uhr sah ich Andreas wie verabredet im Restaurant sitzen. Er fing gleich an zu erzählen. Ich würde Dieter Esswein gefallen und er wollte wissen, ob ich nicht zu einem Dreier dazustoßen würde. Er, also Andreas, hätte es sich lange überlegt, ob er mich fragen sollte. Aber ich könne ja Nein sagen, wenn ich nicht wollte. Dieter Esswein würde gleich kommen, er wollte uns Gelegenheit geben, alleine zu sprechen. Ich solle mir bis nach dem Essen überlegen, ob mir die Sache 100 Mark pro Stunde wert sei.

Andreas wusste ja nichts von meinem Ausflug am Abend zuvor, sonst hätte er bestimmt nicht so vorsichtig gefragt. So wunderte er sich etwas, als ich sofort zustimmte. Er konnte gerade noch erzählen, auf was Dieter Esswein so stand, da kam die Kundschaft auch schon.

Das Essen war entspannter, als ich gedacht hatte. Ich hatte mir im Vorfeld schon Themen zurechtgelegt, falls eine unangenehme Pause entstehen sollte. Wäre aber nicht nötig gewesen. Wir gingen ins Hotel, ich bekam 200 Mark mit dem Hinweis, dass ich nicht auf die Uhr schauen soll. Dieter Esswein bot uns Bier an. Sie waren Einkaufen gewesen, zwei kurze Sporthosen und zwei enge Shirts. Wir sollten uns im Bad umziehen und dann in dem Outfit ins Zimmer kommen, wenn es ging, mit steifem Schwanz unter den Shorts.

Wir zogen uns im Bad um, die steifen Schwänze waren kein Problem. Im Zimmer sollten wir uns aufs Bett legen und an uns rumspielen. Dieter Esswein schaute zu. Nach einer Weile setzte er sich zu uns mit einem neuen Bier für jeden. Das Bier hatte seinen Sinn, bald drückte die Blase. Darauf hatte Dieter Esswein nur gewartet. Er fragte uns, ob wir uns in die Dusche stellen und uns gegenseitig, mit Klamotten, anpissen könnten. Vor Fremden pinkeln war schon immer ein Problem für mich, aber ich wollte es versuchen. Wir ließen den Wasserhahn laufen und tatsächlich, nach einiger Zeit konnte ich. Dieter Esswein leckte uns an den nassen Hosen, dann mussten wir uns ausziehen. Er nahm die nassen Kleidungsstücke und steckte sie in Plastikbeutel, die dann wieder in Plastiktüten gesteckt wurden.

Danach ging es im Bett zu dritt weiter, nichts Besonderes mehr, eher harmlos. Als wir abgespritzt hatten, nahm Dieter Esswein ein Tuch, wischte uns sauber und steckte auch dieses Tuch in Plastik. Wir könnten jetzt gehen, meinte er, also auch Andreas, der eigentlich über Nacht bleiben sollte. Nein, nein, es hätte ihm gefallen, aber jetzt möchte er lieber alleine sein. Dieter Esswein war großzügig, er hatte Andreas ja schon die Nacht bezahlt. Jetzt waren wir großzügig und fragten ihn, ob er unsere getragene Unterwäsche wollte, geschenkt. Er wollte und war zufrieden. Und wir hatten unseren ersten Stammfreier. Zufriedene Kunden kommen wieder.

Wir gingen in Jeans ohne Unterwäsche was trinken und dann nach Hause. Warum ich mitgemacht hatte, war kein Thema, wir wollten relaxen. Auf Anweisung anderer handeln ist anstrengend, man hat immer die Befürchtung, was falsch zu verstehen. Wer bekommt schon gerne ein Wasser ohne Kohlensäure, wenn er eins mit bestellt hat? Escort zu sein heißt immer, sich auf andere einzustellen, die kleinen Unterschiede zu bemerken.

Wie wir später erfuhren, war Dieter Esswein Briefträger, er reiste im Urlaub nicht nach Spanien oder in die USA, er nahm das Geld und gönnte sich zwei, manchmal auch drei Mal im Jahr ein Wochenende nach seinem Geschmack, wie er es nannte. Dass er in der Szene seine Vorliebe für junge Boys in engen Sportklamotten, die sich dann auch noch anpissten, nicht befriedigen konnte, war ihm bewusst. Und bevor er frustriert zu Hause saß, bezahlte er dafür. Andere gönnen sich ein teures Auto, er Sexwochenenden.

10 Ich wachte neben Andreas auf, er schlief noch. Ein friedlicheres Bild gibt es nicht auf Erden. Sein Kopf war ins Kopfkissen gewühlt, sein Oberkörper schaute halb unter der Decke vor, sein rechtes Bein auch. Wäre die Welt jetzt untergegangen, es hätte mich nicht gestört.

Ich schaute eine Weile auf Andreas, dann schlich ich mich raus, zog mich an und besorgte alles, was man für ein perfektes Frühstück braucht, plus eine rote Rose. Ich deckte den Tisch im Esszimmer, sonst frühstückten wir da nie. Die alte bestickte Decke, die meine Oma wegschmeißen wollte, passte perfekt. Weißer Stoff mit weißen Ornamenten. Am Ende sah der Tisch wie auf dem Titelblatt von *Schöner Wohnen* aus. Alles in Weiß und auf einem Teller lag die rote Rose.

Ich legte Hildegard Knefs *Für mich soll's rote Rosen regnen* auf und machte absichtlich etwas lauter. Andreas kam aus seinem Zimmer. So stellen sich Heteros schwules Leben vor.

Wir redeten über die letzten zwei Tage wie zwei Studenten über ihr Praktikum bei Hapag-Lloyd. Andreas hatte die Nacht im Hotel keine Minute geschlafen, so aufgeregt war er und auch etwas ängstlich. Sein Kunde wollte bei jedem Pinkeln zuschauen, und tagsüber musste er ihn durch alle Sportgeschäfte von Hamburg führen. Nachdem ich Andreas seine Sachen gebracht hatte, sprach Dieter Esswein immer wieder von einem Dreier. Sie seien nochmals losgezogen und hätten vorsorglich zwei Sporthosen und zwei Shirts gekauft. Alles eine Nummer zu klein. Andreas musste sie anprobieren und vor der Umkleidekabine vorführen. Hoffentlich war kein Bekannter in der Nähe! In einer Sporthose eine Nummer zu klein sieht man auch ohne Steifen »alles«.

»Du warst so komisch in dem Café auf der Toilette.« Ich spielte die Sache runter und lenkte ab: »Ich dachte immer, du würdest nicht wollen, dass ich auch anschaffe, warum hast du mich dann gestern gefragt?«

»Weiß nicht«, war seine Antwort.

Dann erzählte ich von meinem Abend, nahm die Rose, die auf

der Decke lag, und gab sie ihm. Er kam um den Tisch, nahm mich in den Arm und sagte: »Wir zwei Verrückten.« Zarah Leander sang gerade: »... und die Neffen vor dem Himmelbett treffen ...« Alle Klischees erfüllt.

Von dem Tag an trafen wir privat keine anderen Jungs mehr, nur noch geschäftlich. Andere schwören sich ewige Treue und nach zwei Monaten ist alles vorbei. Wir sagten nie etwas und unsere Liebe hielt. Ich vermisste trotzdem ein »Ich liebe dich«. Aber wir trauten uns beide nicht, es auszusprechen.

Wir verbrachten den Sonntag damit, Ideen für unser Callboyleben zu sammeln. In einem waren wir uns einig, in unser privates Bett kam kein Kunde. Wir beschlossen, unsere Rumpelkammer in ein Escortzimmer zu verwandeln, unser »Bumszimmer«. Wir überlegten lange, ob es gut sei, Kunden mit in die Wohnung zu nehmen. Viele Freier sind nicht besuchbar. Was würden die Frauen und Familien auch dazu sagen? Sie suchen Callboys, zu denen sie gehen können. Uns war es irgendwie egal, ob wir privat Männer mitbrachten oder beruflich. Mann ist Mann, so oder so kann es schiefgehen. Alles unter einem Dach war einfach praktisch. Und anders als Escort-Andreas machten wir es ja nur nebenher, eine eigene Wohnung war da zu teuer.

Am nächsten Tag räumten wir das Zimmer aus, kauften ein Bett bei Ikea, eins mit Gitterstäben, wegen der Möglichkeit, Handschellen anzubringen. Wir nahmen Handtücher mit, die nur die Kunden benutzen sollten, und auch Bettlaken, die anders als unsere privaten aussahen. Dazu zehn Bilderrahmen, in die zu Hause alte Kalenderblätter kamen, Schwarz-Weiß-Fotos von Männern, auf die Größe der Rahmen zurechtgeschnitten. Wir waren zufrieden und weihten unser »Bumszimmer« gleich selber ein.

Das »Nuttentelefon« wurde auf ISDN umgestellt, Andreas' Nummer hatte einen anderen Klingelton als meine. So wussten wir immer, für wen angerufen wurde. Wir gaben auch für mich eine Anzeige auf. Das verdiente Geld vom Wochenende wurde also in unsere Zukunft als Callboys investiert. Ohne Schulden selbstständig machen, witzelten wir, Andreas' Vater wäre stolz gewesen. Die Wohnung war jetzt optimal genutzt.

Nur ein paar Sicherheitsvorkehrungen fehlten noch. Das Klingelschild mit unseren Nachnamen wurde ausgetauscht, nun stand dort »Wohngemeinschaft«. Beim ersten Mal würden wir einen Kunden nicht gleich in der Wohnung empfangen. Treffpunkt sollte eine Bushaltestelle in der Nähe sein. Das hatte mehrere Vorteile. In der Öffentlichkeit waren wir sicherer als alleine zu Hause. Wir konnten den Kunden einschätzen und notfalls noch Nein sagen, wenn er uns nicht behagte. Und praktisch, die Bushaltestelle hatte ein Wartehäuschen, so wurden wir bei Regen nicht nass. Unsere Stammkunden kannten natürlich die Adresse, sie durften uns direkt besuchen. Aber bei neuen Kontakten konnte man nie wissen.

Mitte der Woche war alles erledigt. Ich kam von der Versicherung, Andreas von der Uni. Das Wetter war schön, wir kauften Wein, Weißbrot und Käse und setzten uns an die Alster. Es ging ein leichter Wind, kleine Wellen spülten ans Ufer und auf der Alster übten sich mehrere Achter im Rudern. Hinter uns drehten Jogger ihre Runden und wir prosteten uns mit den mitgebrachten Gläsern zu. Andreas lachte: »In unserer Erziehung muss irgendetwas schiefgelaufen sein.«

Ich war zufrieden. Ich wollte schon immer was Besonderes sein, jetzt war ich es.

11

Es dauerte, bis der ISDN-Anschluss freigeschaltet war, und es dauerte, bis meine erste Anzeige erschien. So war der erste Kunde, der unser Bumszimmer benutzte, für Andreas. Wir machten gleich einen Fehler, der Kunde kam, Andreas machte die Wohnungstür auf, ging mit ihm ins Bumszimmer und ich schaute nebenan Fernsehen. Der Freier fühlte sich nicht wohl, weil er nicht mit Andreas alleine in der Wohnung war, und ging umgehend wieder.

Beim nächsten Besuch verschwand ich beim Klingeln in mein Zimmer und verhielt mich ruhig. Es spielte sich dann ein, kam ein Kunde, ging der andere raus, zum Einkaufen etwa, oder er blieb in seinem Zimmer. Musik und Fernsehen gab es dann nur über Kopfhörer. Nur einmal musste ich so dringend pinkeln, dass ich auf dem Flur einem fremden Mann, Ende dreißig und nackt, über den Weg lief.

Wir hängten irgendwann Bilder von uns in den Gang, damit Kunden fragen konnten, wer denn der andere sei. So kam es ab und zu spontan zu einem Dreier oder später zu einer Buchung des anderen. Werbung ist alles.

Dann kam mein erster Kunde. Ich hatte seit dem Wochenende mit dem Mann im Stundenhotel und mit Dieter Esswein nicht mehr »gearbeitet« und war aufgeregt. Der Mann fragte, ob ich rasiert sei und ob ich ihm nackt die Tür öffnen könnte. Nackt die Tür öffnen war nicht drin, höchstens bei Stammkunden. Rasieren war okay, machte ich eh ab und zu. Andreas kontrollierte, ob alle Haare am Schwanz weg waren. Der Kunde wollte verwöhnt werden. Massage, Brustwarzen lecken, einen geblasen bekommen.

Ich nahm das erste Mal einen Schwanz von jemandem in den Mund, der mir nicht gefiel. Augen zu und durch, wortwörtlich. Was machte ich, wenn er nicht sagte, dass er kam, oder ich es nicht merkte? Anschaffen war wirklich Arbeit, immer auf der Hut sein, immer aufpassen. Alles ging gut. Er spritzte auf seinen Bauch.

Als er weg war, ging ich duschen und Zähne putzen. Ob ich das wirklich auf Dauer konnte? Das Wochenende mit Esswein war aufregend, das hier war Arbeit. Letztendlich siegten dann doch die Neugier und das Geld, ich machte weiter.

Am Sonntag war am meisten los, da hatten die Leute Zeit. Andreas und ich ertappten uns dabei, wie wir den Sonntag von privaten Terminen freihielten. Das wollten wir eigentlich nie. Privat geht immer vor, hatten wir uns gegenseitig versichert. Die Anfangseuphorie war irgendwann vorüber und Andreas bekam

Probleme damit, wenn ich mit anderen Männern für Geld schlief. Sein altes Muster, wonach er für mich sorgte, geriet ins Wanken. Ich war jetzt sozusagen selbstständig. Andreas wurde eifersüchtig auf meine Kunden. Wenn er aber selber welche hatte, war das für ihn okay. Zwei Monate Callboy-Höhenflug, schon zeigte sich, es war doch nicht alles so einfach, wie wir es uns vorstellten.

Wir beschlossen, ein paar Tage nach Sylt zu fahren, nur übers Wochenende. In Gedanken überlegte ich mir schon, wie viel Geld mir da entgehen würde. Die Reise wurde trotzdem zu einem finanziellen Erfolg.

12

Freitag, wir im Zug nach Sylt. Die norddeutsche Landschaft zog an uns vorbei: Nord-Ostsee-Kanal, ein paar große Schiffe sahen wir von der Hochbrücke aus. Immer wenn ein IC in Westerland ankommt, gibt es zu wenige Taxen. Das wird sich nie ändern. Nach über drei Stunden Herumsitzen beschlossen wir zu laufen. Unser Gepäck zogen wir in einem Trolley hinter uns her. Nordseeluft, es roch gut nach Salz und Meer.

Unser Hotel war nicht günstig, wozu »arbeiteten« wir schließlich? Wir hatten ein Zimmer mit Ehebett bestellt, aber der Raum hatte zwei einzelne Betten. Wieder zum Portier, Zimmer tauschen. Der Hotelangestellte verstand und entschuldigte sich. Sie würden bei zwei Männern immer Einzelbetten anbieten. Beim Einchecken wünschte er uns noch »einen angenehmen Aufenthalt«, jetzt lächelte er und wünschte uns »viel Spaß«.

Nur kurz pinkeln und dann sofort zum Strand. Der Koffer blieb verschlossen. In Sylt das erste Mal über die Dünen und dann das Meer sehen ist für mich noch immer ein Glücksmoment, das ist wie nach Hause kommen. Wir gingen runter zum Wasser, Wellen brachen am Strand, dieses Geräusch ist Entspannung pur. Ich umarmte Andreas. Ein paar Touristen schauten neugierig auf uns. Danach gingen wir eine Stunde in Richtung Süden den Strand runter, kehrten um und liefen zurück nach

Westerland. Wir bestellten ein Glas Wein in einem Restaurant mit Meerblick und stießen auf uns und die Reise an. Schon dafür hatte sich die Reise gelohnt.

Nach dem Abendessen liefen wir noch mal runter zu den Wellen. Wir standen da, ohne ein Wort zu sagen, ich fühlte mich eins mit der Welt. Zwanzig Jahre jung, mein Freund stand neben mir, und am wichtigsten, ich lebte meine Fantasien aus. Ich hatte begriffen, man muss es einfach machen und weitermachen, wenn es gut war, und es sein lassen, wenn es schlecht war. Aber man hatte es dann wenigstens probiert. Und ich wollte schon als Vierzehnjähriger nackt in einer Bar sein mit lauter angezogenen Männern um mich herum, die mich anfassen, mich begehren. Noch war ich nicht nackt in einer Bar, aber das andere stimmte schon.

Im Hotel packten wir unseren Koffer aus und machten uns dann auf den Weg ins »Nanu«, eine schwule Kneipe in Westerland. Hier lief immer Stimmungsmusik und es war fast immer was los. Wir wollten Spaß, Männer anschauen und was trinken, aber uns nicht anmachen lassen. Der Tag sollte nur uns gehören. Wir fanden einen Tisch an der Wand, bestellten Alster, schauten uns die Typen um uns herum an und sangen die deutschen Schlager mit. Nach kurzer Zeit wurden uns zwei Saure hingestellt, ein Korn- und Zitronensaft-Gemisch. Die Bedienung zeigte uns den Spender. Wir hoben die Gläser in seine Richtung, blieben aber sitzen. Hätten wir einen Job gewittert, wären wir zu ihm hingegangen, aber der Abend war ja privat.

Zurück im Hotel hatte noch immer der gleiche Portier Dienst. Es war morgens zwei Uhr, die Lobby war leer und er fragte, ob wir einen schönen Abend gehabt hätten. Gleich danach kam sein eigentliches Anliegen. Die Hotelsauna sei noch geheizt. Wollten wir mit ihm runtergehen? Wir schauten fragend. Er sei der Besitzer und hätte extra auf uns gewartet. So zwei junge Männer wie wir könnten doch bestimmt etwas Geld gebrauchen. Andreas wurde frech: »Auch wenn wir Studenten sind und die Reise unsere Oma bezahlt hat, würden wir so was nie machen.« Das machte uns noch interessanter und wertvoller. Eine Nummer in der Sauna mit ihm und wir müssten die zwei Nächte nicht bezahlen. Andreas blickte mich an, ich sagte nur: »Warum nicht? Aber wir hätten gerne eine Quittung, dass das Zimmer schon bezahlt ist.«

Die verschieden hohen Bänke in der Sauna sind ideal für Sex. Wir wurden gefragt, ob wir uns alle gegenseitig in den Mund spritzen könnten. Wir lehnten ab wegen Aids. Als ich dann zum Schluss Andreas ins Gesicht und teilweise in den Mund spritzte und wir uns auch noch küssten, war unser Kunde mehr als zufrieden. Das sei ja wie im Porno. Wir gingen auf unser Zimmer – und unser Kunde musste die Sauna putzen.

Der erste Tag auf Sylt ging zu Ende. Doch nicht ganz privat, aber die Nummer hatte Spaß gemacht, da der Hotelbesitzer uns eh fast nur zugeschaut hatte. Andreas und ich machten untereinander keinen Safer Sex. Das brachte auch Kunden, die uns als Lifeshow buchten – Lifeshows privat, nicht in einem Club.

13

Zweiter Tag auf Sylt. Unterwegs am Strand Richtung Wenningstedt. Ich hätte Andreas gerne an die Hand genommen, er mochte das aber nicht. Nicht weil wir zwei Männer waren, sondern allgemein. Andreas brauchte Nähe, konnte es aber nicht ausdrücken. Er verstand auch Paare nicht, die sich öffentlich küssten. Die Umarmung gestern am Strand, nach unserer Ankunft, war da schon ein kleines Wunder. Aber abends beim Einschlafen lag sein Arm immer auf meinem Bauch. Ich auf dem Rücken, Andreas seitwärts daneben, eng an mich gekuschelt. Vom ersten Abend an, als wir das erste Mal gemeinsam einschliefen, immer das gleiche Ritual. Ich fühlte mich wohl dabei. Wäre der Arm mal nicht auf meinem Bauch gewesen, die Alarmglocken hätten geläutet, lauter als alle Glocken dieser Welt zusammen.

Das Wetter war schön, ein leichter Wind, aber der gehört auf Sylt dazu. Wir spannen rum. Man müsste auf Sylt einen Puff aufmachen, ein *House of Boys*. Jungs bis fünfundzwanzig könnten bei uns umsonst Urlaub machen, dafür müssten sie einmal am Tag mit einem älteren Urlauber ins Bett. So hätten wir immer wechselnde Gesichter und bestimmt auch viele ältere Urlaubsgäste.

In Wenningstedt aßen wir Fischbrötchen und dann im Café Friesentorte, mit Blick aufs Meer. Wir wollten die Torte bezahlen, ging nicht, war schon erledigt. Die Bedienung zeigte in eine Ecke, dort saß ein Mann, alleine. Es war der gleiche Mann, der uns gestern im »Nanu« eingeladen hatte. Wir gingen zu ihm, um uns zu bedanken. Als er erfuhr, dass wir am nächsten Tag schon wieder abreisten, fragte er uns, ob wir die Insel sehen möchten. Minuten später saßen wir in seinem schicken Auto. Erst Keitum, dann an die Südspitze nach Hörnum und zum Schluss in den Norden. In List aßen wir zu Abend, er bezahlte. Dann fuhr er uns zurück nach Westerland. Andreas und ich schauten uns sprachlos an. Keine Anspielung, keine Anmache, keine Frage nach Sex, sondern »nur« ein Ausflug. Wir mussten lachen, unser Denken war schon so einseitig geworden. Abends im »Nanu« sahen wir unseren Sylt-Guide wieder. Ich bestellte Sekt auf Eis, brachte ihm das Glas und bedankte mich für den schönen Tag. Er war richtig gerührt: »Eine wunderbare Geste.«

Sonntag war dann wirklich unser ganz privater Tag. Wir gingen noch mal an den Strand und holten dann die Koffer aus dem Hotel. Am Empfang stand nicht der Chef. Ich war gespannt, ob das mit dem schon »bezahlten« Zimmer klargehen würde. Kein Problem. Der Angestellte sagte nur, wir hätten ja schon bei Anreise bezahlt, und bestellte uns ein Taxi.

Im Zug zauberte Andreas zwei Piccolos aus der Tasche. Ein weiteres Ritual, immer wenn wir die Insel verließen, gab es Sekt. Ich glaube, unsere Rituale gaben uns Sicherheit. Sekt im Zug, Arm auf dem Bauch. Auch meine Ausbildung und sein Studium waren wichtig. So führten wir unter der Woche ein sehr geregeltes Leben. Ein oder zwei Kunden, mehr nicht und auch nicht mitten in der Nacht. Zu uns kamen eher die, die zu Hause sagten:

»Schatz, es ist etwas später geworden im Geschäft.« Meist kam ich von der Ausbildung, duschte und traf den Kunden. Danach war dann wirklich Feierabend.

14 Die Stimme am Nuttentelefon klang jung. Als ich später die Tür öffnete, wunderte ich mich schon etwas. Kaum älter als ich, gut aussehend, der konnte alles und jeden umsonst haben. Er war nervös, drückte mir sofort den vereinbarten Preis in die Hand. Wir saßen auf dem Bett, ich fragte, was er denn machen möchte. Er fing an, sich auszuziehen, und forderte das Gleiche von mir. Seine Nervosität wurde von Sicherheit abgelöst, oder nur überspielt? Er fing an, mir einen zu blasen, stellte sich echt gut an. Dann sollte ich das Gleiche bei ihm machen. Er erforschte meinen Körper und blies wieder. Als wir beide gekommen waren, saßen wir nackt auf dem Bett und er fing an zu erzählen. Er hatte eine Freundin und vor Jahren mal in der Schule was mit einem Typen gehabt. Das Erlebnis ging ihm in den letzten Wochen immer wieder durch den Kopf. Er wollte mal wieder mit einem Jungen schlafen und sah das hier als die einfachste Möglichkeit. Ja, so wirkte er, zielstrebig.

Der Junge war ein Naturtalent, das zweite Mal Sex mit einem Mann und er stellte sich so an, als ob er schon mit halb Hamburg geschlafen hätte. Hoffentlich wurde der nie Callboy, wir wären alle arbeitslos. Mit dem hätte ich auch ohne Kohle geschlafen. Er gefiel mir.

Nach dem Duschen fragte ich Daniel, so hieß er, ob er noch was trinken wolle. Wir saßen noch lange in der Küche und Daniel wollte alles über das schwule Leben wissen. Ich erzählte, so gut ich konnte, empfahl ihm Clubs und Cafés. Warnte vor anderen Läden. Daniel war mir sympathisch. »Sollen wir mal ausgehen? Ich meine, umsonst, privat?«

Er wolle es sich überlegen, er wisse noch nicht, ob er sich das traut. Und seine Freundin sei ja auch noch da. Ich schlug frech vor: »Bring die doch mit, dann bringe ich meinen Mann auch mit.«

Das war das einzige Mal, dass ich einem Kunden was Privates angeboten habe. Wir trafen uns später wirklich und sogar zu viert. Daniel mit Freundin und ich mit Freund. Daniel hatte bei seiner Freundin vorgefühlt, sie fand das äußerst interessant, einen Freund zu haben, der auch auf Jungs steht. Sie selber könnte es sich auch mit einer Frau vorstellen oder mal einen Dreier, wie auch immer. Manchmal müssen Dinge nur ausgesprochen werden und sie treten eine Lawine ungeahnter Möglichkeiten los.

Andreas und ich machten das so. Hatte einer einen sexuellen Wunsch, redeten wir darüber, und wenn wir uns nicht trauten, schrieben wir einen Brief mit unserer Fantasie. Der andere antwortete offen, ob er mitmachen möchte ober nicht, oder schlug eine Variante vor. Manchmal wechselten wir ein paar Briefe, bevor wir zum Beispiel so lange U-Bahn fuhren, bis der Waggon einigermaßen leer war und Andreas mir, in der letzten Bank, einen blies, ich immer mit wachsamen Augen die Situation beobachtend. *Pippi Langstrumpf* für Erwachsene. Immer selber für Abwechslung sorgen.

Daniel war noch lange mit seiner Freundin zusammen und wir gingen regelmäßig aus. Ich glaube, ich habe Daniel unterbewusst so oft eingeladen, bis sein Liebeslohn zurückbezahlt war.

15

Wir trafen Escort-Andreas zum Frühstück in unserem Lieblingscafé. Bei der Begrüßung roch er nach Alkohol und er bestellte gleich Sekt. Es war uns schon länger aufgefallen, Escort-Andreas trank zu viel. Welcher Kunde will aber einen nach Alkohol riechenden Callboy?

Escort-Andreas war aufgedreht, sah aber müde aus. Man musste kein Fachmann sein, ihm ging es nicht gut. Ein volles Café am Sonntagmorgen war wohl der falsche Ort, um ihn danach zu fragen. Also taten wir erst mal so, als sei alles normal. Der Milchkaffee war leer, die Eier aufgefuttert, die Brötchen alle, wir bezahlten und gingen zur Alster. Sonntags bei schönem Wetter ist an der Alster mehr los als auf dem Oktoberfest in München. Sehen und gesehen werden.

Schweigend drehten wir unsere Runde. Nur wenn ein Typ vorbeikam, der uns gefiel, wurden irgendwelche dummen Bemerkungen gemacht, Small Talk eben. Danach fuhren wir zur Reeperbahn, Currywurst essen in unserem Lieblingsimbiss. Hier kam uns die Bedienung unerwartet zur Hilfe. Immer wenn wir in St. Pauli unterwegs waren, gingen wir hierher. Wenn wir keinen Hunger hatten, tranken wir was. Die »Damen vom Grill«, wie wir sie nannten, begrüßten uns freudig: »Unsere Jungs sind wieder da!« Die so wichtigen Rituale. Selbst auf der Reeperbahn hatten wir eine Anlaufstelle.

Wir bestellten Currywürste, Escort-Andreas ein Bier dazu. »Min Jung, willst du dich in die Betty-Ford-Klinik saufen oder direkt auf'n Friedhof?« Dieses freche Hamburger Mundwerk und doch so mütterlich. Das war es, was uns immer wieder herzog. Frech, direkt und ehrlich. Den »Damen vom Grill« war kein Thema fremd. Außer Touristen kamen ja auch die Frauen und die Jungs, die im horizontalen Gewerbe arbeiteten, zu ihnen. Sie fragten uns immer, wie das Geschäft so lief. Die Streetworker in Hamburg hatten weniger Zugang zu ihren Junkies und Strichern als die »Mädels« hier im Imbiss.

»Min Jung, willst du dich in die Betty-Ford-Klinik saufen oder direkt auf'n Friedhof?« Das hatte gesessen. Sie stellte trotzdem das Bier auf die Theke, denn wenn einer trinken will, macht er es sowieso. Und durch ihre lustige Art hatte sie zwar die Wahrheit gesagt, aber man konnte es auch als Witz auslegen. Wir machten weiter Andeutungen: »Jo, bei Betty Ford triffst du bestimmt ein paar geile Promis, und da kannst du dann für einmal Blasen 1000 Mark verlangen. Schnell noch ein paar Bier für unseren Freund, das können wir beschleunigen.«

Später saßen wir an der Elbe auf einer Bank, jetzt war der

richtige Moment. »Na, die ›Damen vom Grill‹ haben wohl recht«, sagte ich und erwartete Widerspruch. Die Dorfalkis zu Hause leugneten immer alles, bis sie zur Entgiftung gebracht wurden. Escort-Andreas sagte nur: »Ja«, es gehe ihm beschissen, und fing an zu weinen. Das Ventil war auf. Ich legte meine Hand auf sein Bein und streichelte ihn.

Er hatte keinen Bock mehr auf seinen Job, alle sahen in ihm nur das geile Stück Fleisch. Am schlimmsten waren die Kunden, die ihn »retten« wollten. »Was glauben die denn?«, rief er. Warum soll er mit einem Fünfzigjährigen nach Celle ziehen? Umsonst da wohnen und eine Ausbildung machen? Die wollen doch alle nur billig an einen Fick kommen und jemanden in der Wohnung haben, weil sie einsam sind. »Die bilden sich ein, ich würde mich zwischen Schrankwand und Schleiflackehebett wohlfühlen.« Warum suchen die sich keinen gleichaltrigen Partner? Es gab doch genug Einsame auf der Welt! Außer uns hatte Escort-Andreas keine Freunde, und verliebte sich mal ein Junge in ihn, war er bald wieder weg. Da musste man doch saufen, da bekam man dann wenigstens ein warmes Gefühl und konnte immer gut einschlafen. Er hatte keinen Frieden mehr und beruhigte sich mit Bier.

Escort-Andreas redete immer weiter, dass er teilweise keinen mehr hoch bekam, wegen Alkohol oder wegen Ekel. Aber was sollte er machen? Was sollte er sagen, wenn er sich irgendwo bewarb, was er bisher gemacht hatte? Wer gab ihm einen Ausbildungsplatz mit der Geschichte? Wer würde sich in ihn verlieben? Er musste weitermachen, er musste ja von was leben. Und das ertrug er nur noch mit Alkohol.

Wir waren ratlos, überfordert.

Ich machte es aus Lust, Anschaffen war mein Fetisch, so wie sich andere auspeitschen lassen. Escort-Andreas machte es, weil er nichts anderes hatte und mit seinem Aussehen so schnell an Geld kam. Ich hätte jederzeit aufhören können. Nuttentelefon kündigen, keine Anzeige mehr aufgeben, Bumszimmer in Gästezimmer umtaufen, alles wäre erledigt und ich könnte in meinem »bürgerlichen« Leben in aller Ruhe mein Geld verdienen. Gut, ich hätte dann nicht mehr so viel essen gehen oder eine CD kaufen können, wenn mir danach war. Aber das war auch alles.

Escort-Andreas konnte das nicht. Seine Wohnung, sein Arbeitszimmer könnte er aufgeben, er könnte Sozialhilfe beantragen. Und dann? War er dazu überhaupt noch fähig? Konnte er noch zurück in ein »normales« Leben? Ich denke, ohne Hilfe nicht. Wollte er es überhaupt? Er sagte zwar immer, er möchte sich verlieben, aber er sagte nie, er möchte acht Stunden am Tag pünktlich zur Arbeit erscheinen, Pflichten erfüllen. Das rosarote Schloss, das Escort-Andreas suchte, gab es nicht, also ertränkte er seine Probleme.

16 In der Currywurstbude Touristen schocken. Wie das geht? Ganz einfach. Aber nur wenn so ein Angeber vom Typ »tiefergelegter Golf« da ist, der denkt, er ist der Größte. Und der dann noch mit seinen Kumpels auf Sauf- und Bumstour über die Reeperbahn unterwegs ist. Das lief zum Beispiel so: Wir kamen rein und eine unserer »Damen« rief extra laut: »He Jungs, wie läuft's? Heute schon genug Geld mit euren süßen Ärschen verdient?« Dann wussten wir, was Sache war. »Nee, nur impotente Kerle unterwegs, da macht die Arbeit keinen Spaß. Wenn es gut laufen würde, wären wir jetzt nicht hier, sondern an den Eiern von einem Kunden.« Die Krönung war, wenn eine weibliche Kollegin rief: »Die Boys machen meine ganzen Freier schwul. Obwohl ich wette, dass ich besser blasen kann.« Die »potenten Supertypen« waren auf einen Schlag ruhig.

Oft schaute ich mich bei solchen Aktionen etwas erschrocken um, ob jemand da war, den ich kannte, mein Chef vielleicht. Dass ich schwul bin, wussten meine Kollegen. Andreas holte mich halt doch öfter von der Arbeit ab als ein normaler WG-Mitbewohner. Eines Tages kam eine Kollegin zu mir und sagte: »Du, es geht das

Gerücht um, dass du schwul bist.« »Das ist kein Gerücht, das stimmt«, antwortete ich. Innerhalb von zwei Minuten wusste es unsere ganze Abteilung. Ich bin heute noch meinem Opa dankbar, der mir mal sagte: »Entschuldige oder rechtfertige dich nie für das, was du bist.« Ich fahre damit gut, auch wenn nicht immer alles wie im Bilderbuch läuft. Ein Kollege sagte einmal in der Pausenzone, als nur noch ein Platz neben mir frei war: »Kann man sich als Mann gefahrlos neben dich setzen?« »Na klar, bei dir besteht keine Gefahr, ich habe ja schließlich Geschmack.« Ich hatte meine Lektion in der Currywurstbude gelernt. Ab dem Tag war ich akzeptiert. Mein Coming-out hat mir nicht geschadet, im Gegenteil, ich war plötzlich beliebter als zuvor. Mein Hobby aber ging niemanden was an.

Zurück zur Currywurstbude. Wenn ich mich davon überzeugt hatte, niemanden zu kennen, genoss ich es, im Mittelpunkt zu stehen. Andreas, der ja sonst nicht für öffentliche Zärtlichkeiten zu haben war, setzte dann noch eins drauf und küsste mich. Wenn unsere Kollegin dabei war, herrschte sie uns an: »Und ich? Mich küsst keiner. Aber euch kann ich mir nicht leisten, ich bin eine Arme.« Wir waren nicht so und gaben ihr einen Kuss: »Für Frauen umsonst.«

17

Das Letzte, was Escort-Andreas noch einigermaßen vernünftig auf die Reihe brachte, war, sein »Arbeitszimmer« aufzulösen. Er trank immer mehr, gab nur noch unregelmäßig Anzeigen auf und die Stammkunden blieben nach und nach weg.

Wir überlegten kurz, ob wir das Apartment mieten sollten. Aber dann wäre aus unserem Hobby eine Verpflichtung geworden, das wollten wir auf jeden Fall verhindern. Um die Wohnung zu bezahlen, hätten wir jeden Monat ein paar Kunden haben müssen, auch wenn wir keine Lust hatten. Jetzt konnten wir einfach Nein sagen, wenn uns jemand unsympathisch war.

Wir machten uns Sorgen um Escort-Andreas, redeten oft über

ihn und immer seltener mit ihm. Er kapselte sich ab, wir wussten nur, dass er sich Abend für Abend in den Stricherkneipen herumtrieb. Wenn er betrunken war, rief er ab und zu an und versicherte uns, es gehe ihm super. Eines Tages dann meldete sich nicht Escort-Andreas bei uns, sondern die Polizei. Man hatte einen jungen Mann gefunden, bewusstlos. Er hatte keinen Ausweis bei sich, in seinem Geldbeutel war ein Zettel mit unserer Telefonnummer. Wir fuhren umgehend ins Krankenhaus. Auf der Intensivstation lag Escort-Andreas, nicht ansprechbar. Wir gaben dem Polizisten seinen Namen und seine Adresse.

In seinem Blut hatte man so ziemlich jede Substanz gefunden, die bekannt war, um sich in einen Rausch zu versetzen. Wir hofften, dass dies jetzt der Wendepunkt in seinem Leben war. Nach dem Aufwachen war er euphorisch, nie wieder Drogen, alles wird gut. Ein Sozialarbeiter war auch schon bei ihm gewesen, er würde sich um alles kümmern, Sozialhilfe, Therapie und so weiter. Nichts ahnend glaubten wir ihm und verließen die Klinik.

Doch schon ein paar Tage später zeigte mir das Leben, dass Wunsch und Realität zweierlei sein können. Ich war am Steindamm unterwegs, brauchte neue Handschellen. Die alten hatte mir ein Kunde abgekauft, der sich nie in einen Sexshop trauen würde. Sexshops gefallen mir, hier herrscht eine ähnliche Ruhe wie in einer Kirche. Keiner redet, selbst beim Bezahlen fällt häufig kein Wort, kein Blick. Das Personal in einem Sexshop könnte vermutlich problemlos einem Schweigeorden beitreten, ohne sich groß umstellen zu müssen. Meine Eltern suchten auf Städtereisen immer eine Kirche zum Ausruhen aus. Sexshops hätten den gleichen Zweck erfüllt, würde man nur ein paar Stühle aufstellen.

Ich kam mit neuen Handschellen aus dem Laden, sah Escort-Andreas und ging auf ihn zu. Man musste kein Experte sein, er war zu, Drogen. Sein Sozialarbeiter wollte ihm einen Therapieplatz vermitteln, erzählte er, so eine Therapie könnte mehr als ein halbes Jahr dauern. Bei der Vorstellung, so lange würde ihm jemand vorschreiben, wie er zu leben habe, bekam er Panik und flüchtete aus dem Krankenhaus. Er fragte mich, ob er bei uns mal duschen könnte. Duschen? Bei uns? Was war mit seiner Wohnung? Ich wich aus. Mir war das kurze Gespräch und das, was ich sah, zu viel. Ich war überfordert und verabschiedete mich.

Zu Hause erzählte ich meinem Andreas von der Begegnung. Er hatte an der Uni ein Plakat gesehen von einer Beratungsstelle, und da stand, dass sich auch Angehörige und Freunde melden konnten.

Wir machten einen Termin und bekamen den Rat, Escort-Andreas nicht in unsere Wohnung zu lassen. Dadurch würden wir ihn indirekt unterstützen. Und wenn er merkte, es ginge ja immer noch irgendwie, sei die Motivation, sich zu ändern, gering. Wahrscheinlich würde er uns auch beklauen, um an Geld für Drogen zu kommen. Wir könnten ihn treffen, aber nur auf neutralem Boden, um ihm zu zeigen, dass es noch Menschen gab, die ihn mochten. Und nur, wenn wir selber nicht darunter litten. Wir sollten uns nicht zu seinen »Rettern« machen. Wenn er um Hilfe oder nach Geld fragte, sollten wir auf die Beratungsstelle verweisen. Egoismus sei in diesem Falle gesund und erlaubt.

Der Termin war Gold wert, er nahm mir mein schlechtes Gewissen und auch meine Ängste. Wir konnten wirklich nichts tun. Es war nicht unsere Verantwortung, auch wenn Escort-Andreas ein Freund war. Man kann nur da helfen, wo man wirklich dazu in der Lage ist. Ich käme ja auch nicht auf die Idee, einem Freund Hilfe anzubieten beim Autoreparieren, weil ich einfach keine Ahnung von Autos habe.

18

Ich war Sexperte. Wollte ein Kunde, den ich besuchte, gerne SM probieren und hatte keine *Toys* – also Sexspielzeuge – zu Hause, wurde ich aktiv. Ich befahl, Wäscheklammern, Gürtel, Kerzen, Paketklebeband und ein T-Shirt zum Augenverbinden zu holen. Dinge, die jeder im Haus hat.

Wollte jemand ausgepeitscht werden, konnte sich aber keine Spuren erlauben, kein Problem. Ich wusste, wie weit ich gehen durfte. Ich konnte mich für Rollenspiele in Arzt, Hundehalter, großer Bruder oder General verwandeln, je nach Belieben. Meine beziehungsweise unsere Ausstattung wuchs. Von der Lederhose über den Arztkittel bis zum Hundefressnapf war alles vorhanden. Wollte ein Kunde SM oder Rollenspiele, musste er mehr bezahlen. Die Peitsche, der Knebel wollten ja schließlich gekauft sein.

Ich war aber immer der Dominante. Die Rolle des Sklaven, des Devoten gab es für Geld von mir nicht. Dazu hatte ich ein zu großes Bedürfnis, alles unter Kontrolle zu halten. Das passte ganz gut zur Nachfrage. Es gibt mehr devote als dominante Menschen. Dominanz ist anstrengend, ein oder zwei Stunden musste ich befehlen, fesseln, schauen, was der andere will oder ob ich zu weit gehe. Nach so einem Kunden brauchte ich Ruhe und auch etwas Zeit, um alles aufzuräumen.

Für den Notfall musste ich auch vorsorgen. Ich hatte immer einen Reserveschlüssel für die Handschellen in der Nähe. Eine Schere, um die Seile der Fesseln schnell durchtrennen zu können. Es gab Kunden, die sich in ihrer Fantasie mehr zutrauten, als in der Realität möglich war. Wenn dann jemand Angstzustände bekam, musste es schnell gehen, musste er schnell befreit werden. Aber das war zum Glück sehr, sehr selten. Externe Hilfe oder gar einen Krankenwagen brauchten Andreas oder ich nie.

Unsere Nachbarn dachten bestimmt, einer von uns sei Bettnässer, da so oft Bettlaken im Trockenkeller hingen. Einmal machte auch jemand eine Andeutung wegen der häufigen Besuche. Ich sagte nur, dass ich bei einer Versicherung arbeitete und Kunden kamen, um sich beraten zu lassen. Zum Glück konnte ich dann Fragen, die unser Nachbar zu seiner Versicherung hatte, prompt richtig beantworten. Wenn privater Besuch kam, verschwand das Nuttentelefon. Der Schrank mit den Utensilien im Bumszimmer war abschließbar. Das verdiente Geld wurde auf ein Extrasparbuch eingezahlt. Für meine Konten hatten meine Eltern Vollmacht. Ich wollte nicht, dass sie im Notfall den hohen Kontostand bemerkten.

Ein perfektes Doppelleben, wäre es aufgeflogen, hätten meine Kollegen viel Stoff zum Tratschen gehabt, sie wären über Tage nicht zum Arbeiten gekommen. Meine Eltern hätten sich vermutlich gefragt, womit sie das verdient hätten und was falsch gelaufen sei. Unsere Freunde hätten das spannend gefunden, die Zahl der Einladungen wäre rasant in die Höhe geschnellt. Jeder hat doch gerne Leute auf seiner Party, die es so auf anderen Festen nicht gibt.

Ich schaute schon als Kind gerne *James Bond* und las den *Grafen von Monte Christo* mehrmals. Alexandre Dumas' Roman lehrte mich, an alles zu denken, auch ans kleinste Detail. Edmond Dantes brauchte diese Raffinesse, um sich zu rächen, ich, um mein privates Umfeld vor der Wahrheit zu schützen.

19 Wir sahen Escort-Andreas durch Zufall wieder, auf der Straße, und wollten ihn zu einem Kaffee einladen. Kaffee würde er nicht runterbekommen, der Magen. Er sah schlecht aus. Der Tod hatte seine Hand nach ihm ausgestreckt, und Escort-Andreas hatte die seine nicht zurückgezogen.

Wir gingen in eine Kneipe und gaben ihm ein Bier aus. Ja, das soll man nicht, ich weiß. Aber wir dachten uns, das holt er sich heute so oder so noch, dann kann er wenigstens etwas ausruhen, muss kein Geld dafür anschaffen.

Ich dachte an eine Reportage, die ich neulich im Fernsehen gesehen hatte. Eine Mutter berichtete von ihrem Sohn, der drei Mal versucht hatte, sich umzubringen, er wurde zwei Mal rechtzeitig gerettet, der dritte Versuch war tödlich. Im Nachhinein dachte sie, dass ihr Sohn nie leben wollte. Die Rettungsversuche waren nur eine Verlängerung seiner Qualen. Auch die Therapien nach den Suizidversuchen brachten nichts. Sie setzt sich seither dafür ein, Selbstmord in einem anderen Licht zu sehen. Sie macht keine Werbung dafür, sich gleich umzubringen, sobald man Probleme hat. Oft sind es ja auch überwindbare Hindernisse, Kurzschlusshandlungen, die zu der Tat führen. Aber ich glaube auch, es gibt einfach Menschen, die nicht leben wollen.

Wir erzählten Escort-Andreas von der Drogenberatung, in der Hoffnung, er würde die Idee aufgreifen. Aber nein: Er habe seine Wohnung verloren. Als er die Miete nicht mehr zahlte, ließ der Vermieter ohne richterlichen Beschluss die Wohnung räumen und die Schlösser auswechseln. Escort-Andreas war es egal, seither lebte er auf der Straße. Er hatte Freier, die das Doppelte zahlten, wenn er sich ohne Gummi ficken ließ. Er nahm alle Drogen, die er bekommen konnte, und schlief bei einem Mann, der als Gegenleistung Sex verlangte.

Was denken sich diese Männer? Wenn ein Escort mit ihnen ohne Gummi pennt, machte er es bestimmt auch mit anderen Kunden. Und zu Hause haben sie Sex mit ihren Frauen oder Männern, die nichts ahnen. Bei einem positiven HIV-Test sind sie dann sauer auf »diese billigen Stricher«. Alle lebensmüde. Angebot und Nachfrage. Erst die Not anderer ausnutzen und sich danach noch darüber aufregen.

Wir verabschiedeten uns von Escort-Andreas. Er hatte nicht einmal gefragt, wie es uns geht. Alles drehte sich nur noch um ihn und um die Drogen.

Es war das letzte Mal, dass wir Escort-Andreas sahen. Was aus ihm wurde, wussten wir lange nicht. In den Stricherkneipen gab es zwei Gerüchte. Nummer eins: Er war gestorben. Nummer zwei: Er war mit einem Freier nach Zürich gezogen. Nie und nimmer wäre er in seinem Zustand über die Grenze gelassen worden.

In meiner Versicherung wurden Anfragen an das Einwohnermeldeamt verschickt, um zum Beispiel unbekannt verzogene Erben zu finden. Ich nutzte dies und fragte nach Escort-Andreas. Er war gestorben. Wir hatten ihn gerade mal ein halbes Jahr gekannt.

Ich denke, er wollte es so. Unsere Moral kennt nur den einen Gedanken: Leben ist wertvoll und muss erhalten bleiben. Wer sagt, dass es stimmt? War die Erde nicht auch mal eine Scheibe? Was ist die Wahrheit? Wer will darüber urteilen?

20 Wir brauchten uns keine Sorgen mehr um Escort-Andreas zu machen, also fingen wir an, uns um uns zu sorgen. Genauer, mein Andreas wurde immer eifersüchtiger. Ich kannte ihn ja, eigentlich wollte er nicht, dass ich anschaffe. Aber er tat halt immer so, als ob es okay sei.

Wir waren zu Hause, schauten fern, als das Nuttentelefon klingelte. Es war nur ein Spinner, der mich anrief und wieder auflegte, ich hatte mich da längst dran gewöhnt. Doch das war der berühmte Funke, der alles zur Explosion brachte.

Andreas wütete rum, höchstens eine Minute. »Ich halte das nicht mehr aus! Ich werde wahnsinnig!« Dann folgte postwendend der Zusammenbruch. Er sprang in die Küche, holte eine Flasche Wein und lief in sein Zimmer. Kurze Zeit später hörte ich Musik. Ich stand im Wohnzimmer und war perplex.

Alles Überlegen half nichts, ich fand in jüngster Vergangenheit keinen Grund für einen Streit, keine Zwischentöne, die ich überhört hatte. Langsam kam ich zu mir, ich konnte mich wieder bewegen und ging zu Andreas. Der saß auf dem Boden, ans Bett gelehnt und weinte bitterlich. Ich holte erst mal Tempos.

»Ist es wegen Escort-Andreas?«, fragte ich.

»Nein.«

»Ist was an der Uni?«

»Nein.«

»Hab ich was falsch gemacht?«

»Nein, oder doch … ach, alles so schwer … alles so kompliziert, nein, du hast nichts falsch gemacht.«

»Was denn?«

Ich legte einen Arm um ihn und reichte ihm Tempos und nahm einen Schluck aus der Weinflasche.

»Was ist denn?«, hakte ich vorsichtig nach.

»Du bist … na immer so überlegt … hast alles im Griff … was willst du dann noch von mir? … Ich will nicht alleine sein … und dann die Kunden … ich will das alles nicht mehr … überall Geld … meine Eltern … ich, du … du warst mal der, der für mich da war, ohne dass Geld eine Rolle spielte … dann das Nuttentelefon … Geld, Geld, Geld … immer wenn du bei einem Kunden bist, fühle ich mich verraten … Geld hat mal wieder gesiegt. Ich bin weniger wert als Geld … wie zu Hause, die Firma geht vor … ich halte das nicht mehr aus … meine Eltern haben mich gekauft, diese Wohnung und alles … und du, du bist doch nur hier, weil du fast umsonst wohnen kannst … warum mag mich keiner? Warum nur?«

Was sollte ich sagen? Ich spürte, alles, was ich sagen würde, wäre jetzt falsch. Ich blieb neben ihm sitzen, trank Wein aus der Flasche und streichelte ihm über den Kopf. So saßen wir eine Weile, dann überkam es mich. Ich legte Andreas etwas unsanft auf den Rücken, setzte mich auf seinen Bauch, hielt seine Hände mit meinen über seinem Kopf fest und sagte, erst sehr bestimmt, dann ins Zärtliche wechselnd:

»He du Arsch! Ich mag dich so, wie du bist, auch wenn wir morgen pleite sind. Dafür, dass in deiner Familie die Firma immer vorging, kann ich nichts. Anschaffen gehen wir beide, du hast mich am Anfang sogar nach dem Dreier mit Dieter Esswein gefragt. Und wenn ich jetzt anfange zu heulen, dann nur, weil du mir nicht egal bist.«

Meine Stimme versagte, meine Tränen tropften auf sein Gesicht. Wir küssten uns, tranken Wein aus der Flasche, krochen ins Bett und schliefen ein. Sein Arm auf meinem Bauch. Alles war gut.

21

Wir zogen das Nuttentelefon erst mal aus der Dose. Am Wochenende ging es nach Sylt, kleine Pension, keine Kneipen, nur wir beide. Unsere Art der Krisenbewältigung. Wir liefen am Strand bis Hörnum, das sind bestimmt 15, 20 Kilometer, redeten kaum und waren uns doch so nah. Aßen Fischsuppe im Stehen. Es war Spätsommer und abends kühl. Wir zogen uns zwei Pullover übereinander an, packten unsere Thermodecke ein und gingen Richtung Strand. Unterwegs kauften wir eine Flasche Weißwein mit Schraubverschluss, eine Tüte Chips und erbettelten uns in einem Imbiss zwei Plastikbecher.

Da saßen wir nun auf unserer Decke am Strand von Westerland, tranken warmen Weißwein aus weißen Plastikbechern, aßen Chips, schauten aufs Meer und waren zufrieden. Es gibt Momente im Leben, an die man immer wieder denkt, dieser steht ganz oben auf meiner Immer-wieder-daran-denken-Skala.

»Sollen wir aufhören mit Anschaffen?«, fragte ich.

»Nee, bloß nicht, ist doch viel zu geil ... Du, sorry wegen dem Abend, war nicht so gemeint«, meinte er.

»Ach, schon gut. Ich weiß ja, was du meinst.«

»Was denn?«

»Na, mit dem Geld ...«

»Ich geb's ja zu, es ist schon gut, wenn die Eltern Geld haben, und ich nehme es ja auch. Aber ich hab halt immer Panik, dass ich ohne Geld nicht gut genug bin. Deine Familie ist eine Familie, du, deine Brüder, ihr mögt euch, weil ihr da seid. Bei uns geht alles nur ums Geld. Weiß ich, ob meine Eltern mich mögen? Bin ich nur da, weil man als erfolgreiche Familie auch Kinder braucht? Warum haben meine Eltern mich bekommen? Um mich von unserer Haushälterin großziehen zu lassen?«

Wir kuschelten uns aneinander, Andreas redete weiter.

»Mein Vater beachtete mich nur, wenn ich gute Noten mit nach Hause brachte. Wenn du wüsstest, wie ich dich beneidet habe, du bist mit deinem Vater losgezogen, ihr habt Pilze gesammelt und so. Bei uns hat die Pilze ein Feinkosthändler geliefert.«

»Ja, verstehe schon ... Du, ich habe Angst vor Hamburg. Jetzt sitzen wir hier, aber was ist in Hamburg? Ich bin nicht so selbstsicher, wie du immer sagst. Du gibst mir Sicherheit. Ich kann ›wir‹ sagen, das macht mich sicher. Was machen wir in Hamburg? Du sagst, Anschaffen ist viel zu geil, kann ich dir das glauben?«

»Ja schon, lass uns weitermachen. Eigentlich weiß ich ja, dass du mich einfach so magst. Nur ab und zu gibt es einen Kurzschluss in meinem Gehirn. Da denke ich dann, gibt es doch gar nicht. Ich hatte nie das Gefühl, geliebt zu werden... Egal, vermutlich haben wir genau deswegen unser ›Hobby‹, um das zu lernen, Geld und Liebe sind zweierlei, können aber trotzdem zusammen auftreten.«

Wir gingen früh zu Bett, zwei Seelenverwandte, schliefen lange, unterhielten uns beim Frühstück mit einem Paar aus Süddeutschland über Hunde, alles war so schön spießig. Ich meine das ganz ernst. Spießig kann schön sein. Alles geregelt, alles einfach, einfach entspannend.

Wir kauften uns einen Flugdrachen und genossen den Tag. Wir redeten mit einer älteren Frau, die alleine am Strand spazieren ging, und überließen unseren Drachen für eine Weile einem Paar mit einem kleinen Kind. Abends lernten wir am Strand Sylter Jugendliche kennen. Wir saßen im Kreis und redeten über Themen, die Jugendliche interessieren. Musik, Mode, Computer und so.

Man bekommt das, was man ausstrahlt. Es waren bestimmt genug schwule Männer auf Sylt, die für mich oder Andreas bezahlt hätten, aber wir suchten sie nicht und so wurden wir auch nicht gefunden.

Im Zug nach Hamburg tranken wir unseren Piccolo, unser Ritual.

22

Immer höher, immer schneller geht nicht. Irgendwann ist das Maximum erreicht. Wir schraubten zurück und merkten erst dadurch, was für eine gefährliche Geschwindigkeit wir erreicht hatten. Wir vermieden Kontakte in die Stricherszene, machten einen Bogen um die Currywurstbude und zogen Verabredungen mit unseren »normalen« Freunden vor. Das war wie Entzug, irgendwie waren wir schon ein Teil von allem. Und dann kam ein Anruf auf dem Nuttentelefon.

Eine TV-Produktionsgesellschaft plante eine Reportage über

Sexworker in Hamburg und suchte Jungs, die keine Scheu hatten, vor der Kamera von ihrem Job zu berichten. Ich hatte Scheu und lehnte ab. Eigentlich fand ich das gut, normalerweise gibt es solche Berichte nur über weibliche Prostitution. Männliche Prostitution existiert in den Köpfen der Menschen nur selten. Eine Menschenrechtsorganisation beanstandete mal einen offiziellen Bericht der Regierung über das Thema, weil mit keinem Wort männliche Prostituierte erwähnt wurden.

Es war Samstagmorgen und noch dunkel. Ich konnte nicht schlafen, schlich aus dem Bett, zog mich an, spazierte durch unser Viertel. Es dämmerte, die Stadt erwachte, eine wunderbare Stimmung. Die Straßenkehrmaschine, ein kleiner Lieferwagen brachte Brötchen zur Bäckerei, eine Frau mit Hund, zwei jugendliche Heimkehrer, alles so friedlich. Ich holte mir einen Kaffee und zog weiter, wie Audrey Hepburn in *Frühstück bei Tiffany*. Der Morgennebel kroch durch meine Kleidung, ich fuhr zum Hafen.

Dort wurden Ausflugsboote geschrubbt und die kleinen Läden auf den Landungsbrücken mit Ware beliefert. Ein Schiff, ein großer Frachter, tuckerte in den Hafen. Eine Frau sortierte Postkarten in einen Verkaufsständer, aber der Stapel fiel ihr auf den Boden. Ich half die Karten aufzuheben. Sie bedankte sich und drückte mir eine Karte in die Hand. Ein gezeichneter Hase mit einer Möhre in den Pfoten auf rosa Hintergrund. Dazu der Text: »Ich schwöre bei dieser Möhre, dass ich dir gehöre.« Sie lieh mir einen Stift und ich schrieb Andreas' Namen auf die Karte, dazu ein lieber Gruß. Eine Briefmarke hatte ich noch im Geldbeutel. Auf dem Weg zur Hochbahn schmiss ich die Karte in einen Briefkasten.

Etwas durchfroren ging ich nach Hause, zog mich aus und kuschelte mich neben Andreas, der durch meinen kalten Körper aufwachte. Genau dieses Gefühl, diese Ruhe, die der Morgen ausstrahlte, kam in letzter Zeit zu kurz.

Wir kamen gut durch den Winter, passten gegenseitig auf uns auf, dass wir nicht wieder so hochdrehten. Eine Frau rief an und fragte, ob Andreas auch für Frauen zu buchen sei. Nein, war er nicht. Ein anderer Anrufer suchte nach Darstellern für Pornos. Die Fantasie erregte mich schon, aber mir fehlte der Mut. Ich sah mich auf dem Cover abgebildet in einem Regal im Sexshop stehen. Das war wie ein Beweis, da konnte man sich im Zweifel nicht wieder herauswinden. Hätte mir jemand garantiert, dass mich nie ein Bekannter in dem Film sehen würde, ich hätte sofort zugesagt. Trotzdem notierte ich die Telefonnummer des Produzenten und ließ ihm gegenüber die Antwort offen: Ich müsse darüber nachdenken.

Weihnachten stand vor der Tür und wie immer mussten wir beim Einkaufen für unsere Familie aufpassen. Die Geschenke durften nicht zu teuer sein, wir waren ja schließlich Jungs mit Ausbildungsgehalt. Die Feiertage verbrachten wir in unserem Dorf. Die alten Freunde fragten nach dem Leben in Hamburg. Es war gar nicht so einfach, sich über Tage nicht zu verplappern. Als uns mein Vater zum Bahnhof brachte, war ich froh. Das Dorf war mir zu klein geworden, ich fühlte mich dort nicht mehr wohl, bekam Beklemmungen. Als ich in Hamburg aus dem Zug stieg, konnte ich wieder atmen. Hier konnte ich untertauchen, mein Leben leben, ohne dass ein ganzes Dorf seine Kommentare dazu abgab, ob man wollte oder nicht.

Der endgültige Bruch kam Jahre später, als meine Eltern starben und ich mein Elternhaus verkaufte. Die Verwandtschaft war entsetzt. Ja, ich hatte eine schöne Kindheit gehabt, ohne Zweifel. Aber ich konnte nicht mehr in dem Haus, in dem Dorf leben, nicht mal in den Ferien. Schon der Gedanke daran rief Unwohlsein hervor. Ich hatte mir ein eigenes Dorf errichtet. Meine Dorfbewohner waren meine Freunde und die Jungs aus dem Rotlichtmilieu.

23

Zwischen Weihnachten und Neujahr stand unser Nuttentelefon nicht still. Die Leute hatten frei, man wollte sich etwas gönnen. Auch ich bekam Urlaub, es wurde ein Aktivurlaub. Wir mussten einen Belegplan für unser Bumszimmer erstellen und die schöne Ruhe war kurzfristig vorbei. Duschen, Bettlaken wechseln, wieder duschen, Sportklamotten für den nächsten Kunden anziehen. Es gab einige Anfragen, ob wir über Silvester arbeiten würden. Nein, das war verabredet, das machten wir nicht. Wie viele Einsame es doch gibt.

Ich besuchte einen Kunden, er öffnete die Tür und neben ihm stand ein Hund. Wir gingen ins Wohnzimmer, ich bekam mein Geld und der Kunde fragte, ob ich auch besondere Wünsche erfülle. Ja, nicht alles, aber vieles sei möglich. Ich sollte den Hund ficken und er wollte zuschauen. »Okay, aber vorher muss ich noch mal pinkeln.« »Im Gang, zweite Tür links.« Ich ging raus und verschwand durch die Wohnungstür, rannte schnell die Treppe runter auf die Straße, in den Schutz der Öffentlichkeit. Der Typ war mir unheimlich und dann noch mit Hund in der Wohnung. Hunde ficken war nichts für mich. Angst brauchte ich jetzt keine mehr haben, der Kunde würde meine Aufwandsentschädigung, die ich schon in der Tasche hatte, nicht einfordern, ich wusste zu viel über ihn.

Da war unser Bumszimmer sicherer. Wenn was passiert wäre, hätte ich nur Andreas rufen müssen. Aber ohne Zweifel, Kunden besuchen war viel interessanter. Man sah, wie sie wohnten, ob sie Geld hatten, ob sie ordentlich oder chaotisch waren. Die Adresse des jeweiligen Kunden lag bei uns immer auf dem Küchentisch, für den Fall der Fälle. Doch wer begeht schon eine Straftat in der eigenen Wohnung? Das Schlimmste, was passierte, war, dass ein Freier das Kondom wieder abzog, bevor er in mich eindringen wollte. Ich merkte das aber sofort, die kurze Verzögerung, das verräterische Geräusch beim Abziehen. Ich zog mich an und ging, der Kunde schimpfte. Ein schlechtes Gewissen hatte ich nicht. Ich war es ja nicht, der den Vertrag gebrochen hatte.

Silvester verbrachten wir zu zweit. Wir mochten es beide nicht, irgendwo ein überteuertes Menü zu essen oder in der Disco um Mitternacht mit Hunderten fremder Menschen anzustoßen. Auf eine private Party hatten wir auch keine Lust. Unser Bedarf an Kontakten war in den letzten Tagen mehr als gedeckt worden. Wir schauten Sketche im Fernsehen an, verputzten unsere selbst gebackene Pizza und Eis als Nachspeise. Vor Mitternacht zogen wir uns warm an, nahmen eine Flasche Sekt und gingen runter zur Alster.

Um zwölf Uhr umarmten wir uns, tranken Sekt aus Gläsern, die ich für eine Mark in einem Schnäppchenladen gekauft hatte. Plötzlich entdeckte ich ein bekanntes Gesicht, ein Stammkunde. Er stand mit Frau und Kindern unweit von uns. Eindeutig, es war seine Familie. Ich tat so, als ob ich ihn nicht kannte. Er hatte nie etwas über sein Privatleben erzählt.

Als das Feuerwerk zur Neige ging, schauten wir noch in einer Kneipe vorbei. Nein, kein Stricherladen. Zufällig trafen wir Daniel, meinen bisexuellen Kunden und inzwischen guten Freund, mit seiner Freundin. Es wurde eine schöne Nacht, wir zogen durch die Kneipen von St. Georg.

24

Daniel und Sara, so hieß seine Freundin, übernachteten bei uns. Sie wollten unbedingt im Bumszimmer schlafen, das fanden sie spannend.

Am nächsten Morgen, na ja, Nachmittag krochen wir alle aus den Betten. Es war so herrlich unkompliziert. Daniel und Sara rannten halb nackt durch die Wohnung, ich machte Kaffee, Andreas duschte. Wir saßen am Küchentisch und schlürften unseren Kaffee, mehr gab es nicht. Wir waren nicht auf Besuch eingestellt, und die Bäcker, die auch sonntags auf hatten, waren längst wieder geschlossen.

Wir redeten über alles Mögliche, kamen aber immer wieder auf das Thema Sex. Sara lachte nur und meinte: »In eurer Gesellschaft muss man automatisch an Sex denken.« Ich hatte immer gedacht, Frauen sind bei diesem Thema verklemmter. Sara ganz bestimmt nicht. Sie redete mit uns über Analsex wie meine Mutter mit ihrer Nachbarin über Sonderangebote bei Aldi. Es sei so schwer, einen weiteren Jungen für einen Dreier zu finden! Wenn Jungs von einem Dreier träumten, dann nur mit zwei Mädchen.

Ich erzählte von dem Pornoproduzenten, der mich angerufen hatte, Daniel wurde ganz nervös. »Was bezahlen die denn?« Sara wollte wissen, ob wir schwule Pornos da hatten. Ja, hatten wir. Wir brachten ein Heft, sie wollte lieber Video. Also gingen wir ins Wohnzimmer und legten einen Film ein. Ich kam mir schon komisch vor, drei Männer, eine Frau schauen einen schwulen Porno. Auch ich war nicht so frei, wie ich nach außen wirkte. »Geil!«, sagte Daniel. Er wollte gerne mal bei so was mitmachen. »Und wenn deine Eltern oder so das sehen?« Ihm war das egal. Kam es heraus, würde es ja nur bedeuten, dass sie heimlich Pornos schauten.

Kurzum, Sara, Daniel, Andreas und ich trafen uns mit dem Pornoproduzenten, nachdem ich angerufen hatte. Die Adresse war eine Privatwohnung. Er würde fast nur schwule Pornos machen, selten auch Bi-Filme. Wenn wir Interesse hätten, würde der Dreh einen halben bis ganzen Tag dauern, nur für die Szene, in der wir mitspielten. Und klar, die Chemie der Jungs müsste untereinander stimmen, das würde man auch am Ergebnis sehen.

Von seiner Seite aus könnten wir alle mitmachen. Daniel war ganz wild darauf. Unser Gastgeber forderte ihn auf, sich auszuziehen und seinen Schwanz hochzuwichsen. Daniel tat es und stellte sich nackt vor uns hin, er hatte schon einen Steifen. Das war der Test. Viele würden gerne in einem Porno mitspielen, trauten sich aber nicht mal hier in der Wohnung, sich auszuziehen. Wer das hier mitmachte, kam mit großer Wahrscheinlichkeit auch zum Dreh. Und der Produzent musste ja auch wissen, wie die Darsteller nackt aussahen.

Das Vorstellungsgespräch, nackt mit einem Steifen vor den anderen, fand Daniel sehr erregend. Er fragte mich, ob ich Fotos von ihm machen könnte, er wollte Sara einen Kalender von sich schenken. Die Fotos wurden super. Daniel nackt im Park, im Hintergrund Spaziergänger, Daniel mit Schwanz aus der Hose in der U-Bahn, Daniel mit runtergelassener Hose in einem Aufzug, Daniel beim Pinkeln in einem öffentlichen WC. Daniel nackt in unserem Bumszimmer in allen möglichen Stellungen.

Sara war begeistert, wir auch. Wir durften uns selber einen Kalender machen. Daniel hing noch lange, nachdem das Kalenderjahr vorbei war, bei uns in der Küche. Die Fotos wurden nach Lust und Laune umgeblättert. Meist war eines der Bilder zu sehen, die wir in der Öffentlichkeit gemacht hatten.

25

Wir führten schon ein eigenartiges Leben. Sex mit Kunden war kein Problem. Hätte ich aber zum Beispiel was mit Daniel gehabt, Andreas wäre explodiert. Und war Andreas länger als geplant mit Freunden weg, wurde ich nervös. Wir waren der lebende Beweis dafür: Sex und Liebe gehören nicht unbedingt zusammen. Sobald aber auch nur der geringste Verdacht aufkommt, dass vielleicht Gefühle mit im Spiel sind, läuft die Toleranz gegen null. Sex kannst du an jeder Ecke bekommen, sofort, echte Zuneigung eben nicht.

Ein Stammkunde fragte mich, ob ich für vier Tage mit nach Paris käme. Ich lehnte ab. Keine Urlaubsbegleitung. Mich gab es nur stundenweise. Und meine Ferien waren mir heilig, die gehörten Andreas. Grundsätzlich blieb ich nie über Nacht bei einem Kunden, auch wenn es nach leichtem Geld aussah, wortwörtlich im Schlaf verdient. Ich hätte kein Auge zugetan, weil ich bei jedem »Job« immer darauf achtete, die Kontrolle zu behalten. Ein, zwei Stunden waren für mich ein Spiel. Übernachten wäre was anderes gewesen, das war mir eindeutig zu lange, da ging es um mehr als um Sex, da wollte jemand Geborgenheit. Andreas war da anders, ihn störte das alles nicht. Er sagte immer, dass man ja vor dem Einschlafen Zeit mit dem Kunden verbrachte und ihn daher einschätzen könnte. Trotzdem. Für mich war zusammen Einschlafen etwas Intimes, das wollte ich mit niemandem teilen – nur mit ihm.

Und so kam es, dass ich es war, der anfing zu leiden. Andreas war von Freitag auf Samstag weg. Er hatte mich gefragt, ob es für mich okay sei, und meine Lüge war perfekt: Klar, kein Problem. Schließlich hatte Andreas ja auch mal die Krise gehabt, weil ich anschaffen ging. Jetzt wollte ich großzügig sein und riss mich zusammen. Die ganze Nacht lag ich wach, sah meinen Andreas in den Armen eines anderen. Ich kochte vor Eifersucht, hatte wahnsinnige Angst, ihn zu verlieren. So selbstsicher ich sonst war, jetzt zerfraßen mich die Zweifel. Es ist ja nur ein Job, es geht ja nur um Geld, redete ich mir ein. Er hat mir nicht den Rücken gekehrt, er arbeitet, er ist nicht weg, weil er mich nicht mehr mag, er ist weg, weil er Geld verdient, morgen ist er zurück und dann liegt er wieder in meinen Armen. Warum rege ich mich auf? Ich mach doch das Gleiche. Alle Argumente halfen nichts, mir war zum Heulen.

Andreas kam nach Hause und gab mir einen Kuss, er küsste eine Salzsäule und er merkte es. »Was ist denn los?« Ich traute mich nicht, die Wahrheit zu sagen. »Weiß nicht, hab schlecht geschlafen.« Warum sagen Menschen nicht die Wahrheit, wenn sie sie eh schon in sich haben? Weil man früher vom Partner Ähnliches verlangt hat, was einen jetzt selber stört? Aber entwickelt sich das Leben nicht? Wenn ich früher gerne Erdbeereis gegessen habe und heute nicht mehr, sage ich es doch auch einfach.

Die Stimmung war auf dem Tiefpunkt und Andreas wusste nicht warum. Ich bekam ein schlechtes Gewissen und fragte ihn schließlich, ob wir spazieren gehen könnten. Wirklich wichtige Sachen kann ich besser loswerden, wenn ich gehe, weiß auch nicht warum. »Na klar.« Andreas wollte unbedingt die Situation geklärt haben. Es fiel mir schwer, einen Anfang zu finden:

»Du, ich … na, ich halte das nicht aus, wenn du über Nacht weg bist.«

»Uups, damit hätte ich jetzt nicht gerechnet, warum denn?«

»Na, bei jemandem einschlafen, oder besser gesagt, mit jemandem einschlafen, das ist wie Liebe.«

»Nee, nicht die Spur, das weißt du doch.«

»Ja, wissen tue ich es, aber ich fühle trotzdem etwas anderes. Der Gedanke, dass dein Arm auf dem Bauch bei jemand anderem liegt, wenn du einschläfst, das ist für mich, wie wenn du jemand anderem sagst, dass du ihn liebst«, brachte ich leise hervor.

»Nein, nein, das ist nur für dich, das ist für uns, der Arm auf dem Bauch. Wir sind heute Nacht getrennt eingeschlafen. Aber das ändert überhaupt nichts an uns beiden. Arm auf Bauch ist nur für dich reserviert, so wie küssen, das gibt es nur mit dir.«

Andreas beruhigte mich. Noch lange gingen wir um die Alster und versprachen, uns gegenseitig in Zukunft sofort zu sagen, wenn uns irgendetwas auf dem Herzen lag. Inwieweit dann Rücksicht auf den anderen nehmen? Darüber schwiegen wir uns aus. Was soll man auch machen, wenn man etwas will, was in dem anderen Unbehagen auslöst? Soll man es bleiben lassen und so vielleicht selber das Gefühl bekommen, auf was verzichten zu müssen? Oder muss der, den es stört, an seiner Einstellung arbeiten? Vermutlich je nach Situation.

26 Betriebsfest von meiner Versicherung. Es war schrecklich. Ich fühlte mich wie auf einem anderen Stern, total fremd. Alle redeten von ihrem letzten Urlaub oder über Frau Schmitt aus der Gehaltsrechnung, die von ihrem Chef ein Baby bekam. Wer hatte den neusten Golf GTI, wer den besten CD-Player? Wer wurde Bundesliga-Meister? Bayern oder HSV? Mich langweilte das nur. Ich ging früh, gerade noch rechtzeitig, bevor die ersten Angetrunkenen anfingen zu flirten. Jede Wette, in neun Monaten gab es den nächsten Nachwuchs in der Firma.

Zum Ausgleich brauchte ich eine Runde Callboyleben. Andreas war zu Hause und wir gingen nach langer Zeit mal wieder in eine Stricherkneipe. An der Theke war Escort-Andreas das Thema. Keiner wusste, wie er gestorben war. Irgendwer hatte zum Zeitpunkt seines Verschwindens in der Zeitung gelesen, dass Drogentoter Nummer soundsoviel in Hamburg gefunden worden war. War er es gewesen? Wie schnell das doch gehen kann. Als ich ihn kennenlernte, schien er noch normal. Aber vermutlich trank er da auch schon oder nahm sonst was.

Das, was wir zu Anfang spannend fanden in den Rotlichtkneipen, stimmte uns heute eher nachdenklich. Ein Junge stand am Spielautomaten, der Wirt unterhielt sich mit Stammgästen, jeder erzählte, wie toll er sei und wie er aus dieser oder jener Situation als Sieger hervorgegangen war. Nach außen hin gab es nur Gewinner. Ich glaube, es wurde in diesem Moment in keinem anderen Raum in Hamburg so viel gelogen wie hier. Eines hatten wir sofort gelernt: Fragt man einen Stricher, wie es ihm geht, geht es ihm garantiert super. Es ist alles kein Problem, erst recht nicht das Anschaffen. Welcher Freier würde auch einen Stricher mitnehmen, der freimütig bekennt, es gehe ihm schlecht, das Anschaffen kotze ihn an, er habe kein Zuhause und halte es ohne Drogen nicht aus?

Sicher, ab und zu konnte man ganz normale Jungs treffen, die einfach nur Kohle für einen neuen Computer brauchten, und bevor sie mühsam Zeitungen austrugen, suchten sie das schnelle Stricher-Geld. Doch das war die Ausnahme.

Ein Mann betrat die Kneipe, ein Freier, schaute sich kurz um und sah den Jungen am Spielautomaten. Er ging zu ihm und fragte, ob er mit ihm was trinken wolle. Sie setzten sich an die Theke, bestellten was, redeten kurz und verschwanden auf der Toilette. Zehn Minuten später kamen sie wieder, der Freier verschwand, der Junge blieb.

Immer wieder ging die Tür der Kneipe auf, ein Kopf schaute rein, schaute die Gäste an und verschwand gleich wieder. Warum tragen Stricher so oft Turnschuhe? Sie laufen von Kneipe zu Kneipe, um zu schauen, wo was los ist, wo vielleicht ein Freier sitzt. Bekämen sie Kilometergeld, müssten sie ihren Arsch nicht mehr hinhalten. Manchmal sahen wir in unserer Kneipe den gleichen Stricher mehrmals in einer Stunde.

Andreas und ich gingen nach Hause. In einem Treppenaufgang

lag ein Junge und schlief. Auf der Straße war noch Betrieb. Kerle in Leder gingen in eine Fetischbar. Dicke Männer suchten schlanke Jungs, die ihnen für 20 Mark in einer dunklen Ecke einen bliesen. Ein paar Touristen suchten ihr Hotel und hatten Angst. Die Frau beschimpfte ihren Mann, weil dieser zu geizig für ein Taxi war. Wir hatten hier nie Angst. Hier war immer Betrieb. Was sollte da anderes passieren als sonst so zu dieser Zeit in Hamburg? Gab es mal irgendwo lautstarken Streit, war er nicht gegen Fremde gerichtet, sondern es war ein Problem zwischen Nutte und Zuhälter oder Dealer und Junkie. Die Stricher und Nutten haben ja auch ein Interesse daran, dass in ihrem Gebiet wenig passiert. Gibt es Überfälle und Ähnliches, bleiben die Kunden weg.

Dann kamen wir langsam in die »normale« Welt zurück, gingen an Clubs vorbei, vor denen supergestylte Menschen standen und sich über Luxusautos oder die nächste angesagte Party unterhielten. Alles keine fünf Minuten zu Fuß voneinander entfernt. Hier gab es bestimmt mehr Taschendiebe, hier war was zu holen. Nur hier hätte die Frau von eben keine Angst gehabt, weil es ihr vermutlich vertrauter war.

Zu Hause im Bett redeten wir noch lange über den Abend, über die Welten, zwischen denen wir hin und her pendelten.

27

Andreas war von der Uni aus auf einer Studienreise und mir war langweilig. Weil ich nichts mit mir anzufangen wusste, putzte ich die Wohnung. Eine gute Therapie. Ein Freund von mir putzte immer dann, wenn es im schlecht ging, meist, wenn er wieder mal unglücklich verliebt war. Am Reinlichkeitsgrad seiner Wohnung konnte man genau ablesen, wie es ihm ging. Wenn überall etwas herumlag, Kaffeetassen vom Vortag in der Küche oder offene Chipstüten im Wohnzimmer, dann war er bestimmt auf Wolke sieben. Aber wehe, wenn man kein Staubkorn fand, kein Haar, wenn es so schien, als ob selbst die Zuckerkörner in der Tüte neu sortiert waren, dann war er am Boden zerstört.

Wie immer, wenn man selbst Zeit hat, hat kein anderer Zeit, den du kennst. Aber dann, wenn du selber schon was vorhast, rufen plötzlich noch zwei Freunde an und wollen was mit dir machen. Und garantiert ruft jemand an, wenn du in der Badewanne liegst, obwohl bisher den ganzen Tag niemand was von dir wollte. Das ist ein Naturgesetz. Sollte ich mal einsam sein, lege ich mich einfach in die Badewanne und warte. Es klingelt bestimmt. Dann muss ich nur schnell genug am Telefon sein, damit die Wohnung nicht tropfnass wird.

An diesem Tag beschloss ich, zur Currywurstbude zu fahren, da war immer Leben, und die »Damen vom Grill« würden mich schon unterhalten. Immer noch ging es um Escort-Andreas. »Ja, die Szene verschlingt die Jungs wie der Drache die Jungfrauen. Nur selten gewinnt einer den Kampf gegen den Drachen. Gehört einfach dazu. Ist zwar traurig, aber so ist es nun mal«, philosophierte eine der Damen, während sie mir einen Kaffee einschenkte. »Kleiner, pass auf dich auf, sonst holt der Drache dich auch noch.« Sie kniff mir in die Wange. Damals war ich mir sicher, immun gegen Drachen zu sein.

Charles kam rein, ein Franzose, etwas älter als ich. Er war wegen der Liebe nach Hamburg gezogen. Die Liebe zerbrach und Charles gleich mit. Die Trennung überwand er nie. Sein Mann hatte die Beziehung von heute auf morgen beendet, ohne Vorwarnung, wie Charles immer sagte, was ihm aber keiner glaubte. Vermutlich hatte er die Warnzeichen nur nicht sehen wollen. Charles definierte sich voll und ganz über die Beziehung, durch seinen attraktiven Freund war er mehr wert. Er übersah dabei, dass auch er nicht schlecht aussah. Und da die Beziehung alles war, was er hatte, verdrängte er einfach alle Probleme. Charles war stolz: Vier Jahre, wer bringt schon vier Jahre Beziehung hin? Auch jetzt noch, Jahre später, berichtete er davon wie von einem Olympiasieg. Alles Reden half nichts, dass er nicht den Ex-Freund vermisste, sondern nur die Situation, also das Gefühl, aufgehoben zu sein. Nur wenn Charles angetrunken war, erfuhren wir auch von den Schattenseiten des ach so tollen Freundes, der ganz schön egoistisch gewesen war und so einiges schieflaufen ließ.

Charles war ein Meister im Selbstmitleid. Selbstmitleid war für ihn einfacher als ein neuer Start. Er war ja nach der Trennung nichts mehr wert, wenn er wertvoll gewesen wäre, hätte er ja die Beziehung noch. Wer gibt schon freiwillig etwas Wertvolles auf? Also war er wertlos. Das war seine Theorie.

Und so ging er gleich nach der Trennung schnurstracks zum Drachen, um sich ihm zu opfern. Noch am gleichen Tag hatte er seinen ersten Freier und war seitdem keine Minute mehr nüchtern. Sein Ex und er sahen sich nie wieder, obwohl wir erfuhren, dass auch er unter der Trennung litt und sich gerne versöhnt hätte. Aber keiner traute sich, den ersten Schritt zu tun, den ersten vernünftigen Schritt. Charles unternahm schon ab und zu etwas. Wenn er betrunken war, rief er seinen Ex an und beschimpfte ihn. Keine gute Idee. Charles bekam prompt die Quittung serviert, für ihn nur die Bestätigung, dass eh alles zu spät war, und eine gute Entschuldigung, weiter zu trinken. Der Drache hatte sein nächstes Opfer.

Warum reden die Leute nicht miteinander? In meinem Bekanntenkreis gab es ein Paar, das sich nach vier Jahren trennte. Der eine kam nach außen hin sehr gut damit zurecht, er war der Coole. Der andere fiel auf die Schnauze und rappelte sich wieder hoch. Nachdem er wieder okay war, unternahm er einen sehr lieben Versuch der Annäherung. Der Coole reagierte nur cool. »Ich hoffe, es geht dir gut.« Ich wäre am liebsten hingefahren, bewaffnet mit einem Besen, und hätte auf ihn eingeschlagen, bis er sich aufmachte, um mit seinem Ex zu sprechen. Er hatte nur Angst vor sich selber, davor, dass auch er zugeben musste, was falsch gemacht zu haben. Im Innersten dachte er täglich an seinen Ex. Er war das eigentliche Opfer des Dramas. Zu stolz, nein, zu ängstlich, sich an einen Tisch zu setzen und vielleicht zu retten, was zu retten war.

Wir wurden oft gefragt, warum Andreas und ich so gut miteinander klarkamen. Wir redeten einfach. Und das hatten wir beim Anschaffen gelernt. Du musst dich mit dem Kunden unterhalten, um zu erfahren, was er will. Treffen, schweigen, Sex machen geht nicht. »Heiteres Problemeraten« nannten wir es immer. Wenn der eine kein Wort rauskriegt, muss der andere Partner hellseherisch merken, was ihn bedrückt oder welche Bedürfnisse er hat. »Heiteres Problemeraten« gab es bei uns nicht. Wir sagten oder wir fragten, wenn was anlag. Und wenn wir uns gar nicht trauten, schrieben wir einen unserer berühmten Briefe, legten ihn auf den Küchentisch und warteten, bis der andere sagte: »Gehen wir ein Stück spazieren?« Wir waren ein eingespieltes Team.

Ich mag es, wenn Franzosen Deutsch reden, und hätte Charles stundenlang zuhören können. »Lust, auf die Reeperbahn zu gehen, Leute gucken?« Ich hatte Lust. Kaum vor der Tür sprachen uns ein Mann und eine Frau an. Ob wir an Gott glauben würden und ob wir kurz Zeit hätten für ein Gespräch. »Für ein Gespräch habe ich immer Zeit«, sagte Charles seelenruhig. »Aber ich rede nur über meinen Ex-Mann und meine Probleme mit Freiern, die nicht bezahlen wollen. Das sind die Themen, die mich armes Ding bewegen.« Es war köstlich.

28

Die Reeperbahn am Tag, bei Licht, ist einfach nur hässlich. Charles und ich bummelten gemütlich die Straße hoch, es war Samstagnachmittag, nur wenige Menschen liefen über die sündige Meile. In einem Sexshop, eher ein Sexkaufhaus, schauten wir nach neuen Ideen, Fortbildung sozusagen. Irgendwie fanden wir nichts. War alles schon mal da gewesen. In der Pornoecke schauten wir uns gelangweilt die Cover an, entdeckten einen Darsteller sowohl auf einem Heteroporno als auch auf einem schwulen Film. War der bisexuell? Oder *gay for pay*? Schwul gegen Bezahlung?

Wir zogen weiter, Fast-Food-Läden, Spielhallen, Stripschuppen. Zwischendrin die Stadtreinigung, die versuchte, die Reeperbahn schön zu machen für die Nacht. »Habt ihr ein bisschen Kleingeld?« Nö, hatten wir nicht. Ein Punk sprach uns da an, um die achtzehn Jahre alt. Charles meinte nur, wenn er einen Puff hätte, würde er den Jungen von der Straße holen, duschen und anbieten, der würde viel verdienen, echt süß. So hat jeder seine Sichtweise aufs Leben.

Wir witzelten rum, bei uns gäbe es keine Jugendarbeitslosigkeit, bei uns würden alle Escorts. Wie viele Callboys gab es eigentlich? Charles wollte von über 3000 Jungs gehört haben, die in Hamburg anschafften, mehr oder weniger regelmäßig. Wer die wohl gezählt hatte?

Wir gingen in einen Stricherladen, den wir gut kannten. Die Kneipe war leer, nur zwei Gäste. Die »Tresenschlampe« wollte uns gerade erzählen, was in der letzten Zeit alles so passiert war, als das Telefon klingelte. Aufgeregt kam er zu uns, den Hörer in der Hand. »Wasserrohrbruch bei mir zu Hause, die wollen meine Wohnungstür aufbrechen. Ich muss weg, nur eine Stunde. Könnt ihr auf den Laden aufpassen?« Charles sagte Ja, vermutlich mit dem Hintergedanken, sich in der Zeit umsonst vollsaufen zu können.

So stand ich plötzlich hinter einer Theke. Eine Theke in einem Puff. Zum Glück gab es keine komplizierten Cocktails. Die wenigen Gäste, die kamen, wollten Bier, Cola oder irgendeinen Schnaps. Das bekam ich hin. Einmal fragte ich auch einen Gast, ob er mir die Flasche zeigen könne, wo das Zeugs drin war, was er wollte. Kassiert habe ich mit der Getränkekarte in der Hand, während Charles sich in der Zeit ein Bier nach dem anderen reinschüttete.

Ein Freier fragte mich, ob ich ihn nach Dienstschluss verwöhnen würde. »Keine Lust.« Und ein Stricher versuchte mir weiszumachen, dass er hier umsonst zu trinken bekäme. Nach zwei Stunden kam die »Tresenschlampe« zurück, berichtete aufgeregt von dem Unglück zu Hause und gab mir mindestens tausend Küsse als Dank für meine Vertretung. Er drückte mir einen Geldschein in die Hand, den Lohn. Dass Charles sich seinen »Lohn«

schon geholt hatte, merkte er sofort. Der fragte mich gleich, ob ich ihm das Geld leihen würde, er hätte fast keins mehr. Ich ging nicht drauf ein. Leihst du hier jemandem etwas, ist die Wahrscheinlichkeit größer, der Hamburger Hafen trocknet aus, als dass du es zurückbekommst. Ich hatte gelernt, mich klar abzugrenzen. Wenn, dann lud ich jemanden ein, der pleite war.

Wir gingen, holten uns Bier an der Tankstelle um die Ecke, stellten uns auf den Spielbudenplatz und beobachteten die Leute. Die Musicalbesucher kamen und mit ihnen ein Mann, der auffällig oft und »rein zufällig« an einer Stricherkneipe vorbeiging. Offensichtlich hatte er Skrupel. Dabei war es auffälliger, immer auf und ab zu gehen statt direkt in die Kneipe. Er trank sich Mut mit einem Flachmann an, dann noch zweimal an dem Laden vorbei und rein.

Das Schöne an den Stricherkneipen hier war doch, man konnte auch einfach was trinken, unverbindlich schauen, die Preise waren nicht anders als in der Kneipe um die Ecke. Viele Touristen dachten Wunder was, hatten das Bild vom Luxuspuff im Kopf, das so mancher Fernsehkrimi vermittelt. Die Reeperbahn wurde voller, Nutten sprachen uns an. »Wir müssen selber zur Arbeit«, sagten wir nur. Charles war pleite und musste wirklich anschaffen. Er wollte in einem Sexkino zwischen den Kabinen einen Freier angeln, um diese Uhrzeit sei dies das Beste. Er lebte von der Hand in den Mund oder, wie er sagte, »vom Schwanz in den Mund«.

29

Wenn ich Ruhe brauchte, ging ich am liebsten auf die Landungsbrücken. Das hatte was von Freiheit, von großer, weiter Welt. »Meine kleine Hafennutte«, sagte Andreas einmal, als ich wieder vom Hafen nach Hause kam. Es bürgerte sich ein, ich war seine kleine Hafennutte.

Manchmal rutschte es ihm einfach raus, auf der Rolltreppe in einem Kaufhaus, samstags, brechend voll: »He, Hafennutte, ich glaube, wir brauchen noch Wein.« Oder in der U-Bahn: »Komm, meine kleine Hafennutte, wir müssen los.« Verwunderte Gesichter. Die meisten wussten einfach nicht, was sie denken sollten.

Ich spazierte langsam am Wasser entlang, ein fantastisches Bild. Überall kleine Lichter, ein Schlepper fuhr die Elbe hoch. Manche machen Yoga, dies war meine Meditation. Ich vergaß die Zeit. Als ich sozusagen wieder zu mir kam, war es Mitternacht, jetzt wurden die Clubs bald voll. Ich hatte Lust zu tanzen, ging zurück zur Reeperbahn, trank zum Wachwerden einen Kaffee bei den »Damen vom Grill«. Es herrschte Hochbetrieb.

Auf der Straße kam mir eine Gruppe entgegen, vermutlich Schüler, so um die siebzehn Jahre alt, und ihr Lehrer. Dem Dialekt nach kamen sie aus Bayern. Aha, der Lehrer dachte wohl, bevor sich meine Schüler nachts unkontrolliert hier herumschleichen, mache ich es lieber gleich ganz offiziell. Vermutlich ein Ausflug in Sozialkunde, oder doch Volkswirtschaft?

Ich tanzte die halbe Nacht, redete mit Bekannten, schaute mich einfach um und hörte der Musik zu. Jetzt war ich wieder ein ganz normaler schwuler Youngster. Ich wurde angemacht, der Altersunterschied war null und nicht etwa zwanzig oder dreißig Jahre. Am frühen Morgen zog ich mit einer neuen Bekanntschaft zu McDonald's. Mein Verehrer war entzückt und wiederholte immer wieder, wie schade es sei, dass ich schon vergeben war. »Die Besten sind immer besetzt.« Ich sei ja nicht »verheiratet« auf die Welt gekommen, tröstete ich, sicher würde er auch bald die große Liebe treffen. Aber nein, das ließ er nicht gelten. Ich beschloss, keine Telefonnummern zu tauschen, das roch nach Drama.

Zu Hause fiel ich ins Bett und verschlief den Sonntag.

30

»Ich denke immer nur dann, dass mein Ex glücklicher ist als ich, wenn ich selber nichts vorhabe. Bin ich gerade umworben, verschwende ich keinen Gedanken daran. Ich denke nur an die schönen Stunden zurück, wenn ich mich selber einsam fühle. Ich bin ganz schön bescheuert, oder?«

Ein Freund heulte sich bei mir aus. Wir saßen in einem Café auf der Langen Reihe. Als er gehen musste, stand schon der Nächste am Tisch. Daniel sah gar nicht gut aus. Er hatte mich gesucht, Liebeskummer. Heute war »Freunde-haben-ein-Problem-Tag«. Ich stellte im Geiste ein Schild auf dem Caféhaustisch auf: Eheberatung.

Sara hatte sich in eine andere Frau verliebt. Und Daniel wusste nicht, was er denken sollte. Zumindest war die Frage »Was hat sie, was ich nicht habe?« schnell zu klären, rein anatomisch. Ich war froh, schwul zu sein. Bi bedeutete zwar mehr Möglichkeiten, mehr Auswahl an Sex, aber auch mehr Möglichkeiten und Auswahl an Problemen.

»Was habt ihr jetzt vor?« Stand eine Trennung im Raum? Nein, darüber hätten sie nicht gesprochen. Eigentlich sei alles wie bisher. Ruhig und sachlich bleiben, war die Devise. Daniel fand ja zwischendurch auch immer mal einen anderen Kerl ganz interessant. Und natürlich erwartete er Toleranz. Sara wusste ja schließlich, dass er auch auf Jungs steht. Jetzt war es seine Freundin, die diese Toleranz beanspruchte. Wo war da der Unterschied? Sara war einfach nicht so eifersüchtig wie er, konnte besser damit umgehen, das war alles. Und sie wollte ihn ja gar nicht verlassen. So wie Daniel berichtete, stand das nicht zur Diskussion.

Daniel fand seine eigene Lösung, um das Gleichgewicht wiederherzustellen. Er flirtete mit einem Jungen im Café und zog mit ihm los. Sehr praktisch und sehr einfach. Ich saß wieder alleine und fühlte mich auch so. War Andreas da, hatte ich tausend Ideen. Wusste ich ihn in der Nähe, konnte ich Stunden damit verbringen zu lesen. Jetzt, wo er weit weg war, brachte ich nichts fertig. Nein, ich hatte keine Angst, ihn zu verlieren, ich war unruhig, ich fühlte mich nur halb.

Waren wir auf Sylt und ich wollte mal alleine ans Meer, war das herrlich, ich wusste ja Andreas in Greifnähe, ich konnte das richtig genießen, fühlte mich aufgehoben. Wäre ich jetzt alleine auf Sylt, ich hätte mich einsam gefühlt, weil Andreas so weit weg war, ich nicht innerhalb von Minuten wieder in den Arm genommen werden konnte. War ich genauso bescheuert wie alle anderen?

Ein paar Tage später kam Andreas zurück, ich hatte extra vorgearbeitet, um früher gehen zu können. Ich holte ihn vom Flughafen ab. Zu Hause hatte ich zwei Packungen Luftballons aufgeblasen und in der Wohnung verteilt. Ein Abendessen stand auf dem Tisch und das Bett war frisch bezogen. Ich war wieder eins.

31 Andreas schrie auf, als er pissen musste. Ein komischer Ausfluss war am Penis zu sehen. Tripper. Ein paar Tage Medizin und es war vorbei. Nach diesem Vorfall ließen wir uns gegen Hepatitis impfen und machten einen Aids-Test. Angst kam in uns hoch. Berufsrisiko? Wir versuchten uns zu beruhigen. Gab es nicht auch Geschichten von Leuten, die nur einmal Sex hatten und sich gleich was einfingen? Schicksal sozusagen oder einfach nur Pech. Ich hatte Glück, ich hatte immer Glück. Ich musste eine ganze Armada Schutzengel haben, die nur für Geschlechtskrankheiten zuständig waren. Krank wurde ich nie.

Die Zeit, bis die Testergebnisse vorlagen, war die Hölle. Ärzte und alles, was damit zu tun hatte, konnte ich nicht ausstehen, und jetzt schien die Gefahr so real. Ich war in dem Moment sicher, ich fasse nie mehr einen anderen Mann außer Andreas an. Ich würde treu werden und den Job als Callboy aufgeben. Die Angst war das Geld nicht wert.

Andreas ging es nicht anders. Anstatt uns gegenseitig zu beruhigen, machten wir uns zusammen verrückt. Wie wild gewordene Kaninchen fegten wir rastlos durchs Leben, machten Programm, rund um die Uhr. Kino war an der Reihe. Der Film lief, aber wir sahen ihn nicht und verließen den Saal. Die U-Bahn fuhr extra langsam, so erschien es uns. Die paar Minuten bis zur Reeperbahn kamen uns plötzlich endlos vor. Der Waggon war enger als sonst, die Geräusche der Fahrt waren unerträglicher Krach in den Ohren.

Wir flüchteten in eine Stricherkneipe, nicht zur Kundenakquise, sondern zum Trinken. Was wir in den Tagen an Alkohol konsumierten. So schnell konnte es also gehen. Nur dass unsere Probleme sich hoffentlich nach kurzer Zeit in Luft auflösten und somit auch der Wunsch, sich zu betäuben.

Nach zwei schnell heruntergeschütteten Bieren wurde es besser. Zudem kamen wir mit einem Jungen ins Gespräch. Das ist falsch ausgedrückt – er erzählte ohne Pause. Schon mit sechzehn nahm er Drogen, hatte dadurch sein Abi geschenkt bekommen, da die Schule ihn unbedingt loswerden wollte. Zum Bund musste er auch nicht, wegen des Drogenproblems. Wie gut es doch war, dass er Drogen nahm, bis zu dem Tag, da ihn seine Eltern rausschmissen, die Eltern, die dafür gesorgt hatten, dass er trotz Sucht auf der Schule bleiben durfte, die Eltern, die sich darum kümmerten, dass er nicht zur Musterung musste. Die Eltern hatten kapiert, solange sie ihrem Sohn den Rücken freihielten, unterstützten sie seine Sucht nur. Er kam aus gutem Haus, wie man so sagt, und traf Mama und Papa regelmäßig zum Essen in einem Restaurant. Seine Eltern machten Therapie, seine Eltern waren in einer Selbsthilfegruppe. Seine Eltern sagten auch, sie würden jetzt viel bewusster leben. Alles Dinge, die er eigentlich tun müsste. Aber der Junge erzählte, als ob er über seinen letzten Kindergeburtstag berichtete. Es war einfach so. Die Drogen und er gehörten zusammen, Schluss, aus, Ende. Damit verließ er uns. Was er wohl gerade eingenommen hatte, das diesen Redefluss hervorbrachte?

Irgendwie überlebten wir die Tage, und als wir hörten, dass alles okay mit uns sei, kamen wir uns wie neugeboren vor. Ich hätte den Arzt niederknutschen können. Gleich neben der Praxis war ein kleines Café, wir gingen rein, bestellten Sekt und stießen auf uns an. Danach machten wir erst einmal eine Alkoholpause. Das konnte nicht gesund sein, was wir die letzten Tage getrunken hatten.

Die Vorsätze, in Zukunft treu zu leben und nicht mehr anzuschaffen, verblassten schnell. Nach einigen Tagen steckte ich das Nuttentelefon wieder in die Dose. Für meinen ersten Kunden sollte ich mir seinen Bundeswehrparka beim Sex anziehen. Es war zwar etwas warm und dadurch anstrengend, aber ich war wieder da, wo ich hinwollte. Die Neugier auf Neues und die Lust auf Spannung hatten gesiegt. Andreas folgte, nachdem der Arzt sagte, der Tripper sei erledigt.

32

Wir saßen in einem Restaurant. »Entschuldigung, wir haben Schichtwechsel, dürfte ich kurz kassieren?«, wurden wir mitten im Essen unterbrochen. Wir bezahlten mürrisch, Trinkgeld gab es keines. Was bildeten die sich ein?

Schichtwechsel im Puff: »Entschuldigung, wir haben Schichtwechsel, könnten Sie mal kurz rausziehen?« Die eine Nutte kriecht unter dem Freier hervor, die andere schiebt sich drunter. »So, wieder reinstecken, kann weitergehen.« Wir lachten uns Tränen in die Augen.

Wir überlegten, wohin es im Urlaub gehen sollte. Traumziele waren Key West in Florida oder eine Nordmeerkreuzfahrt. Da wir immer mindestens die Hälfte vom Strichergeld auf einem Konto sparten, konnten wir es uns leisten. Nur: Was zu Hause erzählen? So eine große Reise kann man nicht verschweigen, man will ja schließlich auch davon berichten. Und Ansichtskarten schreiben. Drei Tage Sylt kann man unter den Teppich kehren, das hier nicht. Unsere Eltern dachten bestimmt, wir wollten am Comer See zelten oder eine Radtour von Jugendherberge zu Jugendherberge machen. Und meine Oma würde uns noch was extra zustecken, damit wir uns auch mal was leisten konnten.

Wir hatten die Reise bei einem Gewinnspiel gewonnen! Das war Andreas' glorreiche Idee. Preisausschreiben in einer schwulen Zeitung, da würden unsere Eltern garantiert nie nachforschen oder Fragen stellen. Das war ihnen viel zu peinlich. Wie gut, dass

Homosexualität für viele noch ein Problem war. Hätten wir ein Gewinnspiel im *stern* erfunden, wäre gleich das ganze Dorf auf den Beinen gewesen. Was für ein Glück die lieben Jungs doch hatten! Spätestens beim nächsten Kegeln wäre dann rausgekommen, dass es die letzten drei Jahre im *stern* keinen Preis mehr gegeben hatte, der unserer Reise ähnlich war. Da war auf das Dorf Verlass, aus Langeweile und Neugier wurde alles überprüft, sie nannten es Interesse am Mitmenschen.

Wir buchten schließlich eine Expeditionskreuzfahrt nach Spitzbergen. Keine Kreuzfahrt mit dreimal Umziehen am Tag. Im Prospekt stand, das Publikum sei eher an der Natur interessiert als an dem üblichen Kreuzfahrtgetue. Es war sündhaft teuer. Wir bestellten eine große Außenkabine. Key West hatte verloren, weil es ein schwuler Urlaub geworden wäre. Key West ist eine schwule Urlaubsmetropole. Da hieß es wieder Männer, Party, Männer … Davon hatten wir genug im Alltag. Bis wir die Koffer packen konnten, dauerte es jedoch noch eine Weile.

33

Wir wurden zusammen gebucht. Die Wohnungstür würde offen stehen, der Kunde wäre schon nackt auf allen Vieren, wie ein Hund, unser Geld würde auf dem Wohnzimmertisch liegen. Wir sollten für zwei Stunden auf den »Hund« aufpassen und ihn vielleicht auch einmal füttern.

Die Wohnungstür war wirklich offen, angelehnt. Im Gang saß der »Hund«, nackt, mit Hundehalsband. Was macht man denn so, wenn man einen Hund sieht? Genau, streicheln und etwas in Babysprache sagen. Wir schlossen die Tür, fuhren dem »Hund« abwechselnd durch sein Haar und lobten ihn. Ich musste aufpassen, nicht loszulachen. Der Fernseher lief, auf dem Tisch standen verschiedene Getränke und Chips sowie ein Fressnapf und eine Dose Hundefutter.

Wir setzten uns erst mal auf die Couch und machten uns zwei Bier auf. Ich befahl dem »Hund«, sich vor unsere Füße zu legen und ruhig zu sein. Wir suchten uns ein interessantes Programm im Fernseher und beinahe hätten wir den »Hund« vergessen. Er wollte gefüttert werden. Das machte man bestimmt in der Küche. Ich nahm das Hundefutter, Andreas nahm den »Hund« am Halsband. In der Küche öffnete ich die Dose. Geflügel- und Leberterrine, hörte sich nach einem Gourmetessen an. Ich gab den Brei in den Napf und stellte ihn auf den Boden. Der »Hund« fraß gierig. Andreas und ich standen daneben und schauten zu, bis der Napf alle war. Wir führten den »Hund« zurück ins Wohnzimmer und gaben ihm einen Klaps auf sein Hinterteil. Der »Hund« sollte sich auf den Teppich legen, wir kuschelten vor dem Fernseher und hatten Langeweile. Was würden wir jetzt zu Hause machen? Sex?

Andreas grinste mich an, machte meine Jeans auf, holte meinen Schwanz raus und blies mir einen. Der »Hund« bekam große Augen. Andreas befahl dem »Hund«, weiterzumachen. Ich bekam einen geblasen, Andreas schaute zu. Nachdem ich bedient war, kam Andreas dran. Den Rest der Zeit schauten wir fern, der »Hund« lag auf dem Boden.

Nach zwei Stunden verließen wir die Wohnung wieder und gingen nach Hause. Dort klingelte schon das Nuttentelefon. Der »Hund« war begeistert und wir machten gleich einen neuen Termin. Beim nächsten Treffen sollten Andreas und ich Sex auf der Couch machen und den »Hund« nicht mit einbeziehen, das sei der nicht wert. Und da hatten wir auf dem Heimweg vermutet, es sei wohl zu wenig Programm fürs Geld gewesen.

34

Ich sollte mir Frauenkleider anziehen, Minirock, High Heels und jedes Haar am Körper rasieren, er wollte mich dann vergewaltigen. Alles nicht mein Ding. Ich machte nur das, was auch mir gefiel. »Nein danke.«

Ein weiterer Kunde wollte vor mir knien, mir einen blasen, ich sollte in seinen Mund abspritzen. Das tat ich. Dem Mann war das Risiko bewusst, mir konnte nichts passieren. Ich war nicht auf der Welt, um andere zu belehren oder die Moral aufrecht zu halten. Ich war »die kleine Hafennutte« und nicht der Vorsitzende der Partei für Sitte und Enthaltsamkeit.

Betrunkene Kunden, die sich erst Mut antrinken mussten, lehnte ich ab. Ich wusste vom Schützenfest bei uns zu Hause, wie schnell unter Alkohol die Stimmung umschlagen kann, und dann hätte ich garantiert den Kürzeren gezogen.

»He, kleine Hafennutte«, rief Andreas, »Dieter Esswein ist am Telefon, er fragt, ob wir nächstes oder übernächstes Wochenende ganz für ihn reservieren können.« »Egal, ich hab an beiden Wochenenden noch nichts vor«, rief ich aus dem Wohnzimmer. Andreas redete noch mit Dieter Esswein und mir fiel ein, dass er das letzte Mal bei ihm im Hotel übernachtet hatte. Seit meinem Kummer wegen Andreas' nächtlichem Wegbleiben hatte kein Kunde mehr nach einer Übernachtung gefragt. Oder hatte Andreas mir zuliebe immer Nein gesagt und mir nichts erzählt? Ich wurde unruhig. Wie war das?

Andreas kam ins Wohnzimmer und sagte, Esswein hätte es gerne wieder so wie letztes Mal, nur sollten wir gleich am ersten Abend zu dritt sein. Ich musste ganz bewusst und ruhig atmen, um zu fragen: »Wirst du bei ihm übernachten?« »Wir beide sollen bei ihm schlafen«, antwortete Andreas, »ich habe ihm aber gesagt, dass wir das erst besprechen müssten, er ruft morgen noch mal an.«

Vierundzwanzig Stunden hatte ich also. Ich kramte im Geiste nach einem schlauen Buch, in dem steht: »Was ist das Schlimmste, das Ihnen in der Situation passieren kann?« Das soll man sich fragen, wenn man in Panik gerät. Und meist kommt man dann schon zur Ruhe, weil man sich in seiner Panik die katastrophalsten Dinge ausmalt, die aber nie eintreten. Objektiv gesehen kann ein Zahnarzt kein Todesurteil aussprechen. Die Wahrscheinlichkeit, die Behandlung zu überleben, liegt bei nahezu 100 Prozent, vorausgesetzt, ein Erdbeben lässt die Praxis nicht in dem Moment in sich zusammenfallen, in dem der Zahn gezogen wird. Was war das Schlimmste, das mir passieren konnte? In der Nacht konnte ich nicht Andreas' Arm auf meinem Bauch spüren. Ein Dritter würde unsere Zweisamkeit stören. Und ich hatte Angst, Andreas zu verlieren. Ich fühlte mich plötzlich »nichts wert«.

Mir ging ein Licht auf. Also doch, ich ging anschaffen, um zu schauen, ob ich was wert war! Geld in der Hand, das war der Beweis. Und wenn Andreas nicht wegen mir zurückkommen würde nach einer Nacht beim Kunden? Ein unkalkulierbares Risiko, daher wollte ich ihn jede Nacht alleine bei mir haben, in Sicherheit. Zum Glück hatte ich ihn durch mein Klammern noch nicht vertrieben. Oder ging es ihm genauso? War es für ihn auch die große Liebe ohne Ende wie für mich?

Die kleine Hafennutte fuhr zum Hafen, Gedanken sortieren. Wieder zu Hause, sprach ich mit Andreas. Er habe wegen mir um Bedenkzeit gebeten, er selber würde es machen. Aber ich solle entscheiden. Andreas war ehrlich, ich war ehrlich, ich fühlte mich sicher. Ohne viel darüber nachzudenken, trugen wir uns gegenseitig durchs Leben. Daran konnte auch ein Dieter Esswein nichts ändern. Andreas sollte zusagen. Zu dritt, zwei Nächte. War ja ein Anfang, war ja noch nicht Andreas und ein Kunde alleine.

Was war das Schlimmste, das passieren konnte? Ich konnte mich unwohl fühlen, dann hätte ich immer noch die Möglichkeit, nach Hause zu fahren und Andreas zu bitten, mitzukommen. Das Schlimmste war also, Geld zu verlieren, weil der Kunde unzufrieden war. Darauf konnte ich mich einlassen.

Andreas nahm mich in den Arm und sagte: »Zu dir komme ich immer wieder zurück. Und ich habe nicht das Gefühl, dass du klammerst, eher im Gegenteil, du lässt mir meine Freiheit und ich bin trotzdem aufgehoben.« Ich war wirklich überrascht, wie unterschiedlich zwei Menschen die gleiche Situation beurteilen können. Andreas gab mir einen Kuss: »Zu dir komme ich immer wieder zurück, meine kleine Hafennutte.«

35

Dieter Esswein kam. Alles wie beim letzten Mal. Enge Klamotten einkaufen gehen, anpissen, Restaurant besuchen, Hamburg zeigen. Nachts zu dritt im Bett, war zwar komisch für mich, aber auch kein ernstes Problem. Andreas war ja da. Ich konnte sogar etwas schlafen. Und es gab gutes Geld. Das Geld. Hatte ich bisher nicht immer den Reiz des Neuen gepriesen? Ach was, eine Nacht zu dritt mit einem Kunden war was Neues! Man rückt sich sein Leben immer so zurecht, dass man morgens noch in den Spiegel blicken kann.

Am Tag danach war ich wieder fit. Abends, auf dem Weg von der Arbeit nach Hause, regte ich mich über einen Schnösel auf. Ein Mann um die vierzig, groß, dunkler Anzug, perfekter Haarschnitt, Ledermappe unterm Arm. Seine Ausstrahlung ließ keinen Zweifel, er hielt sich für ungeheuer wichtig. Typ Versicherungsvertreter oder Immobilienmakler. Platz da, jetzt komm ich! Als ich die U-Bahn verließ, schob er sich von außen rein und ignorierte die anderen Fahrgäste, die offensichtlich auch aussteigen wollten. Ich machte mich extra breit, der Rucksack in meiner Hand, voll mit Büchern, traf ihn am Knie. Mich traf ein böser Blick. Eine ältere Frau herrschte ihn an: »Erst aussteigen lassen, dann haben Sie auch genug Platz zum Einsteigen.«

»Der denkt, er ist toll, wirklich wichtige Leute benehmen sich anders«, murmelte die Frau. Sie hatte wohl recht. Ich hatte Kunden, von denen ich wusste, sie waren reich, sehr reich, aber die hatten es nicht nötig, es zu zeigen, sie waren es einfach. Hingegen mussten die protzen, die gerne wichtig wären, es aber nur halb geschafft hatten. So wie der junge Mann, den ich in einem In-Club beobachtete, wie er lautstark Champagner bestellte, damit es möglichst viele Gäste um ihn herum mitbekamen. Er führte sich den ganzen Abend auf, als ob Geld für ihn keine Rolle spielte. Woher kannte ich das Gesicht nur? Richtig. Am nächsten Tag fiel es mir ein, beim Einkaufen, er saß an der Kasse. Wäre er wirklich reich, hätte er den Champagner so bestellt wie ich meine Cola.

Am selben Abend wollte ein Kunde von mir gefesselt werden, er war devot und stand auf Schmerzen, das wusste ich vom Telefon. Ich hatte ein komisches Gefühl. Warum, ging mir erst auf, als ich den blauen Fleck an seinem Knie sah, der von meinem Rucksack stammte. Der Schnösel aus der U-Bahn! Warum hatte der vorhin so grimmig geschaut? Er stand doch auf Schmerzen, und die »Nummer« in der U-Bahn war umsonst gewesen. Er erkannte mich nicht. Ja, so war es oft. Die, die tagsüber angestrengt durchs Leben liefen, entspannten sich abends bei mir, indem sie die Verantwortung abgaben und sich fesseln und behandeln ließen.

36

Wir bekamen immer ein Belegexemplar von der Zeitung, in der unsere Escort-Anzeigen erschienen. Nachdem wir unsere Annoncen kontrolliert hatten, blätterten wir sofort zu den Kontaktanzeigen. Das war Realsatire, das war das Leben.

»Junger Boy, Ende 40, jünger aussehend, sucht ihn bis 20.« Wir übersetzten in einen Klartext und lachten uns tot. Junger Boy, Ende 40? Was sollte das? Auf Deutsch hieß das, er war Mitte 50, dachte aber, er geht vielleicht noch als 48 oder 49 durch. Uns hätte es brennend interessiert, ob er überhaupt eine einzige Zuschrift bekam.

»Welcher Junge will sich von mir (45) massieren lassen? Kein Sex!« Das hieß wohl übersetzt, er steht auf Jüngere, will aber kein Geld für Stricher ausgeben und hofft, so billigen Sex zu kriegen. Er gab nur das Alter an, also hatte er einen Bauch.

»Ich 19/184/70, unerfahren, stehe auf Sexpartys und lass mich anonym in der Sauna durchficken.« Wenn er unerfahren war, woher wusste er dann, was ihm gefällt? Unerfahrene waren noch nie auf einer Sexparty oder in einer schwulen Sauna.

»Süßer Junge sucht Sugardaddy.« Das war wohl ehrlich. Da suchte ein junger Typ einen älteren Mann, der ihn aushält. Callboy in Dauerstellung sozusagen.

»Ich, heterolike, suche nur Männer, mit denen Mann sich auf der Straße blicken lassen kann. Keine Szene.« Hier steckte sicher ein total verklemmter Typ dahinter, der alles dafür tat, dass seine Homosexualität nicht rauskam. Und was war schon »heterolike«? Gut, es gab ein paar aufgedrehte Typen, die durch die Straßen schwebten, denen man auf hundert Meter ansah, wie sie tickten. Aber alle anderen waren doch die ganz normalen Jungs und Männer von nebenan. Der, der die Anzeige aufgab, stand nicht zu dem, was er war, zu einem Teil von ihm, der ihn ausmachte.

In einer anderen Anzeige suchte ein Soziologiestudent Callboys, die bereit waren, sich für seine Diplomarbeit interviewen zu lassen. Na, ob sich da einer melden würde? Neulich regte sich ein Journalist in einer anderen Zeitung darüber auf, dass er 20 Callboys angerufen hätte und keiner war bereit, für einen Zeitungsartikel befragt zu werden. Was hatte das mit Callboys zu tun? Ich wette, auch 20 Maurer hätten ihm keine Auskunft gegeben. Wer erstattet schon einem Fremden Bericht über sein Leben, und das gleich noch am Telefon? Ich hätte sofort gedacht, da will sich nur einer aufgeilen, und aufgelegt.

Callboys leben von ihrer Diskretion. Was hatte der Journalist erwartet? Ein komplettes Coming-out? Eine sensationslüsterne Geschichte, ein Insiderbericht vom Kiez?

37

Ich hatte ein ernstes Problem. Ein Kunde wollte mich unter allen Umständen »retten«. Doch ich wollte mich nicht retten lassen, sah auch keinen Bedarf für eine Befreiung. Und wenn ich wirklich Hilfe gebraucht hätte, dann nicht von diesem Mann.

Er hieß Klaus, war 41 Jahre alt, groß, schlank und eigentlich nicht unattraktiv. Klaus stand auf Jungs, also auf jüngere, die auch jung aussahen. Er kam regelmäßig zu mir und offerierte mir eines Tages, dass ich doch mit ihm kommen sollte. Er hätte einen guten Job, eine Altbauwohnung in bester Lage und würde mir den Himmel auf Erden bieten, Liebe ohne Ende.

Ich wohnte in einer Altbauwohnung in bester Lage, hatte einen Freund, ich liebte und wurde geliebt. Andreas war mein Schatz. Klaus wäre keine Verbesserung gewesen. Und vor allem, was passierte, wenn ich älter wurde? Jetzt ging ich noch als »kleiner Junge« durch, ewig würde das nicht so bleiben. Klaus liebte nicht mich, sondern meinen Körper. Irgendwann müsste ich zwangsweise ersetzt werden. Das alles sagte ich Klaus natürlich nicht, als Escort verkauft man ja Wellness.

Vielleicht wäre es besser gewesen, ich hätte es ihm gesagt. Denn Klaus steigerte sich in die Idee hinein, mich aus dem »Milieu« zu holen. Und es wurde immer offensichtlicher, es ging ihm gar nicht um mich, sondern nur um ihn. Ich hatte »Nein danke« gesagt, das brachte ihn in Rage. In seinen Augen war er mehr wert als ich. Er, der Ältere, hätte schließlich mehr Lebenserfahrung als ein kleiner Stricher. Was bezweckte er damit? Unser Nuttentelefon stand nicht still, er fing mich auf der Straße ab, versuchte mir weiszumachen, was für eine arme Sau und wie dumm ich doch sei.

Selbst wenn ich es mir überlegt hätte, spätestens in dem Moment hätte ich abgelehnt. Klaus' Ego war angegriffen. In seinen Augen, und vermutlich in ganz vielen anderen auch, war ein Callboy nichts wert. Ich hätte ihm gefälligst dankbar sein müssen, dass er seine Energie darauf verwandte, mich »gefallenes Objekt« zu retten. Aber ich war es nicht, im Gegenteil, ich forderte ihn auf, mich in Ruhe zu lassen.

Jetzt drehte Klaus erst richtig auf, drohte, mich fertigzumachen, würde ich nicht zu ihm ziehen. Und zum Glück drohte mir Klaus auf unserem Anrufbeantworter. Ich schnappte mir das Band und ging damit zur Polizei. Andreas und mir war es in dem Moment egal, ob es rauskam, was wir so als Hobby machten. Das hier musste aufhören! Klaus dachte wohl, ich würde mich aus Angst nicht wehren. Aber ich erstattete Anzeige. Der Beamte versprach uns, gleich einen Wagen bei meinem »Retter« vorbeizuschicken, das wirkte meist schon Wunder. Die Stalker, die Verfolger, würden merken, das Opfer wehrt sich.

Andreas und ich waren total nervös, als wir das Revier verließen. Wie ging es weiter? Würde Klaus Ruhe geben oder noch extremer werden? Was konnte uns passieren, wenn er der Polizei von unserem Nebenerwerb in der eigenen Wohnung erzählte? Wir überlegten hin und her, was wir in welcher Situation wem sagen sollten.

Am gleichen Abend klingelte es an der Wohnungstür. Ein Taxifahrer brachte einen Brief. Von Klaus. Er bat um Entschuldigung, hoffte, dass ich die Anzeige zurückzog und nicht alles öffentlich würde. Das nämlich könne er sich nicht leisten und wir sicherlich auch nicht. Klaus hatte Panik. Was wohl sein Arbeitgeber, seine Eltern sagen würden, wenn herauskam, dass er einen Callboy erpresste, ihm drohte? Klaus hatte Angst, wartete nicht mal die Post ab, bestellte einen Kurier. Andreas und ich wurden ruhiger. Am nächsten Tag gingen wir wieder zur Polizei, erzählten von dem Brief und nahmen die Anzeige zurück. Der Polizist empfahl uns, das Band vom Anrufbeantworter und den Brief gut aufzubewahren, man wisse ja nie.

Klaus hatte gedacht, er sitze am längeren Hebel. Er war sich so sicher: Mit »Außenseitern« wie uns konnte man es schon machen, die mussten ja springen, wenn er rief. Ich dachte an die Jungs vom Drogenstrich. Denen ging es wirklich so, die mussten alles tun, wenn der Entzug kam, sie hatten keine Wahl, sie waren Leuten wie Klaus ausgeliefert, für den nächsten Schuss.

38

Klaus gab wirklich Ruhe. Er merkte wohl, wir zeigten Rückgrat. Sollten wir unser Hobby aufgeben? War es das wert? Die immer wiederkehrende Frage. Aber nach ein paar Tagen ging auch dieses Mal alles wieder weiter wie bisher. Nur wenn uns jemand sagte, wie toll er uns fand oder dass wir zum Verlieben seien, schoben wir gleich einen Riegel vor. Lieber einen Kunden weniger und in Frieden leben.

Dildo auf der Heizung vorwärmen, ein Kunde wollte mit Dildos verwöhnt werden. Dildo danach wieder reinigen. Kondome einkaufen. Gleitcreme aus der »Anstaltspackung« in die kleine Flasche umfüllen. Das Lederbettlaken reinigen. »Das bisschen Haushalt…«, sang ich vor mich hin, als ich das Bumszimmer sauber machte, das Bett neu bezog. Ich war zufrieden mit dieser besonderen Rolle. Ich stopfte Bettwäsche und Handtücher in die Waschmaschine. Wäsche aus dem Bumszimmer wurde immer extra gewaschen. Privat und Geschäft, wenn es ging, getrennt.

Ich brachte leere Flaschen zum Altglascontainer und wunderte mich beim Einschmeißen über die Anzahl der Weinflaschen. Mir war bisher nicht aufgefallen, dass wir so viel Wein tranken. Eigentlich war ich mir sicher, ich trank nicht mehr als bisher. Besuch hatten wir in letzter Zeit auch keinen gehabt. Andreas? Natürlich! Er kam von der Uni und gönnte sich ein Glas, um den Feierabend einzuläuten. Zum Essen gab es noch einen Wein, abends vor dem Fernseher auch. Trank ich einen, trank er zwei.

War doch alles zu viel? Er war nach außen hin immer der Starke. Es war wie ein Stich in die Magengrube. Ich hatte schon wieder Angst. Erst die Sache mit Klaus, jetzt Andreas. Seit anderthalb Jahren gingen wir anschaffen, wir genossen unser aufregendes Leben. Und doch drohte es langsam aus dem Gleichgewicht zu geraten. Geister krochen in mein Leben, die ich nicht wollte.

Ich wollte den Geistern die Stirn bieten und sprach mit Andreas. Das Problem war nicht, wie gedacht, das Callboy-Leben. Das Problem war sein Vater. Andreas hatte immer noch das Gefühl, das Leben seiner Eltern zu leben. Er würde am liebsten aus der Wohnung ausziehen, die ja seinen Eltern gehörte, sein Studium schmeißen und was ganz anderes lernen. Ja, ja, er sollte später das Unternehmen seines Vaters übernehmen. Aber niemand hatte ihn gefragt, ob er das wirklich wollte. Die eigenen Wünsche wurden im Keim erstickt, mit »guten Argumenten« wurde er zum

»braven Nachfolger« trainiert. Eine Art Gehirnwäsche. Unterschwellig ging es dabei immer um Geld und um die Ziele, die sich sein Vater für ihn ausgedacht hatte.

Anschaffen war für Andreas *sein* eigenes Ding, da hatte der Vater die Finger nicht drin. Das war seine Welt, da war er sicher, der Einfluss seiner Eltern würde ihn hier nicht erreichen. Hier lebte er das erste Mal sein Leben, fällte seine Entscheidungen. Er würde alles aufgeben, nur das nicht.

»Warum hast du mir nichts erzählt?«

»Du warst doch selbst überlastet.«

Die Sache mit Klaus, meine Probleme, wenn Andreas über Nacht wegblieb. Er hatte Angst, mich zu überfordern, mich zu verlieren, wusste nicht mehr damit umzugehen. Um den Druck in seinem Hirn auszuhalten, trank er immer mehr.

Ich nahm ihn in den Arm, hielt ihn fest, ganz lange. Der Alkoholkonsum sank rapide. Wir wollten wachsam sein, wenn sich sein Vater das nächste Mal wieder einmischte, um dann in Ruhe zu überlegen, wie Andreas reagieren konnte. Auf jeden Fall nicht mehr unterwürfig.

Die Geister waren besänftigt, aber nicht besiegt.

39

»Dafür macht man doch gerne die Beine breit«, freute sich Andreas, als unser Schiff vor Spitzbergen kreuzte. Es war bombastisch. Für uns Landratten ein richtiges kleines Abenteuer. Dass wir schwul waren und ein Paar, interessierte niemanden auf dem Schiff. Im Gegenteil. Eine ältere Frau erzählte uns von ihrem Enkel, der immer an die falschen Männer geriet und von ihr getröstet werden wollte.

Bis auf den Beine-breit-Spruch und einmal, als mich Andreas beim Ausbooten vor lauter Aufregung Hafennutte nannte, passierte nichts Besonderes. Die Reise war Erholung pur. Wir erlebten Norwegens Küste und Fjorde, waren auf Spitzbergen und beobachteten Wale und Eisbären. Auf dem Schiff war eine Familie aus Kassel, Vater, Mutter und zwei Söhne in unserem Alter, mit denen wir uns anfreundeten. Marcus und Alex hatten kein Problem mit uns. Gut, sie fragten schon, warum mich Andreas Hafennutte nannte. Das sei doch eine Beleidigung und ich hätte mich gar nicht gewehrt. Wir erklärten es wahrheitsgemäß, na ja halbwahrheitsgemäß, als internen Witz.

Bei den Landausflügen zogen wir zu viert umher. Sie schauten den blonden Norwegerinnen hinterher, wir den blonden Jungs. In Bergen gingen wir in ein schwules Café, die beiden kamen so unverkrampft mit uns dahin, wie wir mit ihnen in die Heterokneipen. Sie zogen sich auch vor uns aus, als wir die Sauna auf dem Schiff benutzten, ohne einen dummen Spruch zu machen oder rot zu werden. Man merkte, ihre Eltern waren liberal und hatten das an die Kinder weitergegeben.

Natürlich wollten manche wissen, wie wir zu so einer Reise kamen, zumal wir ja eine der teuersten Kabinen bewohnten. »Wir waren halt immer lieb zu den Erwachsenen«, sagten wir scherzhaft. Oft kam dann die Antwort: »Ja, solche Eltern hätten wir auch gerne.« Wenn die wüssten…

Beim Abschied versprachen Marcus und Alex, uns in Hamburg zu besuchen. So gut erholt hatten wir uns lange nicht. Es dauerte Tage, bis wir zu Hause wieder auf »Hamburg« umgeschaltet hatten. Unsere Eltern kamen über Nacht auf Besuch, wir schwärmten von der Reise, gingen spazieren, machten einen Einkaufsbummel. Meine Eltern, meine Schwiegereltern, Andreas und ich, fast heile Welt. Andreas war angespannt, doch alles lief perfekt. Sein Vater schien sich zurückzuhalten, vermutlich weil meine Eltern und ich noch dabei waren. Es gab keine offenen oder versteckten Anweisungen für Andreas' Leben.

Alle stellten mit Begeisterung fest, dass wir aus der Rumpelkammer ein geschmackvolles Gästezimmer gemacht hatten.

»Und das Geld für die Einrichtung?«

»Ein Freund musste aus seiner Wohnung raus und hat sie uns billig verkauft. Quasi geschenkt.«

Ich log meine Eltern an, routiniert. Das Doppelleben funktionierte. Die Familie fuhr nach Hause. Drei Wochen Urlaub waren vorbei. Wir schlossen das Nuttentelefon wieder an.

40 Kleider vom Leib reißen, wie ging das? Weiß der, wie stabil eine Jeans ist? Ein Hemd, okay, da geben einfach die Knöpfe den Geist auf. Ein Kunde wollte mir wortwörtlich die Klamotten vom Körper reißen. Ich bat mir Bedenkzeit aus. Andreas und ich machten eine Generalprobe mit alten Sachen. Schließlich hatten wir die Lösung. Ich nähte bei einem alten Hemd die Knöpfe neu an, nur mit einem Faden, sie mussten ja nicht lange halten. Shorts aus dünnem Stoff schnitt ich an den Nähten mit der Nagelschere ein. Eine Jeans, vom Radfahren am Hintern schon sehr dünn und eingerissen, wurde entsprechend präpariert, Nähte aufgetrennt.

Der Kunde kam, bezahlte mir den ganzen Aufwand und riss mir die Kleider runter. Ein kleiner blauer Fleck am Oberschenkel blieb. Die Jeans war doch etwas widerspenstiger als gedacht. Als ich nackt vor ihm stand, schmiss er mich auf das Bett und verwöhnte mich mit seiner Zunge am ganzen Körper. Der Kunde war zufrieden und ich um eine Erfahrung reicher.

Auch eine Art, die alten Sachen gewinnbringend loszuwerden. Das Rote Kreuz würde bei Alterkleidersammlungen in Zukunft leer bei uns ausgehen. Fragte ein Kunde nach einer besonderen Idee, gehörte die Nummer nun zu unserem Repertoire. Natürlich musste er den Neupreis für die Kleidung bezahlen. T-Shirts, Hemden und Shorts waren schnell besorgt, entweder alte ausrangierte Sachen von uns oder das Billigste vom Billigen aus dem Schnäppchenmarkt.

Daniel wurde unser Jeanslieferant. Er konnte sich nie von seinen alten Levi's trennen. In seinem Keller lagerten etliche Hosen, total aufgetragen, genau das Richtige für uns. Unsere »lukrative« Methode der Beerdigung seiner Hosen beruhigte ihn, und sicherlich auch das Geld, das die Kunden dafür zahlen mussten und wir teilweise an Daniel weitergaben.

Manche Kunden hatten ganz genaue Vorstellungen, wie ein Treffen ablaufen sollte. Andere hatten diese Vorstellungen bestimmt auch, scheuten sich aber, sie zu äußern. Trauten sie sich dann doch, war es meist ein Volltreffer, zu fragen, ob ich sie fesseln sollte. Gleich danach kam Sex in besonderen Klamotten und »Spanking«, also Po versohlen, und anpissen.

41

Irgendwo hatte ein Stricher einen Freier umgebracht. Die Zeitungsmeldung regte meine Arbeitskollegen zu wilden Spekulationen an. Ich hielt mich zurück, sagte gar nichts, wollte mich nicht verplappern, zu viel Fachkenntnis zeigen. Was war da wohl wirklich in der Wohnung geschehen? Die Öffentlichkeit war sich sicher, der Stricher brauchte Geld für Drogen und der Freier sei selber schuld. Wer holte sich schon einen Stricher ins Haus?

»Sie alle hier«, dachte ich mir nur, »sie alle hier im Raum werden in ihrem Leben irgendwann Dienste einer Hure oder eines Escorts in Anspruch nehmen. Die Männer auf jeden Fall, die Frauen immer öfter. Die Mädels würden nicht auf der Straße stehen, wenn keiner vorbeikommt.«

Wer weiß, vielleicht wollte der Freier extreme Spielchen, mit Atemkontrolle oder so, und es ist aus dem Ruder gelaufen. Oder wollte der Kunde den Jungen um seinen Lohn betrügen? Und weil ihm das schon öfter passiert war, rastete der Stricher aus.

Meine Kollegen regten mich auf. Sie putzten die Männer und Frauen vom »Gewerbe« runter und scherten alle über einen Kamm. Ich sah den achtzehnjährigen Paul vor mir, der uns mal über den Weg gelaufen war. Er holte mehrere Kisten von einer stark befahrenen Straße, die von einem Anhänger gefallen waren, nur damit keinem etwas passierte. Paul war einer dieser Drogenstricher; wenn er sein Level hatte, war er der sozialste Mensch. Er trug immer einen Ministoffbären bei sich, ein Geschenk seiner ersten Liebe. Oder die Domina aus der Currywurstbude, die ihrer alten Nachbarin half, wo sie nur konnte. Es gab viele solcher Beispiele. Und außerhalb vom Drogenstrich, wo sich nicht alles um Stoff drehte, waren es eh ganz normale Menschen, so wie Andreas und ich.

Mir platzte der Kragen: »So ein Schwachsinn, wie überall gibt es dort komische Typen und auch stinknormale Leute. Wenn ein Kfz-Mechaniker seine Frau umbringt, sind für euch doch auch nicht alle Autowerkstätten Unterschlüpfe für Mörder. Das hier ist ja schlimmer als Stammtisch! Wenn ein Versicherungsangestellter betrunken Auto fährt, machen das dann gleich alle? So eine Denkweise ist gefährlich.«

Am nächsten Tag sagte mir eine Kollegin, ich hätte wohl recht und ich als Schwuler würde wohl eher aufpassen, dass andere objektiv über andere reden. Auch wahr. Aber bei dem Thema war es nicht der Schwule, der für Toleranz eintrat, sondern der Callboy. Berufsehre sozusagen.

42

Ich war todtraurig, als ich von dem Fest einer Arbeitskollegin nach Hause fuhr. Normalerweise machte mir das Pendeln zwischen den Welten ja Spaß, hier das »normale« Leben, dort das horizontale. Ich saß in der U-Bahn und hätte heulen können, so gespalten fühlte ich mich. Wo gehörte ich hin? Wie lange ging das noch gut? Trank Andreas wieder? Ich fühlte mich plötzlich viel zu jung für das alles. Und wen konnte ich anrufen? Zu wem hatte ich Vertrauen?

Andreas, okay. Doch ab und an man braucht auch mal jemand außerhalb der Beziehung. Bei Daniel und Sara konnte ich offen sein, ansonsten musste ich alles mit mir alleine ausmachen. Warum gerade dieses Fest mich so nachdenklich stimmte, weiß ich nicht. Ich fuhr gut gelaunt hin, es passierte nichts Besonderes und ich ging deprimiert von dort weg.

Der Versuch, mich selber zu motivieren, misslang. Lag das am

Strichen oder war das normal? Eine Phase, wie sie jeder irgendwann hat? Wie gerne wäre ich aufs Meer hinausgeschwommen und bei Vollmond einfach untergegangen. Fertig!

Vor meinen geistigen Auge sah ich meine Beerdigung in meinem Heimatdorf. Andreas war total blau, als er eine rote Rose in mein Grab schmiss. Die Dorfbewohner wunderten sich, eine rote Rose von einem Mann für einen Mann? Meine Eltern waren aufgelöst. Andreas' Eltern sehr kontrolliert, merkten nicht mal, dass ihr Sohn mittags schon sternhagelvoll war. Irgendwoher wurde Salut geschossen.

Auch mein geliebter Hafen half nicht weiter. Da saß ich nun, nachts am Wasser, und verfluchte die Hafennutte, verfluchte mein Leben. Ich ging hoch zur Reeperbahn, sah alles wie im Nebel. Ein Mann mit Bierbauch sprach eine Nutte an, ich hätte ihn erschlagen können. Ein Bettler saß auf der Straße, ich hätte ihn am liebsten umgeschubst. Es war mir alles zu viel und ich wusste nicht wohin. Ich könnte zu Andreas fahren oder in die Currywurstbude. Ich könnte zu Daniel und Sara. Ich hatte Angst vor Nähe, mir wurde beinahe schlecht.

An der Tankstelle holte ich eine Flasche Weißwein, ließ sie gleich öffnen, ging runter zum Hafen. Ich setzte mich auf eine Bank, trank warmen Weißwein und fing an zu weinen. Die Nacht beschützte mich. Eine Frau sprach mich an, ob ich Hilfe brauchte. Die Welt war doch nicht so kalt, wie es immer hieß. Ich bedankte mich und sie schenkte mir eine Praline. Das war mein Zeichen. Ich schmiss die halb leere Flasche Wein weg, stieg in ein Taxi und fuhr nach Hause. Dort angekommen schlüpfte ich nicht zu Andreas ins Bett, ich setzte mich in die Küche und trank kalten Weißwein.

Andreas hatte mich gehört und kam an den Küchentisch, total verschlafen, etwas vor Kälte zitternd. Er saß vor mir, in Shorts, die Hände zwischen seinen Beinen zusammengefaltet. So schaute er mich minutenlang an, holte sich ein Glas und schenkte sich auch was ein. »He, was ist denn?«, fragte er vorsichtig. Ich ging zu ihm rüber, setzte mich auf seinen Schoß, umarmte ihn.

»Ich weiß, alles nicht so einfach«, sagte er. Dann kamen die Tränen. Kurze Zeit später lag ich neben ihm, sein Arm auf meinem Bauch, ich fiel in einen tiefen Schlaf. Die Traurigkeit der letzten Monate, aufgestaut tief drinnen, war rausgekommen.

Immer alles im Griff haben geht einfach nicht.

43

Ich erwachte und die Traurigkeit war sofort wieder da. Ich sah die Stricher vor mir, die viel verdienten und gleich wieder auf den Kopf hauten. Sekt oder Selters. Solange Sekt im Budget war, wurde der auch getrunken, bis man pleite war. So wie die Stricher war ich doch nicht?

Oder Olaf mit den traurigen Augen, er war wie wir, studierte und ging nebenher anschaffen. Olaf war vollkommen gleichgültig. Ohne noch nachzudenken, funktionierte er, ließ alles über sich ergehen. Jeden Kunden nahm er, ihm war alles egal. Olaf war hübsch, blonde Wuschelhaare, gute Figur, viele beneideten ihn. Er ging nicht wegen des Geldes anschaffen, seine Eltern finanzierten das Studium. Aber er war verletzt und ich habe nie erfahren warum. Olaf machte aus der Not eine Tugend. Wenn einer schon kaputt war, konnte man ihn nicht noch mehr kaputtmachen. Und dann wollte er wenigstens Geld dafür bekommen.

Und Holger. Holger musste mindestens einmal in der Stunde hören, dass er nett war oder gut aussah oder sonst was. Sonst zog er sich einfach ohne Vorwarnung die Hose runter. Dann stand er wieder im Mittelpunkt. So wie einmal in der Disco, als er 60 Minuten ohne Kompliment überleben musste.

War das wirklich meine Welt? Einerseits schon, sonst würde ich nicht in ihr leben. Aber ich konnte doch gehen, einfach die Callboytür hinter mir zumachen, um eine Erfahrung reicher. Wollte ich das? Nein, ich wollte nicht, das war mir klar. Ich müsste nur mehr abschalten, entspannen und nicht immer auf der Hut sein. Ich redete mir immer ein, ich müsste alles unter Kontrolle haben, weil ich nicht wusste, was der Kunde im nächsten Moment vorhatte. Aber mein Privatleben war inzwischen auch davon beherrscht.

Zum Beispiel: Ich saß mit Andreas im Café und wir bestellten Espresso. Hatten die uns vergessen? Wir waren die einzigen Gäste und ich hörte kein Klappern von Tassen. Ich achtete nicht bewusst darauf, aber trotzdem registrierte ich alles und behielt die Umgebung immer im Auge. Unterbewusst tastete ich Sekunde für Sekunde mein Umfeld ab. Das war anstrengend ohne Ende. Und der Grund für meine Traurigkeit.

Mein Chef lobte mich immer, ich würde an alles denken und immer vorausschauen. Wenn der wüsste, wo ich mir das angewöhnt hatte.

Andreas lag noch immer neben mir. Jetzt rieb er sich die Augen, beugte sich zu mir, gab mir einen zärtlichen Kuss: »Na, mein Prinz, wieder besser?« »Prinz?«, fragte ich. »Nicht mehr kleine Hafennutte?« »Na ja, dachte, es wäre besser so, warst ja gestern ganz schön down«, erwiderte Andreas und küsste meine Brustwarze. »Früher warst du mal ›mein Prinz‹, und dann warst du irgendwann ›die kleine Hafennutte‹. Ich merke schon, dass sich da was bei uns eingeschlichen hat. Weiß nicht, ob das gut ist. Hab auch manchmal Angst um uns deswegen.«

Ja, ganz am Anfang, da war ich sein Prinz und er mein Schnuffel. Das wollte ich wieder, das war es.

44

Jetzt war ich privat wieder »der Prinz« und im Job war ich »die kleine Hafennutte«. Ich fühlte mich besser. »Mein Prinz« fühlte sich nach was Persönlichem an. »Hafennutte« klang so öffentlich. Stimmte ja auch irgendwie. Das Persönliche war zu kurz gekommen.

In seiner Familie war es zu unpersönlich, in meiner war es schon beinahe etwas viel. Entscheidungen wurden bei uns zusammen getroffen, ich habe nie gelernt, für mich zu entscheiden. Immer wurde mit allen Anwesenden durchdiskutiert, was gut war und was nicht. In Andreas' Familie wurde gar nicht geredet, da fällte der Vater die Entscheidungen, fertig. Vermutlich suchten wir die Mitte. Darüber reden und trotzdem selber handeln.

Die »Hafennutte« war das, wo ich genau so lebte. Gab es etwas, habe ich es mit Andreas besprochen, aber dann so gemacht, wie ich es für richtig hielt. War ich mit einem Kunden zusammen, entschied ich alleine. Ich musste keinem Vater, keiner Mutter, keinem Andreas danach eine Rechtfertigung abliefern. Schließlich war im Bumszimmer oder bei einem Kunden alles erlaubt, das war beziehungsfreier Raum, das war »Hafennutte«. Sex, keine Liebe.

Ich legte wieder mal einen Zettel mit einer Adresse auf den Küchentisch, die Adresse des Kunden, wo ich gerade hinging. Wenn ich jetzt zu Hause wäre, bei meinen Eltern, und nur einen Zettel hinterließe, auf dem stünde: »Hab mich zum Reiten angemeldet, bin zum Abendessen wieder da«, die Familie wäre auseinandergebrochen, man hätte mich enterbt. So was hätte ich zu Hause zwei Wochen vorher ankündigen müssen. Dann hätten sich alle auf die Suche nach dem besten Reitstall gemacht. In einer Familienkonferenz wäre nach langem Für und Wider der beste Pferdehof ausgewählt worden. Zu viel des Guten halt.

Der Kunde wollte, dass ich mich ausziehe. Ich war nackt, er war bekleidet, wir tranken Wein in seiner Küche. Später sagte er, ich solle ihm ins Weinglas wichsen und er schaute zu. Ich stand nackt in seiner Küche, spritzte in seinen Wein und fühlte mich herrlich. Genau das liebte ich. Jemand bewunderte mich, fand meine Nacktheit schön. So musste sich ein Popstar auf der Bühne fühlen. Mein Freier trank den Wein mit »Einlage«, wir redeten noch etwas. Dann zog ich mich in der Küche wieder an. Und bevor ich meine Unterhose hochzog, fasste er mir an die Eier. Das war meins, das gefiel mir.

Ich kam nach Hause, ein zweiter Zettel lag auf dem Küchentisch. Andreas war auch gebucht. Nach der Dusche zog ich meinen Schlafanzug an und schaute fern. Andreas kam nach Hause, duschte auch und kuschelte sich mit zwei Gläsern und einer

Flasche Wein zu mir auf die Couch. Ich sprang auf und holte Käse aus dem Kühlschrank, schnitt ihn in kleine Würfel und schmiegte mich an Andreas. Der »Prinz« war glücklich, die »Hafennutte« war zufrieden. Ich bin mir sicher, Andreas ging es genauso. Ich küsste ihn auf die Wange.

Die große Liebe. Am folgenden Wochenende fuhren wir wieder nach Sylt. Ganz privat, der Prinz und sein Schnuffel. Wieder eine kleine Pension, nichts Bombastisches. Strand, spazieren gehen, abends ein Bier, Fischbrötchen, das war wie Nachhausekommen.

45

Marcus und Alex von der Kreuzfahrt riefen wirklich an und fragten, ob sie uns besuchen dürften. Wir machten ein Wochenende aus. Andreas hatte da zwar schon einen Kunden, aber uns würde bestimmt was einfallen.

Der Zug war pünktlich, wir holten sie ab, fuhren in unsere Wohnung und brachten die beiden Brüder im Bumszimmer unter. Sie bewunderten unsere Wohnung, stellten aber auch gleich fest, dass da ja wohl unsere Eltern dahintersteckten, so wie bei der Reise. Bei der Wohnung hatten sie ja recht, Andreas' Vater. Nein, richtig ausgedrückt, Andreas' Familie. Auch ich sah schon seinen Vater wie automatisch vor mir, sobald es um Geld ging, aber es war doch die ganze Familie. So einen Erfolg kann man nur haben, wenn die Familie mitzieht, und sie zog mit. Doch der Preis, den sie dafür zahlte, war hoch, sehr hoch.

Gut, liegt nicht in jeder Familie etwas im Argen? Stimmt, aber ich war nicht von jeder Familie betroffen, ich hatte mit dieser Familie zu tun, mit Andreas. Und Andreas war mein Mann, ich liebte ihn über alles und daher ging mich diese Familie etwas an. Der Rest der Welt war mir egal. Klingt jetzt doof, war aber so. Jeder hat seine Geschichte, und man kann sich nicht um alle kümmern, nicht für jeden verantwortlich sein.

Zurück zu Marcus und Alex. Sie waren das erste Mal hier.

Also war Hamburg in zwei Tagen angesagt. Alster, Stadtbummel, Michel, was man so gesehen haben muss. Für den Abend hatten wir den Hafen und St. Pauli vorgesehen. Auf der Hafenrundfahrt dachte ich an Escort-Andreas, wie wir damals unbekümmert in der Barkasse gesessen hatten. Wenig später war er am Ende. Ich sah meinen Andreas, wie er zu viel trank, wegen seines Vaters. Ich sah mich, wie ich vor Kurzem traurig auf den Landungsbrücken saß, bis die Frau kam und mir eine Praline schenkte. Ja und? Andere Jugendliche in meinem Alter hatten auch ihre Probleme. Andreas kniff mich in die Seite.

»He, mein Prinz, was ist denn?«

»Ach nichts, war nur in Gedanken.«

»Bist du aber oft in letzter Zeit. Muss ich mir Sorgen machen?«

»Nee, so weit alles okay.«

Ich lächelte etwas verkrampft und küsste Andreas auf den Oberarm. Ein paar Leute auf dem Schiff schauten komisch. Marcus hatte das bemerkt und küsste seinen Bruder auf die Wange »He, das ist Inzucht!«, rief Andreas. Ich konnte wieder lachen.

Nach der Hafenrundfahrt gingen wir hoch zur Reeperbahn. Wir hatten vergessen, dass wir da inzwischen einige Leute kannten. Gerade mal anderthalb Jahre als Hafennutte, schon schlenderten wir durch St. Pauli wie früher über das Schützenfest im Dorf. Hier ein »Hallo«, dort ein »Wie geht's?«. Marcus und Andreas wunderten sich schon etwas, warum wir so viele Nutten und Stricher kannten. Ich nahm Andreas zur Seite: »Und nun? Was machen wir jetzt? Wir können hier nicht mit Freunden her.« Da war es wieder, das Doppelleben. Entweder ignorierten wir die »Hallos« und somit unsere Bekannten oder wir taten so, als sei alles ganz normal. Andreas blieb cool: »Ist doch lustig, was soll schon passieren?«

Andreas lenkte uns geradewegs in die Currywurstbude. Auf die »Damen vom Grill« war Verlass. »He, ihr Süßen. Wo habt ihr denn die beiden Schnuckel her?« Keine zwei Minuten später kam unsere Domina um die Ecke und empörte sich: »Da wollte doch einer in meinen Latexanzug gesteckt werden und nicht mehr als 50 zahlen. Weiß der, was das Teil gekostet hat und wie lange ich brauche, es zu reinigen? Da würde jede Putzfrau mehr verdienen, dem habe ich was erzählt.« Alle lachten.

Marcus und Alex standen daneben und bestellten seelenruhig ein Bier, so als ob sich gerade ein Versicherungsvertreter über einen Kunden aufgeregt hätte. Die beiden ruhten in sich, beneidenswert. Später gingen wir tanzen, wie selbstverständlich in eine schwule Disco. Als wir morgens nach Hause kamen, setzten wir uns an den Küchentisch. Wir hatten Hunger, es gab Müsli mit Milch.

»He, warum hast du vorhin deinen Bruder auf dem Schiff geküsst?«, wollte ich wissen. »Nur so, ich fand es spannend, wie die anderen geschaut haben. War nur ein Spiel.«

Meine Offenheit war wohl der Start für eine Runde »Sag die Wahrheit«. Marcus fragte: »Geht ihr auf den Strich?« Ruhe, Stille, Schweigen. »Im Bad liegt eine Zeitung mit Escort-Anzeigen, das ist doch Andreas. Das Bild ist zwar ohne Kopf, aber der Leberfleck unterm Hals, den hab ich in der Sauna auf dem Schiff schon mal gesehen und heute morgen auch. Und auf der Reeperbahn, das war auch nicht normal. Keine Sorge, wir packen nicht die Koffer, wenn es so ist.«

»Jo, ist so«, brachte ich ohne Nachdenken raus, »und Andreas muss morgen mal weg, zu einem Kunden.« Marcus und Alex blieben. Wir hatten einen schönen Sonntag und brachten die beiden abends zum Zug.

Die Brüder fragten uns tagsüber interessiert aus, interessiert, nicht sensationsgeil. Wir hatten zwei Freunde gefunden, die uns so nahmen, wie wir waren. Später verbrachten wir zusammen eine Woche auf Sylt, in einer Ferienwohnung, ein Traum. Kein Stress, kein Streit, einfach eine Woche da sein. Morgens holte immer einer Brötchen. Tagsüber Strand oder Radtouren. Jeden Abend zum Sundowner ans Meer, mit Essen und Wein in den Sand setzen und die Sonne untergehen lassen. Eine der schönsten Wochen in meinem Leben. Ich sehe jetzt noch Andreas, nach einer Radtour, wie er erschöpft aufs Bett fiel. Ich legte mich daneben, wir schliefen eine Stunde in Jeans und T-Shirt, berührten uns nicht und waren uns doch so nah. Als ich danach alleine im Bad war, lief mir eine Träne über das Gesicht, vor Glück.

46 Ich hatte eine Anfrage, ob ich auf einer Privatparty bedienen würde, fast nackt, nur mit engen Shorts bekleidet. So im Stil von Studio 54. Das war nichts für mich. Ich mit einem Tablett in der Hand, das konnte nicht gut gehen. Was würden die Gäste sagen, wenn jedes zweite Getränk auf ihren Klamotten landete? Andreas hatte auch kein Interesse.

Bei einer ähnlichen Anfrage sagten wir nicht Nein. Es ging auch um eine Party. Wir sollten uns unter die Gäste mischen und dann irgendwann einfach Sex machen. Wir gingen zu der Party, taten so, als würden wir den Gastgeber kennen, verbrachten etwas Zeit mit den Gästen, tranken uns Mut an und setzten uns dann nebeneinander auf ein Sofa. Andreas packte meinen Schwanz aus und blies mir einen. In Windeseile schauten alle zu. Der Gastgeber wechselte die Musik, schnelle Disco-Rhythmen. Es war wie ein Rausch, mein Herz raste, ich war aufgeregt bis zum Anschlag.

Ein voller Erfolg. Ich fühlte mich danach, als ob ich alle Drogen dieser Welt auf einmal genommen hätte. Nach unserer Nummer blieben wir noch eine Weile nackt. Wir liefen durch die Wohnung, auf meinem Bauch klebte unser Sperma, fremde Männer fassten mich an. In dieser Nacht schlief ich kaum. Ich dachte immer wieder daran, dass ich meine geheimsten Fantasien auslebte und dafür noch Geld bekam. Am nächsten Tag schwebte ich immer noch einen Meter über dem Boden. Ich grinste alle an, war zu jedem freundlich und umarmte die Welt.

Nur kurze Zeit später holte uns die Wirklichkeit wieder ein. Andreas bekam Post von einer Bank. Ein großer Umschlag mit Unterlagen für einen neuen Kredit. Es war keine Werbung, es war kein Antrag, es waren Papiere zu einem abgeschlossenen Kredit über eine riesige Summe auf Andreas' Namen. Mein Schnuffel war wie gelähmt. Hatte er irgendwas unterschrieben oder veranlasst? Nichts von alledem.

Langsam fing er sich und meinte, das sei bestimmt sein Vater gewesen. Der brauchte neues Geld für eine Betriebserweiterung und die Unterlagen seien von der Hausbank. Ich konnte es nicht fassen. Andreas nahm es einfach so hin, fragte nicht mal zu Hause nach.

»Spinnst du, du hast jetzt Schulden und weißt nicht wofür! Wenn euer Betrieb morgen pleitegeht, bist du verschuldet bis zum Lebensende. Und was ist, wenn wir uns mal eine Wohnung kaufen wollen? Mit dem Kredit bekommst du garantiert keinen zweiten, dann müsstest du wieder deinen Vater fragen. Toll, so kommst du nie von dem los. Ruf wenigstens an und frag, was Sache ist. Und was ist das für eine Bank? Das ist doch illegal. Schreib denen und fechte den Vertrag an. Sag, dass du volljährig bist und nie was unterschrieben hast. Das ist ja schon ein Fall für die Bankenaufsicht oder wie immer das heißt!«

Ich ereiferte mich, aber Andreas war erneut wie gelähmt, ließ es über sich ergehen. Erst Tage später rief er zu Hause an, aber ganz bewusst seine Mutter. Der Kredit war eine Umschuldung, der Steuerberater hatte irgendwie ausgerechnet, dass es so am günstigsten war. Und da der Bankdirektor auch ein Freund der Familie war, ging das schon klar. Wo kein Kläger, da kein Richter. Und weil Andreas eh irgendwann den Betrieb übernehmen sollte, sei das ja auch okay.

Okay? Ich kochte innerlich, Andreas war am Boden, unternahm aber nichts. Das war keine gute Mischung. Immer wieder versuchte ich mit ihm zu reden. »Du musst zu deinem Vater gehen!« Schon die Annahme, Andreas würde die Firma übernehmen, war der Hammer. Wollte er das überhaupt? »Dich hat doch keiner gefragt!« Andreas' Vater hatte das so entschieden, jetzt leitete er die ersten Schritte in die Richtung ein. Und das noch mit derart dubiosen Kreditgeschäften.

»Lass mich in Ruhe, du bist wie mein Vater!« Andreas fühlte sich von mir in die Enge getrieben, warf mir Manipulation vor, und Eifersucht.

Ja, das Verhalten seiner Eltern machte mich wahnsinnig, es betraf mich indirekt auch. Sollten Andreas und ich eine gemeinsame Zukunft haben, würde sein Vater auch über mich mitbestimmen, das passte mir nicht. Und das Schlimme war, Andreas passte es auch nicht, er hatte aber Angst, sich zu wehren. Anstatt auf seinen Vater wütend zu sein, war er es jetzt auf mich.

»Ich bin nicht wie dein Vater! Ich will dich nicht beeinflussen!« Es half nichts. Ich wollte Andreas die Augen öffnen, aber er machte vollkommen zu. Begründung: Ich würde ihm doch immer sagen, wie erwachsen er sei und dass er seinen eigenen Weg gehen solle. Das hier sei jetzt seine eigene, erwachsene Entscheidung, basta.

Wir hatten eine ausgewachsene Beziehungskrise. Ich war unglücklich, weil ich nicht nach den Vorstellungen eines anderen leben wollte. Wenn da nichts passierte, müsste Andreas früher oder später wieder zurück aufs Dorf. Die Idee, in Hamburg zu bleiben, eigentlich auch Andreas' Wunsch, stand gar nicht mehr zur Debatte. Ich konnte nur mitgehen oder es sein lassen.

Wenn wir früher durch Hamburg spazieren gingen, schauten wir aus Spaß immer nach »unserer« neuen Wohnung. Nach Häusern, die uns gefielen und in die wir gerne eingezogen wären. Andreas wollte auf keinen Fall ein Haus, eine Wohnung, die seinem Vater gehörte. All das war plötzlich weg. Wenn ich ihn darauf ansprach, dass er mal vorgehabt hatte, seine eigenen Wege zu gehen, kam wieder postwendend der Vorwurf, ich wolle ihn genauso manipulieren wie seine Eltern.

Andreas war auch unglücklich, versuchte aber nur Argumente zu finden, die seinen Vater entschuldigten. Das war schon als Kind so gewesen. Der kleine Andreas konnte sich alles so hindrehen, dass es für ihn positiv aussah. Er war nie sauer auf die Eltern, alles, was die machten, war kritiklos gut. Wenn ich mal wieder wütend auf meine Eltern war, beneidete ich Andreas darum. Ich dachte immer, er sei viel glücklicher als ich. Andreas bekam zum Beispiel ein rotes Fahrrad zum Geburtstag. Rot konnte er nicht ausstehen und sagte das mir, aber nicht seinen Eltern. Schon einen Tag nach dem Fest war plötzlich Rot seine Lieblingsfarbe und das Fahrrad das beste der Welt. Wenn die Eltern schon nicht auf die Kinder eingehen, dann müssen sich wohl die Kinder ihr Leben so zurechtlegen, als ob sie von den Eltern geliebt würden. Da Rot nun seine Lieblingsfarbe war, waren die Eltern ja auch wieder super, sie schenkten ihm ein Rad, genauso wie er sich wünschte!

Die Situation war verfahren. Wir konnten über die unmöglichsten Sexpraktiken reden, hier waren wir hilflos. Ich gab vorerst Ruhe, merkte, jedes Wort mehr würde uns entzweien. Unsere Beziehung war wirklich in Gefahr. Andreas trank noch mehr. Auch meine Sorge darum wehrte er nur damit ab, es sei schließlich sein Leben.

Besoffene und Kinder sagen die Wahrheit. Andreas war betrunken, als ich nach Hause kam. Er war nicht in der Uni, sondern hatte Musik gehört. Ich wusste nicht mehr, was ich tun oder sagen sollte. Ich hatte mich sogar schon bei meinem Arbeitgeber erkundigt, ob in seinem Wohnungsbestand eine kleine Wohnung frei war. Da sich bei uns nichts bewegte, müsste ich mich halt bewegen, ausziehen. Ich konnte es kaum noch ertragen, Andreas so zu sehen. Reden war nicht mehr möglich. Was sollte ich nur tun?

Ich stand vor dem offenen Kühlschrank, Hunger hatte ich nicht. Da kam Andreas, nahm mich von hinten in den Arm und sagte mit Tränen in den Augen: »Entschuldige, ich weiß nicht mehr weiter. Ich habe Angst. Unendliche Angst, dich zu verlieren.« Wir umarmten uns und weinten beide drauflos. Ein neuer Anfang war gemacht.

47

Wir redeten. Andreas konnte sich natürlich nicht vorstellen, aufs Dorf zurückzukehren. Er wollte auch die Firma nicht übernehmen. »Dafür bin ich nicht der Typ.« Aber wie sollte er das alles seinen Eltern weismachen? Sein Coming-out als Schwuler war dagegen kinderleicht gewesen.

Ich entschuldigte mich bei ihm, weil ich das ja eigentlich alles wusste, es ihm aber trotzdem immer wieder vorhielt. So erhöhte ich den Druck, statt Andreas zu entlasten. Was brachte es schon, immer wieder das Negative zu betonen? Gut, man soll Probleme nicht unter den Tisch kehren, aber auch nicht darauf herumreiten. Nur: Was sollte ich machen? Auch ich war hilflos, sah, wie andere unser Leben bestimmten und Andreas immer mehr trank, statt sich zu wehren. Ich konnte nicht einfach Ruhe geben und abwarten. Es hätte mich wahnsinnig gemacht. So stark war ich nicht.

Wir einigten uns darauf, dass Andreas nichts unternahm, solange er studierte und von den Eltern abhängig war. Denn wenn seine Familie alles erfuhr, würde dies bestimmt eine Krise auslösen. Dann wollte Andreas auf eigenen Füßen stehen. Und die dubiosen Kreditverträge ließen sich garantiert rückabwickeln, da würde ein Hinweis bei der Bank reichen. Welcher Bankdirektor will schon in einen Skandal, in eine Straftat verwickelt sein?

Mit diesem Plan konnten wir gut leben. Wir hatten uns wieder gefunden, waren wieder in die gleiche Richtung unterwegs, mit dem gleichen Ziel. Erleichtert beobachtete ich, wie Andreas eine Zeit lang gar keinen Alkohol mehr trank.

Ich gewöhnte mir an, das Positive bei Menschen zu betonen, das Negative wussten sie eh schon. Bei unseren Kunden machten wir es ja auch, wir hoben das Gute hervor, damit sie sich wohlfühlten. Warum nicht auch privat so verfahren? Nicht lügen, sondern ehrliche Komplimente machen. Komplimente, hinter denen man nicht steht, wirken auch nicht echt, daher bringt ein geheucheltes Lob überhaupt nichts. Und jeder Mensch hat etwas, was schön ist, was man loben kann.

Nicht nur Andreas und ich waren froh, dass die Krise vorbei war, auch Daniel und Sara. Sie hatten sich Sorgen um uns gemacht. Uns überraschte auch die Fürsorge von Marcus und Alex. Wir hatten unsere kleine Gruppe gefunden, in der wir so sein konnten, wie wir waren. Wir beschlossen, unsere neue »Familie« übers Wochenende einzuladen. Marcus und Alex lernten Daniel und Sara kennen, auch sie verstanden sich gut, hatten die gleiche Wellenlänge.

Wir kochten, saßen noch lange im Wohnzimmer zusammen und redeten über alles Mögliche. Andreas, Marcus und ich wurden irgendwann müde, gingen ins Bett und ließen Sara, Daniel und Alex alleine zurück. Am nächsten Morgen schlich ich mich aus der Wohnung, um Brötchen zum Frühstück zu holen. Als ich zurückkam, die Wohnungstür öffnete, staunte ich nicht schlecht. Alex schlappte aus dem Zimmer von Daniel und Sara, sagte »moin« und verschwand im Bad. Eine Minute später erschien Daniel und ging ihm nach. Ich hörte die Dusche. Etwas später erschienen zwei frisch gewaschene Jungs bei mir in der Küche und grinsten: »Wir wollten nur Wasser sparen, darum haben wir zusammen geduscht.« Sara kam um die Ecke und klopfte Alex liebevoll auf den Po.

Später erzählte mir Alex, wir hätten ihn ermutigt, seine Sehnsüchte wahrzunehmen und auch auszuprobieren. Er probierte es mit Daniel und Sara. Nachdem sie alleine im Wohnzimmer waren, schien schnell klar zu sein, was in der Nacht zwischen den Dreien noch passieren sollte. Sara fing an, ihn zu streicheln; als Daniel ihn dann auch berührte, war es zwar fremd, aber dennoch schön. Sie hatten nicht den wilden Sex, aber er hatte sich genau das immer mal gewünscht.

48

Treffpunkt Bahnhof, Erkennungszeichen offene Hose. So einen Schwachsinn gab es oft. Dachten die Anrufer wirklich, ich würde darauf reinfallen? Wenn es ernst gemeint war, musste es sich um Psychopathen handeln, nichts für mich. Wenn jemand in Küchenfolie eingewickelt werden wollte, war das andererseits genauso normal für mich, wie wenn Männer mit ihrer Modelleisenbahn spielen. Die meisten Sonderwünsche erfüllte ich, ohne dass sie mich anmachten. War wie Staubwischen oder Bügeln, gehörte einfach dazu.

Das Stricherleben hatte auch andere Vorteile. Auf einem Ausflug fing der Bus an zu brennen, schnell war alles voller Rauch. Andreas und ich waren zwei der wenigen, die ruhig blieben. Wir hatten schließlich gelernt, uns von jetzt auf nachher auf neue oder besondere Situationen einzustellen. Wir passten auf die Mitreisenden auf, die verwirrt und nervös auf dem Seitenstreifen der Autobahn herumliefen. Wir beruhigten den Busfahrer, der mit seinem Handfeuerlöscher versuchte, den Motorbrand unter Kontrolle zu bringen. Als Dank für unser Verhalten bekamen wir von der Polizei ein Stofftier.

Natürlich gab es auch nervige Situationen, vor allem wenn uns jemand eine Therapie einreden wollte. Es gab solche Kunden, die nach dem Sex den Moralapostel spielten, vermutlich um ihr eigenes Gewissen zu beruhigen. Einer riet mir sogar, die Bibel zu lesen und meine Hände von Spielkarten fernzuhalten. Spielkarten seien Teufelswerkzeug und die Bibel würde mir den rechten Weg weisen. So, so. Die Bibel hatte ihm ja wohl auch den rechten Weg in unsere Wohnung gezeigt. Ich war froh, als er ging.

Die Kirche bescherte uns sowieso viele Kunden. Vom Pfarrer bis zum total verstörten Mann, der durch eine allzu christliche Erziehung voller Selbstzweifel war. Was das mit Nächstenliebe zu tun hat, anderen Angst und ein schlechtes Gewissen zu machen, nur weil er fühlt, wie er eben fühlt, werde ich nie verstehen. Irgendwann war das Verlangen größer als Furcht und Schrecken und auch durch tausend Gebete nicht mehr zu unterdrücken. Dann kamen sie zu uns. Diese Menschen konnten es sich unter keinen Umständen leisten, gesehen zu werden. Ich wette, so manche großzügige Spende für eine neue Kirchenglocke in einem niedersächsischen Dorf wurde nur getätigt als Wiedergutmachung für einen Besuch in unserem Bumszimmer.

Der Pfarrer, der sich von mir auspeitschen ließ und mir sagte, was für ein geiles Kerlchen ich doch sei, fuhr danach zu seiner

Gemeinde, predigte Treue und hob die Werte der Ehe hervor, bevor er wieder zu mir kam und ich ihm in den Mund pinkelte. Zum Glück verdienten die Kirchenleute gut, wenigstens in diesem Punkt dachte die Kirche mit. Escort-Service inbegriffen. Wozu Kirchensteuer alles gut sein kann.

Der Wunsch eines anderen Geistlichen, in seiner Kirche Sex mit mir zu haben, wurde nie in die Tat umgesetzt. Mein Kunde hatte dann wohl doch ein schlechtes Gewissen. Ich nicht. Vor Gott sind alle gleich, vor mir auch, sobald sie nackt waren.

49 Von unseren schwulen Bekannten wusste keiner von unserem Nebenjob. Das war in Ordnung so. Das Getratsche hätte uns genervt. So haben wir uns unbewusst auch privat zwei Welten aufgebaut. Zwei Welten, die nur selten in Kontakt kamen. Die eine Welt, Daniel, Sara und die beiden Brüder, waren unsere besten Freunde, mit ihnen konnten wir wirklich über alles reden, die andere Welt waren unsere Bekannten, mit denen wir mal ins Kino gingen oder in die Disco. Da weder Andreas noch ich große Lust darauf hatten, bei uns riesige Partys zu feiern, kam es auch nie dazu, dass sich alle trafen.

Am liebsten luden wir uns Daniel, Sara, Marcus und Alex ein. Hier mussten wir nicht aufpassen, ob wir uns verplapperten. Und die vier fühlten sich bei uns sauwohl. Meine Arbeitskollegen oder unsere Bekannten fragten mich oft, was ich denn privat so triebe, weil ich nie was erzählte. Das Übliche halt, Kino, Freunde, Lesen und so weiter. Man riet mir sogar, etwas Schwung in mein Leben zu bringen, mir ein Hobby zuzulegen und die Möglichkeiten zu nutzen, die eine Großstadt so bot.

Ich nutzte die Möglichkeiten, und zwar in Form von Brennnesseln. Ein Kunde hatte sie schon gepflückt und einen Arbeitshandschuh bereitgelegt. Mit Seilen fesselte ich ihn breitbeinig und nackt auf einen Stuhl und behandelte sein bestes Stück mit den Brennnesseln so lange, bis er stopp sagte. Dann kamen die

Brustwarzen und die Achseln an die Reihe und dann wieder sein Schwanz. Ich musste nichts weiter tun, nicht mal ausziehen sollte ich mich. Er kam auch nicht zum Orgasmus. Als ich ging, war er voller roter Pusteln. Leicht verdientes Geld.

Ein anderer Kunde fragte nach, ob wir bei Regen in der Natur Sex haben könnten. Netter Gedanke, aber wie sollte das gehen? Wir konnten ja nicht wissen, wann es genau regnet. Und ich wollte nicht tagelang alle Termine freihalten, bis der Wetterbericht stimmte. Wir überließen es dem Zufall. Doch wenn es regnete und ich Zeit hatte, rief er nicht an, und wenn er anrief, konnte ich nicht.

Manche Dinge gehen eben nur spontan. Andreas und ich machten im Sommer einmal eine Radtour und wir kamen in einen Regenguss. Es war zu spät, um Schutz zu suchen, wir waren in Windeseile durchnässt. Da es warm war, machten wir aus der Not eine Tugend. Wir zogen unsere nassen Shirts aus und radelten, laut *Singing in the Rain* schmetternd, durch die Gegend. Alle anderen Ausflügler waren vor dem Regen geflüchtet. Irgendwann stellten wir unsere Fahrräder ab, gingen ein paar Schritte ins Unterholz und legten los. Schön war es.

Wasser auf der Haut, gute Idee. Wir machten uns beim nächsten Regen auf, um Fotos zu machen. Halb nackt im Wald bei einem Schauer. Die Fotos waren spitze, gar nicht düster wie vermutet. Wir schnitten unsere Köpfe ab und hatten neue Fotos für unsere Anzeigen. Ich mit nacktem Oberkörper und kurzer Sporthose, Andreas auch oben ohne, aber mit Jeans. Marcus und Alex waren von den Fotos so hingerissen, dass wir bei nächster Gelegenheit ähnliche Aufnahmen mit ihnen knipsten.

50

Wir hatten unser Leben eingerichtet. Einen kleinen Freundeskreis, ein paar Bekannte, Studium, Ausbildung, Hobby. Zur Currywurstbude oder in die Stricherkneipen gingen wir seltener, der Reiz des Neuen war verflogen. Auch dort war irgendwie alles Alltag. Samstags gingen wir ab und zu in die Disco und taten immer »ganz entsetzt«, wenn uns jemand erzählte, er sei »von so einem alten Knacker« angemacht worden, der ihn fragte, ob er was dazuverdienen möchte.

Mir wollte beim Tanzen mal einer meine Turnschuhe abkaufen. »Wie soll ich dann nach Hause kommen?«, fragte ich. Er schlug vor zu warten, bis ich gehen wollte. Dann würde er mich in ein Taxi setzen, die letzten Meter in meine Wohnung würde ich wohl auf Strümpfen schaffen. Wir einigten uns auf den Neupreis meiner Schuhe plus 10 Mark für das Taxi.

Warum es so viele gibt, die auf Füße stehen, weiß ich nicht. Gibt doch noch andere Körperteile. Ich habe nie etwas von Ellbogenfetischisten gehört. Und vieles finde ja auch ich geil. Aber ungewaschene Füße lecken oder Sneaker küssen? Nee. Wer weiß, wo der Turnschuh auf der Straße kurz vorher reingetreten ist? Wollte mir ein Kunde die Füße lecken, gerne. Aber ich bei ihm? Nö.

Nicht einmal Andreas' Vater hatte neue Ideen, die meinen Freund aus der Bahn werfen konnten. So lebten wir eine Zeit lang ganz gemütlich vor uns hin. Nur einmal stutzte ich, als ich nach Hause kam: »Mein Gott, ist der ungepflegt. Spinnt Andreas jetzt? So ein Kunde?« In unserer Wohnung stand ein Mann, fettige Haare, strenger Geruch und die Klamotten gehörten auch mal gewechselt. Kein Kunde, zum Glück. Ein Hausbewohner hatte bei der Hausverwaltung verstopfte Rohre angezeigt. Und der Handwerker wollte schauen, wie schnell bei uns das Wasser ablief.

Ja, das Denken war voll und ganz auf Callboy eingestellt. Wenn Andreas bei mir in der Versicherung anrief und fragte: »Wollen wir es heute Abend machen?«, ging es nicht um Sex, sondern ums Essengehen. Eine Frau sagte am Nachbartisch im Restaurant: »Ich bin immer ganz schnell fertig, ich will es einfach hinter mich bringen.« Wir lachten uns tot. »Ja klar, wie die aussieht.« Sie meinte zwar den Abwasch, aber egal. »Wir müssen das Loch stopfen, egal was es kostet«, sagte mein Chef, und ich prustete los, und das in einer Abteilungsbesprechung. Es ging nicht um menschliche Körperöffnungen, nein, es ging um die vielen neuen Verträge, die uns die Öffnung der Berliner Mauer brachte, und er sprach von Aushilfskräften oder Neueinstellungen. Mein Chef schaute mich fragend an. Eine Kollegin meinte: »Das hat er öfter.« Ich hatte tagelang ein ungutes Gefühl, wenn ich dem Obersten über den Weg lief.

Sex beherrschte unser Leben. Ich denke, viele Sexworker haben Suchttendenzen. Bei Andreas hatte ich immer Angst wegen Alkohol. Andere Drogen spielten bei uns keine Rolle, dafür hatten wir viel zu viel Angst vor einem Kontrollverlust oder ganz simpel vor Spritzen. Vielleicht war es aber auch, weil wir gleich zu Anfang in den Stricherkneipen und auf der Straße so viel Elend gesehen hatten.

Wenn mich heute ein Junge auf der Straße fragt: »Hast du etwas Kleingeld?«, denke ich nicht schlecht über ihn. Jeder hat seinen Weg.

51

»Wir wissen ja gar nicht mehr, wie du aussiehst.« Meine Eltern beschwerten sich, dass ich sie so lange nicht mehr besucht hatte. Aber was sollte ich in dem Dorf? Schon der Gedanke löste in mir einen Fluchtreflex aus. Ein Besuch war mit mindestens zwei Übernachtungen verbunden. Ich hatte nicht die geringste Lust.

Was sollte ich in der ganzen Zeit dort treiben? Mich mit alten Schulkameraden treffen? Meine Heimat war inzwischen eine andere Welt. Das hatte nicht unbedingt was mit dem Anschaffen zu tun, eher was mit schwul. Aber klar, Anschaffen setzte noch eins drauf. Über die Felder spazieren mit dem Hund machte Spaß, war aber keine Wochenende ausfüllende Beschäftigung. Und abends mit alten Kumpeln zum Billardspielen fahren, reizte mich kein bisschen.

So kam ich auf die Idee, dass wir alle zusammen nach Sylt fahren könnten. Kreativität zahlt sich doch immer wieder aus.

Meine Eltern fanden den Vorschlag gut, Andreas' Eltern auch. Sie übernahmen die Hotelbuchung und die Bezahlung, ausgerechnet in dem Hotel, wo wir mit dem Besitzer Sex in der Sauna gehabt hatten.

Unsere Erzeuger waren schon ein paar Tage auf der Insel, als wir am Wochenende dazukamen. Sie waren begeistert. Die Stimmung war viel lockerer als zu Hause, auch ich fühlte mich gut, freute mich auf die gemeinsame Zeit. Andreas merkte ich die innere Anspannung an. Merkten es seine Eltern auch? Ich glaube nicht. Wir waren schon etwas nervös, als wir das Hotel betraten. Der Besitzer war da, erkannte uns auch, verhielt sich aber diskret. Dieser Stress war schon mal verflogen.

Die Kinder, also Andreas und ich, sollten erst mal ankommen, auspacken, bevor es zum Abendessen die große Familienzusammenführung gab. Wie immer gingen wir erst runter zum Meer. Wie immer war es wie nach Hause kommen. Andreas nahm sogar meine Hand, als wir am Strand schlenderten. Und das, obwohl wir jeden Moment unseren Eltern in die Arme laufen konnten. Oder gerade deswegen?

Und wir liefen ihnen in die Arme. Es war nicht zu übersehen, sie hatten ein Problem mit dem Anblick. Zu wissen, dass der Sohn schwul war, war das eine. Es jetzt hier, dazu noch in der Öffentlichkeit, demonstriert zu bekommen, war etwas anderes. Ich fühlte mich auch nicht sonderlich wohl dabei. Aber diesmal war es Andreas, der meine Hand einfach nicht loslassen wollte, obwohl er so etwas sonst gar nicht mochte.

Mein Vater rettete die Situation: »Wenn wir nicht hinter unseren Kindern stehen, können wir es von den anderen auch nicht erwarten. Wie wäre es mit einem Aperitif bei Leysieffer?« Damit waren sofort alle einverstanden. Wir wären auch mit zur nächsten Tankstelle gekommen, um Flachmänner zu kaufen, Hauptsache, raus aus der Beklemmung. So marschierten wir nach Westerland. Andreas hielt mir nicht nur die Hand, Andreas hielt mich fest, hielt sich an mir fest. Das hier war eine Demonstration für seine Eltern: Seht her, das ist mein Leben.

Wir alle tranken den bestellten Weißwein viel zu schnell. Als wir zum Essen gingen, war die Stimmung dann gehoben. Andreas musste auch nicht mehr meine Hand halten. Die Dosis Elternunterricht für heute war genug. Nach der Anspannung vermied es jeder, über unangenehme Dinge zu reden. So verbrachten wir einen gemütlichen Abend. Und als die Eltern ins Hotel gingen, zogen wir noch etwas um die Häuser.

Kaum hatten wir ein Bier bestellt, erkannte uns der Hotelbesitzer, der auch auf Tour war. Er kam zu uns und fragte, was wir heute noch vorhatten. Wir hatten verstanden, er wollte Sex. Ich fand die Idee gar nicht gut, so mit der Familie in der Nähe, sagte aber nichts. Er schlug seine Privatwohnung als Treffpunkt vor. Andreas drehte auf: »Nö, die Sauna war doch geil. Wohnungen haben wir immer, Sex in der Heterosauna nie.« Ich war sprachlos.

Und so landeten wir wirklich wieder in der Hotelsauna. Wir im Keller des Hotels, Sex zu dritt gegen Geld, ein paar Stockwerke darüber unsere Eltern. Da Andreas' Vater die Zimmer bezahlt hatte, gab es diesmal Bargeld und eine Flasche Weißwein aus der Hotelbar, die hatte ich mir erbeten.

Nach dem »Job« war ich innerlich aufgewühlt, an Schlaf war nicht zu denken. Wir gingen runter zum Strand mit der Flasche Wein in der Hand. »Spinnst du? Das war jetzt wirklich Hardcore«, raunte ich Andreas zu. »Wieso, du hast doch mitgemacht? Sonst sagst du doch auch, wenn dir was nicht passt«, gab er zurück. Da hatte Andreas recht. Ich regte mich auf, dabei wäre es kein Problem gewesen, in der Kneipe einfach Nein zu sagen. Also war es der besondere Kick gewesen. Für mich und erst recht für Andreas. Er hatte es ihnen heimgezahlt, so nach dem Motto: Wenn Vater jetzt wüsste, was der liebe Herr Sohn da gerade treibt. Man merkte es Andreas beim Frühstück an, er fühlte sich stärker, selbstbewusster, strahlte aus: »Ich habe mein eigenes Leben!« Andreas hatte es ihm gezeigt, ohne dass der Vater etwas davon mitbekam.

Als wir im Zug nach Hamburg unseren geliebten Piccolo tranken, lagen zwei schöne Tage hinter uns. Es ist schon etwas anderes, am Strand spazieren zu gehen oder im Dorf am Kaffeetisch zu sitzen. Auf Sylt hatte ich das Gefühl, ich kann jederzeit weg. Ich war freiwillig mit den Eltern hier. Zu Hause wäre es ein Gefühl von »müssen« gewesen, das löste Beklemmungen in mir aus.

52 Es ist okay, eigene Entscheidungen zu treffen. Es ist okay, wenn man Dinge für sich behält. Man ist trotzdem noch der gleiche liebenswerte Mensch. Für Andreas und mich war der Syltaufenthalt ein großer Schritt in Richtung Selbstständigkeit. Ich musste nicht mehr alles meinen Eltern mitteilen, und Andreas entschied wichtige Dinge selber, ohne dabei nur an das Wohl der Firma zu denken. Ja, in Hamburg machten wir das schon länger. Aber so direkt vor der Nase unserer Eltern war es schon was anderes.

Noch vor Kurzem hätte ich beim Frühstück im Hotel in allen Einzelheiten erzählt, wie toll alles war. Die Kneipen, die Leute in Urlaubsstimmung, ach, einfach großartig. Als ob ich vor einem Gericht beweisen müsste, dass alles rund lief. Als ob meine Eltern hören wollten, sie hätten alles richtig gemacht mit der Erziehung. Jetzt sagte ich auf die Frage meiner Eltern nach der letzten Nacht einfach nur: »Schön war es.«

Als der Vater von Andreas etwas Geschäftliches mit ihm besprechen wollte, bekam er zu hören: »Ist es so wichtig, dass es nicht bis später Zeit hat? Wir sind doch hier, um zu entspannen.« Seine Eltern waren einen Moment lang sprachlos. Andreas hatte den ersten Schritt getan, seine Bedürfnisse anzumelden. Ich kenne Andreas. Seine Augen flackerten dabei, es fiel ihm schwer. Aber er war ja nicht alleine, unsere kleine Gruppe war so etwas wie ein Schutz, eine Art moralische Instanz. Denn seine Antwort war ja vom Inhalt her richtig. Der Vater hätte nur zu antworten brauchen: »Ja, die Entscheidung muss heute noch getroffen werden.« Da dies aber wohl nicht der Fall war, lenkte er schnell ein.

Und, oh Wunder, trotz der neuen Verhaltensweisen verbrachten wir eine schöne Zeit, alle sechs. Geht doch! Es fühlte sich ungewohnt, aber gut an. Ob der Hotelbesitzer wohl wusste, dass er gleich zwei Familien etwas therapiert hatte, indem er uns für Sex in seiner Sauna bezahlte? Wohl kaum.

53

Bei mir in der Versicherung hatte noch nie einer angerufen, um zu fragen, ob ich über mein Leben als Azubi reden möchte. Jetzt hing eine Frau an der Strippe, die für ein Vorabendmagazin einen Callboy suchte, über den sie berichten konnte. In der nächsten Anzeige, die ich schaltete, würde ich quer über die Annonce drucken lassen: »Bitte keine Presse.«

Auch sonst wurden wir gut umsorgt. Wir waren nach Wochen mal wieder in St. Pauli unterwegs. Gleich in der ersten Stricherkneipe entdeckte uns ein Streetworker. Alle unsere Beteuerungen, wir bräuchten keine Hilfe, fruchteten nicht. Vermutlich hatte er gelernt, dass Stricher erst mal ihre Probleme verleugnen, um ihren Job bewältigen zu können. In seinen Augen musste es uns einfach schlecht gehen. Ich hätte ihn am liebsten bei der Hand genommen und vor die Tür gesetzt, mit dem Hinweis, er solle sich um die kümmern, die ihn wirklich nötig hatten.

Wir wurden den Verdacht nicht los, er stand auf uns und wollte uns bevorzugt unter die Arme oder sonst wohin greifen. Vielleicht weil wir nicht blass waren und krank aussahen? Vielleicht weil wir gepflegte Kleidung trugen? Dachte er, da macht Helfen mehr Spaß? Es war auffällig, er beschäftigte sich nur mit uns. Um das zu ändern, verließen wir die Kneipe. Er versäumte es natürlich nicht, uns zuvor mehrmals zu sagen, wie er zu finden sei, im Falle eines Falles. Und dass er selber aus der Szene komme, schon angeschafft hatte und schwul sei, er kannte sich aus.

Nie hätte ich mir bei jemandem Hilfe geholt, der mich offensichtlich erotisch fand. Ich wäre vermutlich mit einer Frau besser zurechtgekommen. Ein Junge, der das alles beobachtet hatte, kam hinter uns her. Er fand es gut, wie wir mit dem Typen umgesprungen waren. Er wusste: Der Streetworker nutzte seinen Job aus, um Jungs ins Bett zu kriegen. Manche Jungs fänden das sogar in Ordnung. Sie bekämen ein Bett und was zu essen und wüssten, der Kerl sei okay. Auch eine Art von Sozialarbeit, die beste Methode, um an die Stricher ranzukommen. Im doppelten Wortsinn. Ob der Streetworker mit der sozialen Ader es wohl als Überstunden abrechnete, wenn wieder mal ein Boy bei ihm übernachtete?

Unser neuer Begleiter trottete wie selbstverständlich neben uns her, so als ob wir schon ewig gute Freunde wären. »Ihr seid aber keine Drogisten?«, fragte er. »Nö, wir sind nur so hier, so ab und zu, um uns mal was extra leisten zu können«, meinte Andreas. »Dachte ich mir, man sieht sofort, wer nicht drauf ist. Ich bin schon ewig hier. Hab keine Ahnung, wie es außerhalb von St. Pauli oder St. Georg aussieht. Ich kenne hier jeden Stein, jede Nutte. Irgendwo anders würde ich mich gar nicht mehr zurechtfinden. Ist schon okay so, dass ich hier lebe«, erzählte er seelenruhig. Er ging davon aus, dass es uns interessierte, und plauderte immer weiter: »Mein Bruder hat mich mal gesucht und gefunden. Er wollte mich mitnehmen. Er wollte sich drum kümmern, dass ich in eine Therapie komme. Aber ich will doch gar nicht. Was soll ich denn mit einem klaren Kopf? Da bekomme ich nur wieder Angstzustände und Panikattacken. Für mich ist das hier die beste Medizin. Unser Doc zu Hause hat alles versucht, hat alles nicht geholfen. Bis ich dann das erste Mal Brown, also Heroin, gespritzt habe, da war alles weg, da war Frieden im Hirn.«

So plötzlich, wie er gekommen war, verschwand er auch wieder. Er bog einfach in eine Seitenstraße ab: »Ich muss noch was erledigen, bis dann mal.« Wir wollten eigentlich in die Currywurstbude, ein bisschen Unterhaltung bekommen. Jetzt hatten wir keine Lust mehr. Diese ruhige, selbstverständliche Art unseres Begleiters hatte uns angesteckt. Wir brachen den Reeperbahnbummel ab und gingen runter zu den Landungsbrücken. Lange schauten wir dem Treiben am Hafen zu, einfach so, ohne groß was zu reden.

54

Mein 21. Geburtstag stand vor der Tür. Ich mag meinen Geburtstag nicht. Andere Wiegenfeste, okay, mein eigenes würde ich am liebsten verschlafen. Das ist dann wohl der Nachteil einer Beziehung. Andreas dachte gar nicht daran, den Tag zu vergessen. »Selbst ausschlafen darf ich nicht, obwohl Samstag ist«, schoss es mir durch den Kopf. Andreas küsste mich wach, führte mich ins Bad. In der Wanne schwammen Rosenblätter, das Wasser war milchig-trüb. Er zog mir das T-Shirt und meine Shorts aus, dann sich selber. Wir lagen hintereinander in der Wanne. Mein Rücken an seiner Brust. Andreas streichelte mich. Nicht gerade was zum Wachwerden, aber sehr angenehm.

Nach dem Wellness-Auftakt wurde ich ins Wohnzimmer geführt. Auf dem Tisch stand ein Blumenstrauß, 21 rote Rosen. Davor lagen ein Umschlag und eine kleine Schachtel. Jetzt war ich neugierig, ich öffnete natürlich zuerst die Box. Eine Uhr, nein, die Uhr! Ich hatte sie mir so oft im Schaufenster angeschaut und immer den Kommentar abgegeben: »Wunderschön, aber für einen Gebrauchsgegenstand viel zu teuer, da hätte ich immer Angst, sie zu verlieren.«

Ich konnte nichts sagen, öffnete die Karte. »Alles Gute zum Geburtstag, mein Prinz, ich freue mich, dass du auf der Welt bist, dein Schnuffel.« »Danke!« Ich fiel Andreas in die Arme, gab ihm einen Kuss. Er hatte das Armband der Uhr auf seinen Armumfang anpassen lassen, sie passte auch mir. Ich war wahnsinnig stolz. So ein schöner Tag! Und dann hatte er auch noch einen Tisch zum Frühstück im Café Gnosa reserviert.

Im Gnosa warteten Daniel und Sara, der Tisch war für sechs

Personen gedeckt. »Kommt noch jemand?«, fragte ich neugierig. »Nö, ich habe für vier reserviert«, grinste Andreas unschuldig. Wer das Gnosa kennt, weiß, dass es dort Samstagmittag auf jeden Platz ankommt, ich wunderte mich schon etwas. Alle bestellten ein großes Frühstück. Nur mir reichte ein Stück Lübecker Marzipantorte, meine Lieblingstorte, und ein Milchkaffee dazu. Ich war viel zu aufgeregt, um mehr herunterzubekommen. Mich wunderte, dass Andreas keinen Sekt bestellte.

Ich musste immer wieder auf mein Handgelenk und die neue Uhr schauen, so merkte ich gar nicht, wie plötzlich meine Eltern am Tisch standen. Dafür waren also die zwei Plätze. Jetzt kam auch der Sekt. Wir tranken auf mein Wohl und ich packte Geschenke aus.

War schon ein ungewohntes Bild, meine Eltern in einem schwulen Café. Aber ich machte mir zu viele Gedanken, sie fühlten sich wohl. Das waren dann meine Vorurteile, die ich noch hatte. Manche Heteros hatten gar nicht so viele Berührungsängste, wie ich immer dachte.

Eine tolle Überraschung. Vielleicht war Geburtstag ja doch nicht so schlecht. Nach zwei Stunden mussten meine Eltern weiter, sie hatten auf dem Weg in den Urlaub einen Zwischenstopp in Hamburg eingelegt. Ich brachte sie zu ihrem Auto, die anderen warteten im Gnosa. Sie sei so froh zu sehen, dass ich Andreas hatte und auch so nette Freunde. Meine Mutter war richtig aufgekratzt. Früher hätte sie schon Angst gehabt, ich könnte für immer ein Außenseiter sein, schwul und einsam. »Was hat dir denn Andreas geschenkt?«, fragte mein Vater. »Äh, das bekomme ich erst heute Abend, hat er gesagt, noch eine Überraschung. Heute ist der Tag der Überraschungen.« Ich log in der Hoffnung, er würde über den Urlaub seine Neugier vergessen.

Zu viert verbrachten wir einen schönen Nachmittag. Ich wünschte mir meine geliebte Hafenrundfahrt. »Ja, selbst am Geburtstag kann sie ihre Wurzeln nicht verleugnen«, witzelte Andreas, »die Hafennutte.«

Abends holten wir Marcus und Alex vom Bahnhof ab und verkrochen uns in unsere Wohnung. Wir machten Pizza, keine Fertigware, wir machten sie selber. Alle bewunderten meine Uhr. Neid schien es hier nicht zu geben, jeder gönnte dem anderen alles Gute. Und vermutlich dachten unsere vier Besucher auch daran, wie das Geld dafür verdient wurde.

Nach dem Essen gingen wir aus, es war ja Samstag. Zufrieden fiel ich irgendwann ins Bett. Familie konnte sich gut anfühlen, wenn der Rahmen stimmte. Die neue Uhr nahm ich diese Nacht nicht ab. Andreas legte seinen Arm auf meinen Bauch, kuschelte sich an mich. Ich streichelte noch lange seine Hand.

55

Ein so teures Geschenk … Eigentlich soll man Präsente ja einfach annehmen, aber ich grübelte darüber nach. Andreas wurde von niemandem gezwungen, mir die Uhr zu schenken. Die Wahrscheinlichkeit lag beinahe bei 100 Prozent, dass ich sie bekam, weil er mich liebte. Und die Uhr gefiel mir wirklich! Trotzdem sah ich sie ab und zu mit einem schlechten Gefühl an.

Andreas erlöste mich. Die Uhr sei eine Ausnahme, weil wir verrückte Zeiten hinter uns hatten. Ich solle bloß nicht in Zugzwang geraten und ihm was gleich Teures schenken. »Aber 5 000 Mark? He, selbst mit unseren süßen Ärschen brauchen wir dafür lange.« Mein Unbehagen war raus. Andreas erklärte: »Sieh es als Schmerzensgeld, als Unternehmensbeteiligung meiner Eltern. Hätten sie mir in letzter Zeit nicht immer wieder was extra zugesteckt, hätte ich das auch nicht gemacht. Du hast doch auch unter ihnen gelitten, weil ich so scheiße drauf war.«

Also gut, die Idee kam von Andreas, das Geld von seinen Eltern. Mit diesem Gedanken konnte ich gut leben. Auf unseren Ausflügen in die Nacht blieb die Uhr zu Hause, sonst trug ich sie immer.

Ich war zwar ein Jahr älter, aber das Anzeigenalter blieb trotzdem bei achtzehn. Da ich mit zwanzig wie siebzehn aussah, ging ich jetzt noch immer als achtzehn durch. Und die Stammkunden wussten ja, wie ich aussah, da war das Alter egal. Also blieb eigentlich alles beim Alten, plus der neuen Uhr.

Wir gingen zur Ausbildung oder zur Uni, hatte unsere Kunden, wuschen mehr Bettwäsche und Handtücher als andere in unserem Alter. Wir machten ab und zu einen HIV-Test und hatten auch in den gleichen Abständen, wie die Tests gemacht wurden, immer wieder tierische Angst. Obwohl wir uns sicher waren, dass wir mit Fremden immer Safer Sex gemacht hatten. Wir kauften Kondome im Hunderterpack und Gleitcreme im Zweiliterkanister. Das war unser ganz normales Leben.

Wir lehnten es ab, einen Kunden im Spiel auf offener Straße zu entführen, da die Passanten ja nicht wussten, dass das nur ein Vorspiel für eine heftige Nummer war. Eine Freundin, die Medizin studierte, wurde mal von der Polizei angehalten, weil sie eine Puppe spazieren fuhr, die für eine Notfallübung übel hergerichtet war. Nur, die Sache mit der Puppe ließ sich schnell aufklären. Was hätten wir sagen sollen? »Also, Herr Wachtmeister, das ist so. Wir sind Stricher und unser Freier ist etwas pervers, der will gerne entführt werden, und Sie machen jetzt das ganze Spiel kaputt. Dann seien Sie wenigstens jetzt unser Freund und Helfer und leihen uns Ihre Handschellen und den Stock aus. Oder würden Sie gerne mal selber zuschlagen? Das kostet den Kunden dann was extra, Sie sind ja schließlich echt.«

Doch die meisten Kunden wollten das Übliche. Blasen, ficken und tschüss.

56 In unserer Nachbarwohnung zog eine neue Mieterin ein. Sie klingelte und fragte, ob wir nicht Lust hätten, mit ihr ein Glas Wein auf gute Nachbarschaft zu trinken. Das konnte nie schaden. Ihre Wohnung war eine Mischung aus Antiquitäten und modernen Möbeln, genau wie unsere geschnitten, nur spiegelverkehrt.

»Wir duzen uns, oder?« Die Frau war in Ordnung. Sie war achtunddreißig Jahre alt und hieß Andrea. Wir mussten gar nicht lange überlegen, was wir über uns erzählen sollten, Andrea fragte ganz direkt: »Ich denke mal, ihr seid keine normale WG? Ihr seid doch bestimmt ein Paar?« Was sollte man da noch sagen außer: »Ja.«

Wir plauderten, Ausbildung, Freunde, was man so redet. Ich hatte das Gefühl, als ob wir uns schon ewig kannten. »Und was machst du so?« Andrea war Domina in einem Studio. Sie erzählte das so selbstverständlich, als sei sie bei der Hochbahn angestellt. Wir waren kein bisschen verwundert, das wiederum wunderte Andrea nicht. Für sie waren Schwule wohl einfach weltoffener als Heteros. Von unserem Hobby sagten wir erst mal nichts.

Ab jetzt trafen wir uns öfter, immer zum Frühstück am Wochenende. Unter der Woche musste Andrea jeden Abend los. Keine Arbeit, kein Geld. Sonntags gegen Mittag gemeinsam frühstücken wurde fast zur Institution. Entweder bei ihr oder bei uns, jeder brachte das mit, was noch im Kühlschrank war. Als wir Wochen später von unserer Nebentätigkeit erzählten, brach das Eis endgültig. Manchmal fragte sie, ob wir ihr mit Gleitcreme aushelfen könnten. Das war auf unserer Etage so normal wie die Frage nach einer Tasse Mehl ein Stockwerk höher. Nachbarschaftshilfe halt.

Oder ihr Anruf an einem Samstag, ob einer von uns Zeit hätte, in einer Apotheke vorbeizugehen, um ein Stethoskop zu kaufen. Ihres war gerade kaputtgegangen und der nächste Kunde wollte untersucht werden. Sie sei an dem Tag gut ausgebucht und könne selber nicht weg. Ich zog los, kaufte eins und klingelte an ihrem Studio. »Domina-Notdienst hier«, meldete ich mich. Sie bedankte sich tausendmal, fertigte mich aber an der Tür ab. Am nächsten Tag entschuldigte sie sich. Ihr Kunde war gerade erst gekommen. Also zu ihr ins Studio und nicht in ihrem Studio. Klar, das verstanden wir.

57 Mit Andrea redeten wir nur kurz über ihre oder unsere Geschäfte. Nur wenn was Besonderes vorgefallen war, berichteten wir ausführlich. Ich finde Arbeitskollegen, die nur über ihren Job reden, eh komisch. Haben die nichts anderes?

Einmal fragte sie uns, ob wir dazukommen würden, wenn ein Kunde von ihr einen Jungen dabeihaben wollte. Das war nichts für uns. Keine Frauen. Bei uns stand ja nicht das Geld im Mittelpunkt, sondern unser Fetisch.

Ab und zu lernte unsere Nachbarin auch privat einen Mann kennen. Dieser beteuerte regelmäßig, er hätte mit ihrem Job kein Problem. Doch nach kurzer Zeit siegte die Eifersucht auf ihren Beruf. Andrea war wieder alleine und saß bei uns in der Küche und beklagte sich über die Typen. Die Wut ließ sie vermutlich bei den nächsten Kunden aus, die dann besonders zufrieden mit ihren Diensten waren.

Legte Andrea sich ein neues Outfit zu, gingen wir mit. In ihren Augen waren wir ehrlicher, weil wir sie nicht erotisch fanden. So standen wir vor der Umkleidekabine, wenn sie sich in Gummi oder Leder zwängte. Kam sie raus, kommentierten wir alles. Hebt die Titten zu wenig an, Hintern zu breit, da brauchst du ja zwei Sklaven, die dir beim Anziehen helfen und so weiter. So mancher Tourist, der aus Neugier auch im Sexshop war, staunte nicht schlecht über unser ungewöhnliches Dreigespann. Ich genoss es, wieder im Mittelpunkt zu stehen und anderen Rätsel aufzugeben.

Natürlich spielten wir auch gerne mit der Verklemmtheit der Mitmenschen. Ich hob einen Lederslip in die Höhe: »He Schätzchen, damit kannst du beim nächsten Freier das Doppelte verlangen.« »Hiermit wird aus der kleinen Hafennutte der böse Bube«, rief Andreas und zeigte mir eine Lederkappe. Über die fragenden Blicke der Kegelbrüder aus Fulda freute ich mich diebisch. Zurück in der Zentrale des Spießertums, würden sie an ihrem Stammtisch sitzen und fordern: »Solche Leute gehören eingesperrt.« Mit Sicherheit verschwieg der eine oder andere, dass er sich aus dem Hotel schlich, als seine Kumpels schon schliefen. Ein Ausflug zum horizontalen Gewerbe, eine schnelle Nummer in einem Studio, bevor sie mit ihrer Frau am nächsten Sonntag im Dom zu Fulda für Sitte und Moral beteten. Amen!

58 Ich dachte in letzter Zeit immer, meine Welt sei in Ordnung. Vor lauter Freude musste ich aber übersehen haben, dass Andreas etwas beschäftigte. Ich merkte es wie immer an den leeren Weinflaschen. War ich so unsensibel? Ich zweifelte wirklich an mir und suchte Rat bei unserer Nachbarin.

An ihrem Küchentisch zermarterte ich mich selber. »Manchmal sieht man in Beziehungen ein Problem nicht, weil man es nicht sehen will oder weil man weiß, dass es einen selber überfordert«, tröstete sie mich. »Du bist noch jung, du kannst nicht alles wissen. Und letztendlich könnte Andreas auch zu dir kommen.«

In dem Moment hörte ich unsere Wohnungstür. Andrea sprang auf und kam mit Andreas an der Hand zurück. Sie drückte ihn auf einen Stuhl, so wie er war, in Jacke und mit seiner Unitasche. »So, was ist hier los? Dein Prinz macht sich Sorgen um dich, Andreas. Und wenn ich die leeren Weinflaschen bei euch in der Küche sehe, schließe ich mich da gleich an. Und zudem siehst du echt scheiße aus. Du kannst jetzt hier alles loswerden und ich helfe dir, oder geh, aber dann zähle auch nicht auf mich.«

Schweigen. Andreas schaute auf den Boden, dann zum Fenster hinaus, seine Augen füllten sich mit Tränen, seine Lippen zitterten. »Ich kann nicht mehr, ich halte das alles nicht mehr aus«, stammelte er. »Was denn alles?«, fragte ich ihn zärtlich und nahm seine Hand.

»Na alles! Mein Vater hat mich für einen Kurs für Unternehmensübernahme angemeldet, in den Semesterferien, ohne mich zu fragen. Und du, du bist so selbstsicher geworden. Und wenn du jetzt wieder hörst, was mein Vater gemacht hat, bist du mich bestimmt bald leid. Und dann …« Andreas weinte immer heftiger. »Und dann hat mir neulich ein Kunde noch in den Mund gespritzt.«

Schweigen. Wir saßen zu dritt in der Küche und keiner konnte was sagen. Mein Gehirn brummte: In den Mund gespritzt, so etwas wollten wir uns sofort sagen, ging ja auch den anderen was an, wir machten schließlich privat keinen Safer Sex. Sein Vater? Warum hatte er nichts gesagt? Wir hätten gemeinsam überlegen können! In den Mund gespritzt? Der Hammer, und er hatte nichts gesagt. Scheiß Kunde. Schwanz ab. Scheiß Andreas. Ich selbstbewusst? War das schlimm? Andreas dachte immer noch, ich würde ihn nur lieben, wenn er der Stärkere und ich der Schwächere sei. Idiot. Was für ein Arsch, in den Mund gespritzt. Verrecken sollte der Kunde, was dachte der sich?

»Warum hast du nichts gesagt?« Ich blieb ruhig, hätte Andreas aber am liebsten angeschrien: »He, du spielst mit unserem Leben!!! Und was denkst du? Hätte ich dich verlassen, wenn du von dem Kurs erzählt hättest? Nein, aber wegen deines Schweigens hätte ich große Lust zu gehen, danke für das Vertrauen! Und warum darf ich nicht erwachsener werden? Wir spielen hier nicht Vater und Sohn, wie bei dir zu Hause. Ich will Gleichberechtigung.«

Ich sah meine Familie vor mir, bei uns wurde alles ausdiskutiert. Wie ich es hasste. Wie gerne hätte ich da meine Gefühle manchmal rausgebrüllt. Und was machte ich jetzt? Ich machte meinem Freund Vorwürfe, dass er sich so verhielt, wie er es von zu Hause gewohnt war. Ich war nicht besser. Aber das würde sich ändern, jetzt! Ich sah den scheiß Freier vor mir, wie er meinen Schnuffel einfach in den Mund spritzte, und explodierte. Ich sagte Andreas genau das, was mir zuvor durch den Kopf geschossen war, und fügte hinzu: »Ich bin auch nicht besser, ich sage um des lieben Friedens willen auch nicht immer alles oder nur die Halbwahrheit. Aber damit ist jetzt Schluss. Und das gilt für uns beide!«

Ich kochte, Andreas zitterte. Jetzt machte sich die Erfahrung unserer Nachbarin bezahlt, sie analysierte: »Also, wenn ich da richtig durchblicke, denkst du, Andreas, solange du die Kontrolle hast, ist die Beziehung sicher. Solange du der vermeintlich Stärkere bist, geht alles gut. Und da es dir schwerfällt, dich gegen deinen Vater zu behaupten, ist das eine Schwäche, die vertuscht werden muss. Und dann kam noch dieser Idiot und hat dich gelinkt. Wieder was nicht unter Kontrolle, du hast nicht gemerkt, dass er kommt. Vielleicht auch, weil du zu sehr in Gedanken bei deinem Vater warst.« Sie schaute mich an: »Und du, du sagst in Zukunft endlich, was du fühlst, und nicht das, was gerade angebracht ist oder vernünftig erscheint.«

Dann schickte sie uns in unsere Wohnung und rief uns hinterher: »Morgen macht ihr beide krank. Fahrt raus aus der Stadt, irgendwohin, wo ihr noch nie wart. Klar?« »Ja, danke, Mum.« Wir lächelten, ein befreiendes Lächeln.

Andreas und ich spürten, dass in dem Moment nicht mehr gesagt werden musste. Obwohl es früh war, gingen wir ins Bett. Wir schliefen erschöpft ein und waren sehr früh wach. Wir wollten zum Bahnhof und in den nächsten Zug steigen, der abfuhr, egal wohin. Die nächste Bahn ging nach Kiel. Wir stiegen ein, suchten den Schaffner und kauften bei ihm die Fahrkarten.

In Kiel tranken wir nur Kaffee, Appetit hatte keiner von uns beiden. Ich rief meinen Chef an und meldete mich krank. Es war ja nicht mal gelogen, mir ging es wirklich schlecht. Danach schauten wir den Skandinavienfähren zu. Hatten wir nicht früher immer rechtzeitig geredet? Und zusammen eine Lösung gesucht? Manchmal war alles nicht so einfach. Aber in einem war ich mir sicher, ich wollte bei Andreas bleiben. Trotz allem war er meine große Liebe. Und als Andreas in einem Geschäft einen Teddy im Matrosenanzug kaufte und ihn mir sofort schenkte, wusste ich, er fühlte genauso.

59

Ich saß in einer leeren Wohnung und weinte. Andreas kam hinzu und fragte, warum ich so traurig sei. Wegen der lauten Straße vor dem Fenster. Und er wusste doch, dass ich keinen

Lärm in der Wohnung mag! Andreas war in eine andere Stadt gezogen, hatte sich eine neue Bleibe gesucht. Ich musste eine Fernbeziehung führen, obwohl ich das nicht wollte.

Nur ein Traum, ein Albtraum. Ich schreckte auf, saß hellwach im Bett. Nein, das durfte in der Realität nie passieren. Ich würde Andreas in den Arm nehmen und zugeben: Du, ich hab Angst, dass wir uns entfremden. Ja, bisher hätte ich immer die Schuld auf den Straßenlärm geschoben. Aber die Zeit der einfachen Lösungen war vorbei. Endgültig.

Müsste Andreas wirklich umziehen, wäre es ehrlich, die Beziehung in Frieden zu beenden. Bisher hätte ich alles dafür getan, unsere Zweisamkeit aufrechtzuerhalten. Aus Angst vor der Einsamkeit. Und weil Menschen mit Beziehung mehr wert sind, so dachte ich damals. Aber das war alles nicht ehrlich, es widersprach meinem Innersten. Eine Trennung in Frieden wäre bestimmt besser als ein endloser Streit. Ein Kampf, der bestimmt auch seine schönen Momente hätte, aber eben ein Kampf. Und man kann sich doch auch von jemandem trennen, wenn man ihn noch mag. Einfach, weil jeder eine andere Lebensplanung hat.

Zum Glück alles nur ein Traum. Mein Mann lag neben mir und schlief. Ich nahm mir vor, in Zukunft ehrlich meine Bedürfnisse auszudrücken. Ich küsste Andreas auf den Mund. Schlaftrunken drehte er sich zu mir um und legte seinen Arm auf meinen Bauch. Ich blieb noch lange wach und hörte meinen Schnuffel gleichmäßig atmen.

60 Ich schaute meine Uhr an. Andere Paare haben andere Probleme, dachte ich mir. Die ersten Monate sind doch immer schön, die bekommt jeder gut hin. Durch dick und dünn gehen, das ist das Kunststück. Und wo fand ich schon jemanden wie Andreas? Wir hatten die gleiche Wellenlänge, das gleiche Hobby, selbst unseren Hausfrauenstreit hatten wir beigelegt. Zusammen schnibbeln und würzen ging nicht, da flogen die Fetzen. Bis klar war: Wenn ich kochte, war die Küche für ihn tabu, und umgekehrt. Bei anderen Paaren krachte es endlos wegen solcher Kleinigkeiten. Da war Andreas' Ärger mit seinem Vater nichts dagegen. Und wer weiß, was dachte Andreas über mich, was nahm er bei mir hin? Das ganz normale Leben.

Ich saß alleine am Hafen auf einer Bank. Andreas war zu dem Seminar gefahren, das sein Vater für ihn gebucht hatte. Unser Streit deshalb war vergessen, und Andreas hatte sich zwar noch ein bisschen aufgeregt, aber kurze Zeit später war alles wieder in Butter. Das Dumme war nur: Sein Alkoholkonsum stieg im gleichen Moment wieder an.

Nun war ich eine Woche Strohwitwer. Der erste Tag solo gefiel mir. Aber schon nachts vermisste ich ihn und konnte nicht einschlafen. Ab dem zweiten Tag fehlte Andreas mir richtig, trotz ständiger Telefonate. Und so trieb es mich zu den Landungsbrücken, dann hoch zur Reeperbahn. Ich sah die Uhr an, sie war wirklich schön und ihren Preis wert. Eine Currywurst wäre ein gutes Abendessen.

Die »Damen vom Grill« fragten gleich nach Andreas. Ich berichtete von seinem Seminar, aber nicht von den damit verbundenen Problemen. Es war lustig, eine gute Entscheidung, herzukommen. Irgendwann betrat ein Junge den Imbiss, er fiel mir gleich auf, und bestellte, das heißt, er versuchte es. »Eine ... äh ... Curryw ... äh ... Wurst.« Mehr brachte er nicht heraus. Es wirkte, als ob sein Gehirn ab und zu aussetzte.

»Mit Pommes oder Brötchen? Normal oder extrascharf?« Seine Antwort schien Minuten in Anspruch zu nehmen. Der Typ gefiel mir, er hatte eine maskuline Ausstrahlung. Und da die »Damen vom Grill« immer sehr kontaktfreudig waren, verwickelten sie mich und den Kerl gleich in ein Gespräch. Nico war vierundzwanzig und kam aus Karlsruhe. Er war für ein paar Tage alleine nach Hamburg gefahren, musste mal raus, und er war schwul. Man findet sich doch immer.

Ich fragte Nico, ob wir gemeinsam um die Häuser wollten. Am Abend zuvor, in der Disco, hatte ihn keiner angesprochen, jetzt, in einem Imbiss, lernte er jemanden kennen. Er war begeistert. »Sag niemals nie.« Normale Menschen interessierten mich nicht, Nico war nicht normal, das merkte ich sofort. Ich fragte ihn ganz offen, warum er so langsam sprach. Zu viele Joints. Hängen geblieben an Cannabis und Co. Seit dem fünfzehnten Lebensjahr regelmäßiger Konsum, immer mit dem Bewusstsein, schadet ja nichts, war ja gesünder als Alkohol. Alles, was den Menschen berauscht, kann Nebenwirkungen haben. Der Beweis stand vor mir.

Sein Studium musste er aufgeben. Er lebte nun vom LKW-Beladen bei einer großen Spedition. War ich eher der Typ Bubi, war er durchtrainiert. Muskeln zeichneten sich unter seinem engen T-Shirt ab. Wer den ganzen Tag Pakete schleppt, sieht halt so aus.

Ich zeigte ihm die Reeperbahn und die Seitenstraßen. Er hatte einen Führer für Hamburgs Gay-Kneipen dabei. Da stand teilweise »R« für *rent a boy*, nette Umschreibung für Strich. Wir standen vor so einer »R-Kneipe« und Nico fragte mich, ob ich schon mal in so etwas gewesen war und ob ich mit ihm da reingehen würde. Klar! Nico war so wie ich, neugierig und ohne Scheu vor dem Unbekannten.

In der Kneipe sah ich gleich ein bekanntes Gesicht, einen Stammkunden. Na toll, dachte ich, gleich muss ich Nico viel erklären. Auf der Straße wäre Diskretion angesagt. Hier könnte der Kunde einfach rüberkommen und nachfragen, dazu war der Laden ja da. Und er kam rüber. Wir hatten noch nicht mal unsere Getränke, da fragte er mich schon, ob ich mit ins benachbarte Hotel ginge. Flucht nach vorne: »Ich habe Besuch, wenn, dann nur kurz. Ein anderes Mal gerne wieder länger.« Nein sagen und ihn verärgern wollte ich nicht.

Ich sollte ihm nur einen blasen, aber dafür wollte er kein Hotel bezahlen. Gingen wir aufs Klo? Das hatte ich noch nie gemacht und stellte es mir auch nicht so prickelnd vor. Trotzdem willigte ich ein, wieder mal was Neues. Hoffentlich war die Kabine sauber. Sie war sauber. Okay, ich ging in die Knie, mein

Kunde zog mir noch mein Shirt über den Kopf. Was für ihn sexy wirkte, ein Boy in Jeans und mit freiem Oberkörper, stellte sich als sehr praktisch raus. Seine Ladung musste ja irgendwohin. Ich wischte alles mit Klopapier ab und zog mein sauberes T-Shirt wieder über. Die Nummer hatte was Verruchtes, Schmutziges.

Nun kam ich endlich zu meinem Bier. Nico tat so, als sei ich nur kurz zum Pinkeln weg gewesen. Später auf der Straße wollte er dann aber alles ganz genau wissen. Anschaffen und Sex, was ich gerne mochte. Wir redeten uns heiß. Nico wohnte in einem schwulen Hotel, da war Besuch kein Problem. »Willst du mitkommen?«

Ich hatte Skrupel. Sex mit einem Kunden, das war etwas anderes, das hier war Fremdgehen. Tja, hätte sich Andreas gegen seinen Vater behauptet, stünde ich jetzt nicht hier! Ich suchte nach Argumenten, nach Rechtfertigungen, und das schnell. Denn ich hatte auch Lust: Irgendwie waren wir längst in Richtung Hotel unterwegs. Manche Dinge laufen wie von selbst.

»Aber ich ... ähm ... muss nichts zahlen?«

»Ich überlege mir was.«

Ich flirtete frech, Nico lächelte. Das war mal was anderes, so ein durchtrainierter Körper. Keine Bodybuilding-Muskeln, einfach nur trainiert. Als Nico mich küssen wollte, drehte ich meinen Kopf weg. Das war dann doch nur für Andreas.

Im Hotel angekommen, duschte ich und kam ins Zimmer zurück, mit Handtuch um die Hüften, dann ging Nico. Wir waren schon etwas befangen, einer nach dem anderen ins Bad, nicht gemeinsam, keine Berührung, alles sehr vorsichtig. Nico hatte eine behaarte Brust, die Haare waren aber getrimmt, kurz gehalten. Ich war doch Profi. Aber hier traute ich mich nicht, den Anfang zu machen. Nico zog mir mein Handtuch weg und fasste mir in den Schritt. Es ging los und es war schön. Ganz anders als mit Andreas. Schön das Gefühl seiner Haare, auch an den Beinen und am Po. Ein richtiger Kerl, Andreas war ja so wie ich, auch der Bubi.

61 Ich lag wach im Bett neben Nico und fühlte mich unbehaglich. Nico wusste nichts von meinem Freund, zu Hause hätte ich mich noch unwohler gefühlt. Weg hier. Ich nahm die Decke zur Seite, suchte im Dunkeln nach meinen Sachen. Da machte Nico Licht, griff auf den Nachttisch und setzte eine Brille auf. Sah das süß aus. Andreas trug immer Kontaktlinsen. Warum schämen sich so viele ihrer Brille?

Da saß er, nackt, behaart, mit Brille und verstrubbeltem Haar. Ich konnte nicht anders, ich beugte mich zu ihm und küsste ihn überall, außer auf den Mund. Ich küsste mich runter bis zu seinem Schwanz. Ein Quickie in der Nacht, und jetzt hatte ich es endgültig eilig. Nur keine Adressen austauschen! Das Hotel entließ mich in die Nacht. Wo jetzt hin? Nach Hause wollte ich nicht, ich hatte Angst vor der leeren Wohnung und ein schlechtes Gewissen. Eine Kneipe um die Ecke, die eigentlich immer auf hatte, kam mir in den Sinn. Ein paar Nachtschwärmer saßen auf den Barhockern, der Laden hatte noch geöffnet. Mein Bier kam, ich trank es viel zu schnell und bestellte gleich ein zweites.

»Na Kleener, Liebeskummer?«

»Nee Großer, einfach Durst.«

»Was treibt so einen hübschen Bengel wie dich in diese Kneipe?«

»Wie gesagt, der Durst.«

Der ältere Mann ging mir auf die Nerven. Am liebsten hätte ich ihm eine geknallt, so geladen war ich. Es war aber nicht mein Gegenüber, der mich fast zur Explosion brachte, das war ich selber. Hätte man mir eine Axt gegeben, ich hätte den gesamten Schwarzwald in einer Stunde abgeholzt.

»Willst du mich ficken?«, fragte ich ihn frech. »Hoppla, da geht aber einer zur Sache«, antwortete er. »Klar, warum lange drum herumreden? Wir wissen doch, warum wir hier sind«, gab ich zurück. Wir einigten uns und ich ging mit in sein Hotel. Das gleiche Hotel, in dem Nico schlief. Ohne schwule Touristen wäre Hamburg verwaist und ich um einiges ärmer. Ich ließ mich ficken, ließ mich benutzen, es war schon fast eine Vergewaltigung. Es war so ausgemacht, ich wusste, auf was ich mich einlasse, und es wurde gut bezahlt. Als ich ging, tat mir alles weh. Trotzdem fühlte ich mich besser. Es war wie ein Opfergang, ich bestrafte mich selber. So etwas machte ich sonst nicht mit.

Die letzten Stunden waren intensiv, erst der Kunde in der Toilette, Nico, jetzt das. Ich war kurz vorm Durchdrehen und lief durch die Nacht. Andreas fehlte mir, er gab mir Ruhe, passte auf mich auf. Andreas wollte immer für mich sorgen. Und wo war er jetzt?

Ein Auto hielt neben mir. Das Fenster ging runter, ein Mann fragte nach dem Weg zum Fischmarkt. »Da will ich auch hin«, antwortete ich, »wenn Sie mich mitnehmen, kann ich Ihnen den Weg zeigen.« Was hatte ich da gesagt? Noch etwas, was ich sonst nie tat, einfach in ein fremdes Auto einsteigen. Und bis eben wusste ich auch nicht, dass ich zum Fischmarkt wollte. Eine teure Uhr am Handgelenk, die Taschen voller Geld und ich war so unvorsichtig. Man merkte, der Fahrer und ich überlegten um die Wette. Jeder von uns hatte ein ungutes Gefühl. Letztendlich landete ich im Auto und wir fuhren Richtung Hafen.

Nichts passierte, wir unterhielten uns nur etwas über Hamburg, dann bedankte sich jeder bei dem anderen. Die Fahrt war wie abschalten, umschalten, alles so normal, so ruhig in dem Auto. Das Gefühl tat gut, ich tauchte in der Masse unter und beobachtete die Menschen. Ein großer Pott Kaffee zum Frühstück, dann war ich kein Sexmonster mehr, sondern wieder ein normaler Mensch.

62

Endlich zu Hause. Ich duschte ewig und verkroch mich nackt ins Bett. Der Teddy aus Kiel, der im Matrosenanzug, leistete mir Gesellschaft. Nach ein paar Stunden klingelte es an der Tür. Andrea lud mich zum Frühstück ein. Es war ein Uhr mittags. Da saß ich nun. Ich hätte gerne von der Nacht erzählt, wäre gerne alles losgeworden, traute mich aber nicht. Nicht wegen der Kunden, sondern wegen Nico.

»Muss man in einer Beziehung alles erzählen?«

»Oh nein, ganz gewiss nicht. Es ist sogar wichtig, dass jeder sein eigenes Leben hat. Manchmal ist es sogar gut, zu schweigen. Wenn man was gemacht hat, was einem selber wichtig war, den anderen aber verletzen könnte, sollte man still sein.«

»Wie meinst du das?«

»Na ja, nehmen wir mal an, du hast letzte Nacht ein kleines Abenteuer gehabt, rein privat. Dann war es dir in dem Moment wichtig. Hättest du es nicht gemacht, hättest du vielleicht das Gefühl, in einem Gefängnis zu sitzen. Jetzt hast du ein schlechtes Gewissen. So oder so, einfach dumm. Aber es war doch okay. Es ändert doch nichts. Außer dass du ein paar schöne Stunden hattest. Du hast dadurch keinem was genommen.«

Ich glaube, Andrea wusste genau, was da letzte Nacht passiert war. Bei ihr war das Thema auch in guten Händen, sie erzählte bestimmt nichts weiter. Die Sache mit Nico war plötzlich nicht mehr schlimm, im Gegenteil, mir wurde bewusst, wie sehr ich Andreas noch mochte. Ich liebte ihn, wollte niemals ohne ihn sein. Daran konnten alle Probleme, alle Weinflaschen und auch sein Vater nicht rütteln.

Nach dem Frühstück hatte ich was vor, was mir seit der Autofahrt zum Fischmarkt durch den Kopf ging. Ich zog mich um, alte Jeans, ein abgewetztes T-Shirt. Die Uhr blieb zu Hause und ich steckte nur ein paar Mark in die Tasche. Ich fuhr nach St. Georg und trieb mich in den Sexshops rum. Blicke trafen sich, ein Mann ging in eine Videokabine, schaute sich noch mal nach mir um, ich folgte ihm. Er schloss die Tür, wir einigten uns auf »Handbetrieb«. Während er Pornos schaute, holte ich ihm einen runter. Der Lohn war wie erwartet mager. Mir ging es nicht ums Geld, ich wollte nur mal sehen, wie es so ist, wenn man auf der Straße arbeitet.

Ich trieb mich weiter durch St. Georg. Endlich, ein Auto hielt neben mir, ein Mann fragte, ob ich Lust hätte, einzusteigen. Frech fragte ich, was er denn suche und was es ihm wert sei. Er wollte Sex, das volle Programm, und bot einen lächerlichen Preis. Das hier war dann doch zu wenig. Er beschimpfte mich und fuhr weg.

Es dauerte etwas, bis der nächste Wagen hielt. Mittelklassewagen, gepflegt, der Fahrer fragte, warum ich hier auf der Straße herumlief. Langsames Vortasten, ich hätte ja auch ein ganz normaler Jugendlicher sein können. »Ich lasse mich gerne überraschen«, sagte ich und griff mir wie zufällig unter mein T-Shirt, sodass ein Teil von meinem Bauch zu sehen war. Der Fahrer verfolgte dies wie hypnotisiert. »Okay, wenn du Lust hast, steig ein. Sind 50 okay?«

Wir fuhren los, mein Herz pochte. Ich war jetzt in seiner Hand. Wo ging es hin? Wie kam ich von dort wieder zurück? Wir redeten wenig während der Fahrt, Anspannung lag in der Luft. Dann steuerten wir einen verlassenen Platz an, der unter der Woche einer großen Firma als Mitarbeiterparkplatz diente. Der Fahrer kannte sich aus. Arbeitete er hier? Oder steuerte er diesen Ort immer an, wenn er einen Jungen im Auto hatte?

Er stellte den Motor ab, wir lösten die Gurte. Mein Kunde machte mir die Hose auf und befahl mir, mein T-Shirt auszuziehen. Er zog mir meine Hose bis zu den Knien runter. Seine Hände fuhren über meinen Körper, er sagte immer wieder, wie schön ich doch sei. Er beugte sich zwischen meine Beine, blies mir einen. Kurz vor dem Orgasmus sagte ich ihm, dass ich gleich komme, ich wollte seinen Kopf wegdrücken. Er blieb beharrlich mit den Lippen um meinen Schwanz, er schluckte alles. Dann machte er seine Hose auf, jetzt sollte ich ihm einen blasen. Ich dachte daran, wie gepflegt er wohl war. Hier war keine Dusche, unter die ich ihn schicken konnte. Meine Sorge war unbegründet, er kam in dem Moment, da ich seinen Schwanz anfasste.

Mein Kunde brachte mich nach St. Georg zurück. Auf der Rückfahrt war die Situation entspannter, wir redeten belangloses Zeugs. Als ich ausstieg, fühlte ich mich gut. Mein Experiment war gelungen. Ich hatte ohne negative Erfahrungen einen Freier in einem Auto gehabt. Ein Punker, der offensichtlich auf der Straße lebte, sprach mich an. »Hast du etwas Kleingeld?« Ich gab ihm eine Mark, irgendwie fühlte ich mich gerade verbunden mit ihm.

Den ganzen Sonntag trieb ich mich zwischen Sexshops und Stricherkneipen rum. Ich ließ mich zum Bier einladen, plauderte mit älteren Männern, verschwand noch mal in einem Stundenhotel. Wäre Andreas in der Nähe gewesen, hätte ich das alles nicht gemacht. Mir gefiel der Tag, mir gefiel es, das zu tun, was mir schon länger ab und zu im Kopf rumging. Hier war ich nicht der Callboy, hier war ich wirklich Hafennutte. Als ich spät nach Hause kam, lief ich Andrea über den Weg. Wir hielten noch ein kleines Schwätzchen. Sie kniff mich in die Seite und meinte: »So gefällst du mir schon besser, beim Frühstück warst du so nachdenklich.«

Am nächsten Morgen rief ich meinen Chef an und fragte, ob ich einen Tag Urlaub haben könnte. Kein Problem. Zum ersten Mal in meinem Leben brauchte ich keine Ausrede, keine kranke Oma oder witzige Ausflüchte wie: »Mein Hamster liegt im Sterben.« Ich fragte einfach, fertig. Vor einem Jahr noch wäre das unmöglich gewesen. Jetzt war es völlig okay so.

63

Ich hatte mich wieder eingependelt und freute mich auf meinen Andreas. Ich war mir sicher, voll und ganz zu ihm zu stehen. Zum Glück, sonst wären die nächsten Tage garantiert zur Katastrophe geworden. So wurden sie nur zur Hölle.

Andreas stieg aus dem Zug und sah richtig scheiße aus. Nicht wie nach einem Seminar, eher wie drei Jahre Straflager in Afrika. Ich traute mich kaum zu fragen, wie es ihm ging. Er sagte nur stumpf: »Nicht so toll, lass uns ein Taxi nach Hause nehmen.« Ein Krankenwagen wäre angebrachter gewesen.

Im Haus hörte uns Andrea, sie riss die Tür auf und rief: »Willkommen zu Hause.« Andreas fing an zu weinen. Ich zuckte mit den Schultern, gab ihr ein Zeichen, dass ich mich melden würde, und brachte Andreas in die Wohnung. Er schmiss sich sofort auf sein Bett, er schrie, er heulte. Ich versuchte ihn zu beruhigen, streichelte ihn, redete leise auf ihn ein. Nichts half. Andreas war wie verkrampft, tobte, weinte und machte die merkwürdigsten Geräusche.

Es klingelte an der Tür, die Leute über uns waren im Treppenhaus und beschwerten sich über den Krach. Sie meinten die verzweifelten Schreie von Andreas. Unsere Nachbarin machte im gleichen Moment ihre Tür auf. Jetzt kam die Domina raus. »Gehen Sie bitte zurück in Ihre Wohnung, es handelt sich hier um einen Notfall, ich kümmere mich darum und informiere Sie.« Die Nachbarn waren erst mal beruhigt und fühlten sich nicht übergangen.

Andrea kam mit in unsere Wohnung. Ich war heilfroh, nicht mehr alleine mit Andreas zu sein. Er lag auf dem Bett, schlug um sich und stammelte etwas von Angst und »Ich halt's nicht mehr aus«. Er war knallrot, schwitzte, atmete nicht richtig. Ich durfte ihn berühren, das hielt er aus, es änderte aber auch nichts. Andrea fragte ihn, ob er was trinken wolle, er reagierte nicht. Man musste kein Arzt sein, hier lief was schief. Andreas verkrampfte sich immer mehr. Ich hatte Angst, aber auch keine Zeit, diese Angst zu haben, ich war gefordert. Seine Eltern anrufen? Besser nicht. Mir schossen tausend Ideen gleichzeitig durch den Kopf.

»Das ist mir zu unheimlich, da muss ein Arzt her.« Ich widersprach Andrea nicht. Minuten später stand ein Notarzt vor der Tür. Andreas verkrampfte immer mehr, er brüllte in das Kissen, man verstand ihn nicht, seine Waden zuckten. Der Notarzt telefonierte, ein Rettungswagen kam. Zwei Männer hielten Andreas fest, der Arzt gab ihm eine Spritze. Die Sanitäter kümmerten sich um ihn und Andreas kam zur Ruhe. Der Arzt fragte zuerst unsere Nachbarin, doch Andrea zeigte auf mich: »Er kann besser Auskunft geben.«

Ob Andreas depressiv sei? Ob er Tabletten nahm? Oder Drogen?

Depressiv? Das waren für mich Leute, die in der Ecke saßen, nichts sagten und mit leerem Blick in die Welt starrten. Tabletten? Nein, nicht dass ich wüsste. Drogen? Wenn er welche nahm, dann hatte er es gut versteckt. Ich sagte dem Arzt, Andreas würde gelegentlich zu viel trinken und hätte Probleme mit seinen Eltern. Der Doc antwortete knapp: »Alkohol kann Depressionen fördern. Ich denke, das Beste für Sie und Ihren Freund ist, wenn wir ihn mitnehmen.« Ich war sprachlos. Andrea legte ihren Arm um mich: »Er hat recht, du kannst ihm gerade nicht helfen.«

Mein Schnuffel wurde in den Krankenwagen gebracht. Das ganze Haus schaute aus dem Fenster. Informiert musste keiner mehr werden. Ich erfuhr noch, in welches Krankenhaus sie ihn brachten. Dann stand ich da, alleine, ganz alleine.

»Du musst ein paar Sachen packen und ins Krankenhaus bringen, und seine Eltern solltest du auch anrufen.« Die Stimme von Andrea klang ganz weit weg. Ich war gelähmt. Wie ein Roboter schlich ich zurück in die Wohnung. »Mum« ließ ihre Tür auf, als ob sie sagen wollte: »Ich bin da, wenn was ist.« Zuerst rief ich meine Mutter an. Sie merkte sofort, dass was nicht stimmte, und nahm alles in die Hand. Sie würde gleich zu Andreas' Eltern hinübergehen und mich wieder anrufen. Ich war wieder Kind, ich folgte.

Kurze Zeit später klingelte das Telefon. Daniel wollte mal hören, wie es uns ging. Hatte er einen sechsten Sinn? »Warte auf mich, ich bin in 30 Minuten bei dir.« Ich hielt die Stille nicht aus und rief selber Andreas' Eltern an. Sie setzten sich sofort ins Auto.

Daniel behielt einen klaren Kopf und räumte unsere Wohnung auf, alles, was nach Strich aussah, verschwand. Andrea half mir beim Packen. Wie gut, dass wir Freunde hatten. Dann fuhren Daniel und ich ins Krankenhaus, Andrea musste arbeiten. Ich hatte an die Patientenvollmacht gedacht, die wir uns gegenseitig gegeben hatten, damit wir gleichgestellt waren mit allen Angehörigen. Sie war nicht notwendig, ich wurde behandelt wie sein

Mann. Andreas schlief, als ich sein Zimmer betrat. Ich wusste, es war ein künstlicher Schlaf, aber er schlief. Nicht mehr das grausame Bild vom überhitzten Kind, das um sich schlug.

Nervenzusammenbruch. Andreas' Eltern erfuhren auch nicht mehr als wir. Wir kehrten zu viert in unsere Wohnung zurück, es war schon morgens. Daniel blieb auch, er schlief im Bumszimmer.

64

Zum Glück war Wochenende, Samstagmorgen, wir alle konnten nicht richtig schlafen. Nach wenigen Stunden kroch ich aus dem Bett. Andreas' Mutter war schon in der Küche, sie hatte den Kaffee gesucht und gefunden. Ich setzte mich zu ihr.

Sie brauchte nicht zu fragen. Ich antwortete auch so: »Komisch, bevor er zu diesem Seminar fuhr, schien alles normal. Ich weiß aber, dass er da eigentlich nicht hinwollte. Er fuhr seinem Vater zuliebe dorthin.« Es war die Wahrheit. Ich wollte nicht mehr lügen, hätte damit ja auch nur das alte Spiel unterstützt. Zugegeben, wäre Andreas' Vater in der Küche gewesen, ich weiß nicht, was ich gesagt hätte. Aber Andreas' Mutter war jetzt Mutter und nicht die reiche Unternehmergattin.

Der Vater kam und wenig später auch Daniel, der fragte, ob er noch was für mich tun könnte, und sich dann verabschiedete. Das Telefon klingelte, ich schreckte hoch. Der private Apparat, stimmt ja, Daniel hatte gestern alles Nuttige verschwinden lassen. Meine Eltern wollten wissen, wie es Andreas und mir ging. Ich versprach, sie auf dem Laufenden zu halten.

Wir fuhren ins Krankenhaus, erst jetzt merkte ich, wo Andreas lag, in der Psychiatrie. Wir mussten klingeln, um auf die Station zu kommen. Die Ärzte hatten ihm Beruhigungsmittel gegeben. Spuren von Drogen wurden in seinem Blut nicht gefunden. So wie es aussah, hatte er während der Seminarwoche nichts gegessen, aber zu viel Alkohol getrunken, das gab seinen Nerven den Rest.

Andreas blieb fast zwei Wochen im Krankenhaus. Er hatte eine waschechte Depression. Davon allerdings erzählten seine Eltern im Dorf nichts. Ein gebrochenes Bein, damit zogen sie von Haus zu Haus. Eine kranke Seele, die gab es im Dorf nicht. Die passte nicht ins Bild. Fertig. Die Dorfbewohner hätten womöglich Fragen gestellt, wer denn wohl »schuld« sei an dem Schlamassel. Doch nicht die Eltern? So nach dem Motto: Wir haben es ja schon immer gewusst.

Ich kaufte mir ein Buch über Depressionen, der erste Versuch, es zu verstehen. Andreas kam nach Hause und ging nach der stationären Behandlung noch einen Monat in eine Tagesklinik. Das war wie zur Uni gehen, ansonsten lebten wir normal weiter. Auch danach besuchte er noch regelmäßig einen Therapeuten, Tabletten brauchte er keine mehr zu nehmen. Der Zusammenbruch kam sozusagen rechtzeitig. Die Knoten im Hirn waren noch nicht zu fest gezogen, sie ließen sich lockern.

Ich hatte Bedenken. Kam das Thema Anschaffen auf den Tisch? Passte unsere Beziehung nicht? Meine Angst war unbegründet. Ich wurde zu einem Partnertag eingeladen. Alle Patienten der Tagesklinik konnten eine Bezugsperson mitbringen, Andreas brachte mich mit. Wären seine Eltern da nicht besser? Mit denen hatte er ja die Probleme. Ich wunderte mich, wie wenige Angehörige da waren.

Zunächst wurden wir alle zusammen über seelische Krankheiten informiert, danach gab es einzelne Gespräche. Andreas, sein Bezugstherapeut und ich. Jetzt stand ich im Mittelpunkt und nicht Andreas. Ich konnte darüber reden, wie es mir mit ihm ging, meine Ängste und Sorgen loswerden. Der Psychologe wusste auch von unserem Hobby. Es wurde als Teil unseres Lebens gesehen, ohne Wertung. Zum Schluss erfuhr ich noch, dass Andreas' Eltern extra kommen würden. Der Partnertag reichte da wohl nicht aus. Ich sollte mich melden, einfach anrufen, falls ich Probleme mit der Situation hatte.

An diesem Abend ging ich mit einem Alles-wird-gut-Gefühl ins Bett.

65 Die Katze war aus dem Sack. Andreas sagte seinen Eltern, er würde die Firma nicht übernehmen. Der Vater reagierte gelassen. Die Therapie war Gold wert. Alleine hätte das Andreas nie gepackt. Eine neutrale Person als Vermittler ist oft besser.

Man würde einen Käufer für die Firma suchen, in aller Ruhe. Wundersamerweise fand sich sehr schnell ein Unternehmen aus der gleichen Branche, das einen guten Preis bot. Andreas' Vater konnte weiterarbeiten, als Berater der Geschäftsführung. Irgendwie findet sich doch immer eine Lösung, man muss die Dinge nur ansprechen.

Mir kam es so vor, als ob dieser Plan B schon lange in der Schublade des Vaters gelegen hatte. Es lief alles so glatt. Warum hatte Andreas' Vater dann nie etwas davon gesagt? Wollte er keine schlafenden Hunde wecken? Letztlich gewannen auch seine Eltern durch den Schritt an Lebensqualität. Sie hatten mehr Zeit füreinander und die Belastung war nicht mehr ganz so groß. Sie fühlten sich nun viel wohler, hieß es.

Ein Teil des Erlöses wurde in ein Haus auf Sylt investiert, mit mehreren Ferienwohnungen. Andreas' Mutter kümmerte sich um alles, es war ihre neue Aufgabe. Wir hatten sie mit dem Syltvirus infiziert. Die Wohnung, in der wir in Hamburg lebten, wurde auf Andreas überschrieben. »Nur« aus steuerlichen Gründen.

Und dann kam die Megaüberraschung. Andreas' Vater rief an. Ob wir es einrichten könnten, am Wochenende nach Sylt zu kommen? Wir wurden am Bahnhof in Westerland abgeholt und fuhren zu einem Doppelhaus. Die Häuser standen etwas versetzt, hatten einen großen Garten. Jede Haushälfte hatte zwei Eingänge. Was sollten wir hier?

Die Mutter schloss die Tür der rechten Haushälfte auf, eine Treppe führte nach oben. Oben angekommen, zeigte sie uns alles. Ein Wohnzimmer, eine voll eingerichtete Küche und ein Bad mit Dusche. Eine weitere Treppe führte unter das Dach. Hier waren zwei Zimmer, jeweils mit Einbauschränken, an die Dachschräge angepasst. »Nicht schlecht«, meinte Andreas, »aber irgendwie kam das in euren Erzählungen anders rüber.« Die Dame des Hauses antwortete: »Hiervon haben wir noch nichts erzählt. Gefällt es euch denn?« Und wie!

»Willkommen auf Sylt, willkommen in eurer neuen Wohnung«, sagte der Vater. Wir waren sprachlos. Sie hätten das Haus gekauft und wollten die untere Wohnung selber nutzen, die obere sollte für uns sein. Andreas' Vater schob gleich hinterher, dass er nicht böse sei, wenn wir Nein sagten. Er hatte auch was bei der Therapie gelernt.

Auch war die Wohnung noch nicht eingerichtet, früher hätte die Mutter das schon erledigt gehabt. Der Zusammenbruch von Andreas erwies sich immer mehr als eine Art Glücksfall. Noch ein Lernprozess. »Da eure Wohnung noch keine Betten hat, müsst ihr erst mal bei uns unten schlafen«, sagte sie, »aber wenn ihr euch hier nicht wohlfühlt, können wir nach einem Hotel suchen.«

Da die Erwartungshaltung der Eltern weg war, konnte Andreas gut damit leben, hier zu übernachten. Er blieb ja nicht mehr, weil es erwartet wurde, sondern weil er es wollte. Dann ging es los in die Möbelgeschäfte. Gleich im ersten fanden wir ein Ehebett im Landhausstil, es passte wunderbar zu den Einbauschränken und es war im Preis reduziert, ein Ausstellungsstück. Andreas fragte nach, ob es heute noch geliefert werden könnte. Die Verkäuferin telefonierte kurz: »Aber natürlich.« Wir beeilten uns, kauften Bettwäsche, Kopfkissen, Zudecken und Handtücher. Zeitgleich mit dem Möbelwagen kamen wir am Haus an. Andreas' Mutter packte die Wäsche in die Maschine. Wir halfen beim Bettaufbauen.

Der Möbelwagen war weg, wir gingen zum Abendessen in ein Restaurant, und als wir zurückkamen, war der Wäschetrockner gerade fertig. Schnell noch beziehen, dann hüpften wir wie kleine Kinder auf das Bett. Andreas' Mutter bot uns an, die Handtücher nach dem Trocknen nach oben zu bringen, damit wir noch an den Strand oder zum Kneipenbummel konnten. Eine schöne Idee. Voller Freude liefen wir zum Strand.

Wie lange war es her, dass wir mit beiden Elternpaaren auf der Insel gewesen waren? Ein Dreivierteljahr vielleicht. Und was hatte sich alles geändert. Wir rannten wie im Rausch am Strand entlang. Die Zeit der Ängste und Zweifel war wie weggeblasen. Einen Kneipenbummel machten wir nicht, aber eine Einkaufsliste. Fahrräder würden wir brauchen, Weißweingläser, Müslischalen, eine Kaffeemaschine, das volle Programm.

Nachts weihten wir die Wohnung ein, wir fingen schon unter der Dusche an und trieben es im leeren Wohnzimmer. Zugegeben, es gab Bequemeres, aber es war toll. Wir hatten uns wieder.

66

Am nächsten Tag bremsten wir uns erst einmal. Wir kauften nichts ein, schauten uns nur Sachen an, vermaßen die Zimmer. In Hamburg gab es mehr Auswahl und die Preise waren bestimmt günstiger. Andreas' Eltern stellten uns ein Budget für die Einrichtung zur Verfügung. Ich hatte schon ein bisschen ein schlechtes Gewissen. Aber das verflog schnell. Sie schenkten das Ganze ja nicht mir, sondern ihrem Sohn. Und sie machten es freiwillig. Würden sie sterben, betonte der Vater, müsste sein Sohn sonst Erbschaftssteuer bezahlen. Und da sie noch das Apartmenthaus hatten, konnten sie alle Einkäufe als Anschaffungen für die vermieteten Ferienwohnungen von der Steuer absetzen. So ganz änderte sich der Herr Unternehmer wohl nie, Geld war immer noch sein Thema. Doch er gab sich Mühe.

Andreas, seine Mutter und ich zogen den ganzen Samstag über die Insel, immer auf der Suche nach Einrichtungsideen. Die Wohnung der Eltern war schon fast fertig, die Mutter fand trotzdem noch tausend Kleinigkeiten. »Sie haben aber zwei nette Söhne«, sagte eine Verkäuferin. Andreas' Mutter musste lachen. Sie lachte so selbstverständlich, so befreiend. Man merkte, sie hatte uns so akzeptiert, wie wir waren. Ihr schwuler Sohn und sein Freund. Früher fand ich den Spruch dumm, jetzt glaubte ich plötzlich daran: »Alles wird gut.«

Der Sonntag war entspannter, einfach am Strand spazieren gehen. Andreas und ich überlegten, wie wir uns revanchieren könnten. Wie bedankt man sich bei jemandem, der sich fast alles leisten kann? Es musste eine Idee her, etwas, was für Geld nicht zu haben war. Die Idee kam uns auf der Promenade in Westerland, wo die unzähligen Fahnen wehen. Vor unserem Haus stand ein Mast, und wir beschlossen, eine eigene Flagge zu entwerfen und zu nähen.

Die Lieblingsfarbe der Mutter war Dunkelrot, die des Vaters Dunkelblau. Wir saßen in einem Café und überlegten. Zur Hälfte blau und zur Hälfte rot? Kariert, diagonal, mit den Anfangsbuchstaben der Eltern drauf? Oder doch lieber ganz anders? Wir einigten uns schließlich auf drei rote und drei blaue Streifen, abwechselnd.

Zurück in Hamburg fanden wir einen Spezialisten, der die Fahne nähte. Der Saum, die Ösen, das alles hätten wir selber nicht hinbekommen. Sie sah edel aus. Wir kauften noch zwei kleine regenbogenfarbene Aufnäher, das Zeichen der schwulen Gemeinschaft. Die kamen mit auf die Flagge, in die untere Ecke, direkt neben die Ösen, auf jede Seite eine. Von Weitem nicht zu erkennen, aber wir hatten uns verewigt.

Mit Andreas' Eltern machten wir ein Treffen auf Sylt aus. Wir besorgten Sekt, wählten Musik aus und baten sie vor die Tür. Da standen vier Sektgläser, aus dem offenen Fenster klang Zarah Leanders *Ich weiß, es wird einmal ein Wunder geschehen*. Was sollte das werden? Sekt vor der Tür? Aus welchem Anlass? Wir überreichten den Geschenkkarton. Die Überraschung war gelungen, sie freuten sich riesig. Andreas' Vater und Mutter zogen zusammen die Flagge hoch, ich machte Fotos. Dann gab es Sekt.

»Die Queen ist zu Hause«, sagte Andreas. Seine Eltern schauten fragend. »Nicht ich. In England wird doch immer die Fahne gehisst, wenn die Queen im Palast ist.«

67 Die Aufregung um Andreas, die Aufregung um die Wohnung auf Sylt, all das legte sich langsam. Andreas hatte gar keinen Kunden in dieser Zeit, ich nur ab und zu. Ich suchte mir die interessantesten Fälle heraus, welche meine Neugier weckten. Wie der Anrufer, der fragte, ob ich mich für Sport interessieren würde, für Fußball. Ich dachte erst, er will, dass ich ein Trikot anziehe. Er wollte aber wissen, ob ich mich wirklich für Fußball, also die Bundesliga, interessierte. Nicht die Bohne, obwohl da viele junge Männer in kurzen Hosen herumliefen. Als er das hörte, fragte er nach einem Termin. Ich war gespannt.

Der Typ sah gut aus, der hätte in jeder Disco umsonst einen abgeschleppt. Das war leicht verdientes Geld, das machte Spaß. Kein Ton mehr von Fußball, kein besonderer Fetisch, ganz normaler Sex. Er redete nicht viel, sein Name war offensichtlich auch erfunden, aber das war mein Escortname ja auch.

Zwei Tage später sprach mich ein Nachbar an: »Ihr habt aber prominente Freunde.« Ich schaute überrascht: »Wie bitte?« »Na vorgestern, da lief mir im Treppenhaus der Fußballer XY entgegen, der kam doch gerade aus eurer Wohnung?«, erklärte der Nachbar. »Ach so.« Ich musste Zeit gewinnen, um zu denken. »Ach der, ein Freund von meinem ältesten Bruder. Wenn der in der Nähe ist, schaut er schon mal rein, der kennt mich schon ewig.«

Ich lief sofort zu einem Kiosk, kaufte mir den *Kicker* und fand ein Bild von meinem letzten Kunden. »Arme Sau, muss sich so verstecken. Aber geil.«

Andreas besuchte noch einmal die Woche seine Therapie. Ab und zu ging ich mit, immer wenn er oder sein Psychologe das für gut empfand. Ich passte auf, damit Andreas nicht wieder in die passive Rolle verfiel. Nein, nicht beim Sex, da hatte keiner was gegen, wenn er sich auf den Rücken legte und die Beine breit machte. Im normalen Leben. Er war es immer noch gewohnt, dass andere für ihn entscheiden. Was man 20 Jahre gelernt hat, kann man nicht so einfach ablegen.

Dann wechselte Andreas' Therapeut die Arbeitsstelle, sein Nachfolger war ein Idiot. Sobald dieser vom Anschaffen erfuhr, fixierte er sich auf das Thema. Der Seelenklempner meinte, man würde nur anschaffen gehen, wenn im Leben etwas schiefgelaufen sei. Aha, dann müssten alle Skifahrer sofort in die Geschlossene. Jeder dritte Wintersportler verletzt sich irgendwann. Alles schmerzgeile Masochisten, die nur hofften, sich bald zu verletzen?

Was nahm sich der Typ raus? Andreas wechselte, auf eigenen Wunsch. Die Therapie wirkte also, er ließ nicht mehr zu, dass andere ihm sagten, was gut für ihn war.

68

Unser neues Hobby war, die Wohnung auf Sylt einzurichten. Ein Geschirr, das beiden gefiel, war schnell gefunden. Töpfe, Pfannen und was man sonst noch so braucht wurden nach der Einkaufsliste abgearbeitet.

Betten für das zweite Schlafzimmer kauften wir auch noch, und Möbel fürs Wohnzimmer. Ein Einrichtungshaus in Hamburg machte Ausverkauf, wir räumten den halben Laden leer. Das Angebot entsprach genau unserem Geschmack. Und wir mussten auch nicht Wochen auf die Lieferung warten, was unserer Ungeduld sehr entgegenkam. In unserem Wohnzimmer in Hamburg stapelten sich die Kartons. Wir vergaßen völlig, dass das ja noch alles nach Sylt musste. Andreas und ich hatten kein Auto, ich nicht mal einen Führerschein. Für das, was sich jetzt bei uns ansammelte, brauchten wir aber einen Transporter. Andreas traute sich nicht zu, so ein Ding zu fahren, also fragten wir Daniel und Sara. Die hatte keine Probleme, einen LKW zu steuern. Wir machten ein Wochenende aus, mieteten einen Wagen und los ging es.

Sara und Andreas fuhren, Daniel und ich kamen mit dem Zug hinterher. Das war der Nachteil unserer Schnäppchen, wir mussten alles selber schleppen. Aber zu viert ging es ganz gut, und der

Sohn der neuen Nachbarn half später auch noch. Er war froh, endlich zogen Leute in seiner Altersklasse in das Haus. Am Abend war alles erledigt, schneller als gedacht. Durch die vielen Einbauschränke fiel das lästige Aufbauen ja weg. Schranktüren auf, Zeug rein. Die beiden Zweisitzer und der Tisch mussten einfach nur dazugestellt werden. Das Bett für das zweite Zimmer war auch kein Hexenwerk.

Abends luden wir unsere Helfer zum Essen ein. Nach einem kurzen Strandspaziergang fielen wir müde ins Bett. Unser zweites Zuhause war jetzt funktionsfähig. Die vielen kleinen Dinge, die eine Wohnung gemütlich machten, kamen später nach und nach hinzu.

69

Wir nahmen uns vor, auf Sylt nicht anzuschaffen. Die Insel war dann doch zu klein, da sprach sich alles in Windeseile herum. Und weil Andreas' Eltern auch oft dort waren, wollten wir vorsichtig sein. Aber es ging wie mit allen Vorsätzen: Die Idee war gut, nur die Realität sah anders aus.

Zwei Wochenenden nach unserem Möbeltransport und schon auf der Fahrt nach Sylt legte ich einen Stopp in Husum ein. Ein Husumer hatte angerufen, ob ich ihn besuchen würde. Klar, wenn er die Bahnfahrt bezahlte. Die Wohnung lag in Fußnähe zum Bahnhof. Andreas fuhr mit unserem Koffer schon weiter nach Westerland. Der Kunde drückte mir gleich auf dem Bahnsteig das Geld in die Hand. Wie sah das denn aus? Egal, hier kannte mich keiner. Auf dem Weg in seine Wohnung fragte er mich nach Aids. Ich würde regelmäßig Tests machen, könne aber natürlich nicht garantieren, dass ich HIV-negativ sei.

So nach dem Motto, wer jung ist und gut aussieht, kann nicht krank sein, verhielt sich der Kunde dann auch. Als ich abgespritzt hatte, leckte er meinen Bauch sauber. Seine Entscheidung. Das war es, dachte ich. Aber nein, er zeigte mir sehr kurze Shorts und fragte, ob ich die mal anziehen würde. Nun sollte ich mich breitbeinig auf einen Stuhl setzen. Man konnte meinen Schwanz und meine Eier sehen, wenn man genau hinschaute. Die Hose gewährte tiefe Einblicke.

Der Kunde bot mir mehr Geld, wenn ich in der Hose mit ihm ein Bier trinken gehen würde. Das war reizvoll, das gefiel mir, das war wieder genau meins. Auf dem Weg zum Hafen rief ich in Sylt an und quatschte auf unseren Anrufbeantworter. Alles okay, es dauert noch ein bisschen.

Es war kein Kurzehosenwetter, die Hafennutte fiel schon auf dem Weg zur Kneipe auf. Ja, genauso fühlte ich mich. Er sei nicht aus Husum, erzählte der Kunde, und passe für eine Woche auf die Wohnung seiner Schwester und deren Katzen auf. Zu Hause würde er das hier nie machen, da würden ihn zu viele kennen.

So betraten wir die Kneipe am Hafen, fast nur Touristen, die Fisch aßen. Die Leute schauten auf meine kurze Hose. An der Bar bestellten wir Bier. Ich setzte mich mit dem Rücken zur Theke, zuerst die Beine noch brav zusammen, mein Herz pochte. Das Glas konnte ich kaum halten, ich war aufgeregt, zitterte etwas. Wir sprachen nichts, auch mein Kunde war angespannt, blickte sich im Restaurant um und immer wieder auf mich, bis ich die Beine ein wenig spreizte. Ich hatte einen Steifen und man sah es durch den Hosenstoff. Zuerst lagen mein T-Shirt und mein Pullover noch schützend darüber, ich schob beides langsam hoch und drehte mich etwas zur Seite. Ich saß jetzt seitlich zur Bar, schaute auf meinen Kunden und er mir zwischen die Beine.

Zwei Gäste bemerkten, was sich da tat. Ich war kurz vorm Platzen, ein Sexobjekt. Mein Kunde bezahlte, wir ließen die halb vollen Gläser stehen. Als ich vom Barhocker rutschte, musste man für kurze Zeit alles gesehen haben. Draußen hielt ich schützend die Hand vor meinen Schritt. Der steife Schwanz spannte die Hose. Kaum war die Tür der Wohnung zu, kniete sich der Kunde vor mich, holte meinen Schwanz aus dem Hosenbein und blies.

Das war meine Droge, die Erfüllung meiner Jugendfantasien, ich schwebte zum Bahnhof. Stellte mir vor, wie ich nackt durch

Husum lief, alle beobachteten mich, fassten mich an. Ich lag nackt auf dem Marktplatz, tat nichts, viele fremde Hände brachten mich zum Orgasmus. Ich lachte und sagte zu mir: »Ich brauche auch eine Therapie.«

Im Zug nach Sylt sprach mich eine Frau an, was für eine positive Ausstrahlung ich doch hätte.

70 Coming-out-Kommando Sylt. Der Sohn unserer Sylter Nachbarn, Robin, suchte nicht nur unsere Nähe, weil wir im gleichen Alter waren. Er suchte sie auch, weil er schwul war, aber noch niemand davon wusste. Unser selbstverständlicher Umgang mit dem Thema machte ihm Mut. Und durch unseren Einzug dort redeten seine Eltern ab und zu über uns und über Homosexualität.

Robin hatte günstige Fahrräder besorgt. Ein Fahrradverleih kaufte regelmäßig große Mengen neuer Räder, er bestellte für uns einfach zwei mit. Beziehungen sind alles. Auf dem Weg zum Verleih schob er sein Fahrrad nebenher. Wir wollten unsere neuen Drahtesel gleich einweihen und eine Radtour nach Kampen zum Kaffeetrinken machen.

Kaum hatten wir die Doppelhaushälften verlassen, sagte Robin, dass er schwul ist. »Willkommen im Club, weiß schon jemand davon?« Wir waren die Ersten und redeten dann den ganzen Tag über die Coming-out-Geschichten, die wir so kannten.

Da war Stephan, ihm sagten seine Eltern auf den Kopf zu, dass er schwul sei und sie damit keine Probleme hätten. Oder Alex, der seine total netten Eltern um ein Gespräch bat, als die Sportschau im Fernsehen lief. Sein Vater machte den Fernseher aus, er bemerkte die Spannung in seinem Sohn. Alex brachte nur hervor: »Ich steh auf Männer.« Der Vater nahm die Fernbedienung, schaltete die Sportschau wieder ein und sagte: »Ich hatte schon befürchtet, es sei was Ernstes.«

Andreas sagte es seinen Eltern in einem Gespräch. Sie nahmen es einfach hin, redeten nicht mehr darüber. Auch wenn man es seiner Mutter lange Zeit deutlich ansah, wie sehr es sie beschäftigte. Ich selber wohnte noch zu Hause und schrieb meinen Eltern einen Brief. Was würden sie sagen? Ein schwuler Sohn? Aids? Entsetzlich! Wie so viele Schwule machte ich mir zu viel Stress mit meinem Coming-out. Es war nur halb so schlimm, wie ich es mir ausgemalt hatte. Nach einem halben Jahr war das Thema gegessen. Ich hatte ja noch Brüder, die genug Enkel auf die Welt bringen konnten. Endlich musste ich mich nicht mehr verstellen. Ich war wie befreit, richtig glücklich.

Aus Kampen zurück, öffneten wir das Tor zum Grundstück und stellten die Räder ab. Robins Mutter stand in der Küche, und der Sohnemann rief durchs Fenster: »Du, ich bin schwul.« Wir waren sprachlos. Das war mal schnell und unkompliziert. Jetzt oder nie. Die Mutter schaute auf und sagte: »Ich weiß.« Eltern kennen ihre Kinder meist besser, als diese denken.

Die Mutter kam raus, nahm Robin in den Arm. »Meinst du, deinem Vater und mir ist nicht aufgefallen, wie du am Strand immer den Jungs nachschaust? Wir haben schon überlegt, ob wir mit dir mal sprechen sollen, gerade weil du immer wieder über unsere neuen Nachbarn geredet hast.«

Andreas und ich standen wie angewurzelt da.

71

Im Schaufenster eines Juweliers in Westerland schauten wir uns Eheringe an. Nein, so etwas wollten wir nicht, da waren wir ganz sicher.

Warum auch? Ich nannte Andreas »meinen Mann«, sein Arm lag jede Nacht auf meinem Bauch, ich wusch seine Wäsche, während er kochte und einkaufen ging, und zu Weihnachten hing auch bei uns eine Girlande von innen in der Wohnungstür, allerdings mit roten Herzchen darauf. Wir waren eins, ohne viel Aufhebens darum zu machen.

Meine Uhr, die war mein Ehering. Andreas aber hatte nichts

von mir. Also nahm ich ihn bei der Hand und zog ihn in das Schmuckgeschäft. »Ich hätte gerne ein Armband für meinen Freund hier«, sagte ich der Frau im eleganten Kostüm. »An was dachten Sie denn?«, fragte sie höflich. Ich wusste es nicht. Wir waren ewig in dem Laden, probierten alles durch und entschieden uns dann für ein Modell, das mir gleich zu Anfang ins Auge gefallen war. So als ob es mir zugerufen hätte: »Nimm mich, ich bin das Richtige.« Ein sehr dünnes Armband, sehr unauffällig, ein Hauch von nichts, aus Platin. Andreas stand die Farbe, Gold wirkte billig an ihm.

Ich bezahlte mit Karte. Andreas behielt das Band gleich am Arm. Jetzt hatten wir unsere »Eheringe«, ganz spontan und ohne kitschigen Heiratsantrag.

Andreas' Eltern trafen wir fast nie auf Sylt. Obwohl wir uns nur selten absprachen, war es fast so, als ob jeder dem anderen auswich oder seine Ruhe lassen wollte. Zufall? Keine Ahnung. Uns gefiel es, so fühlten wir uns unbeobachtet.

Langsam wurde Sylt zur Routine. Am Anfang fuhren wir fast jeden freien Tag auf die Insel, später verbrachten wir dann auch wieder gerne Wochenenden in Hamburg. Marcus und Alex kamen zu Besuch, jeweils mit neuer Freundin. Das war eine andere Welt. Die Mädels fanden es aufregend: zwei Schwule mit eigener Wohnung. Da konnten sie zu Hause was erzählen. Interesse an uns hatten sie nicht wirklich. Das Wochenende wurde ein Reinfall und der Kontakt zu Marcus und Alex immer lockerer. Ihre Stelle nahm Robin ein. Er wurde ein richtig guter Freund. Weil er auch unsere Eltern kannte, erzählten wir ihm nichts vom Anschaffen. Zu schnell verplapperte man sich.

72 Wir waren pleite. In letzter Zeit hatten wir ja wenig angeschafft, gaben aber immer noch viel Geld aus. Wir hatten uns an die Kohle gewöhnt. Das Armband für Andreas, die Fahrten nach Sylt … Waren wir auf der Insel, verdienten wir nichts. War Robin übers Wochenende bei uns, hatten wir nur selten Kunden.

Privat geht immer vor, hatten wir mal gesagt. Aber damals wussten wir noch, wie man auf den Pfennig achtet. Das war vorbei. Wir mussten also etwas tun. Freitagabend, zuerst hatte Andreas noch einen Kunden in unserem Bumszimmer, dann zogen wir los. »Wir müssen später mal gut bezahlte Jobs bekommen«, sagte ich, »wir bleiben nicht ewig jung.« Wir grinsten. Jetzt war erst mal Freitag und wir waren jung. Heute Nacht würden wir die Kasse füllen.

Ich dachte an das Wochenende, an dem Andreas auf dem Seminar gewesen war, mein Wochenende auf der Straße. Ich freute mich, Ähnliches mit ihm zu erleben. Wir zogen durch die Sexshops, holten Männern in Pornokinos einen runter und passten immer auf, damit wir selber nicht abspritzen mussten. Das wollten wir uns für einen gut zahlenden Kunden aufbewahren. Ich sah Andreas, wie er mit einem Freier in einer Solokabine verschwand und fünf Minuten später wieder auftauchte. Er ging zum Klo, wusch sich die Hände, kam zu mir, zeigte mir einen Zwanziger. »Kleinvieh macht auch Mist und für Handbetrieb okay.«

Irgendwann gingen wir zwischendurch mal nach Hause, das verdiente Geld in Sicherheit bringen. Kaum in der Tür, klingelte das Nuttentelefon. Ein Kunde fragte, ob wir heute noch Zeit hätten, er fragte ausdrücklich nach uns beiden. Unser Hinweis in der Anzeige zeigte wieder mal Wirkung. Er wollte in einer Stunde bei uns sein. Fünf Minuten später ging das Nuttentelefon wieder, Dieter Esswein hatte Lust auf uns und wollte spontan von Samstag auf Sonntag kommen. Er hätte es schon öfter probiert. Man merkte, er war erleichtert, als er hörte, dass es klappen würde. Kaum kümmerte man sich um etwas, schien es wie von selbst zu laufen.

Der Kunde kam pünktlich eine Stunde nach seinem Anruf. Er hatte einen besonderen Wunsch und wollte von zwei Typen gleichzeitig gefickt werden, also bei ihm zusammen hinten rein. In einem Porno hatten wir das schon gesehen, aber wie sollte das in der Realität klappen? Wir probierten es und es funktionierte. Jetzt wussten wir, warum es Sexworker heißt. Hinterher waren wir fix und fertig. Das war Leistungssport, reinste Akrobatik. Spaß gemacht hatte das nicht. Eine Erfahrung, die wir sicher nicht wiederholen wollten.

Samstagmorgen. Da Dieter Esswein kam und uns bis Sonntag gebucht hatte, frühstückten wir schon heute mit unserer Nachbarin. Wir waren aufgedreht. So dumm es klingt, wir hatten unseren Alltag wieder. So wie sich eine Hausfrau freut, endlich wieder in Ruhe bügeln zu können, weil ihr Mann den Herzinfarkt gut überstanden hat, so freuten wir uns, die Welt der »Hafennutte« wiederzuhaben.

Dieter Esswein kam, wie üblich enge Klamotten kaufen, pissen, ficken, ausgehen, schlafen und das Ganze noch mal von vorn.

73

Wenn einer vor dir steht, mit so Gummihaushaltshandschuhen in schmutzigem Gelb in der Hand, und fragt, ob du ihm damit einen runterholen kannst, dann weißt du, auf den Strich gehen ist das Normalste auf der Welt.

Und wenn du dann noch durch einen Zufall erfährst, dass genau dieser Mensch, der vor Kurzem die gelben Handschuhe nach seinem Orgasmus sauber geleckt hat, ein hohes Tier in einer Glaubensgemeinschaft ist, die Homosexualität aufs Äußerste verurteilt, weißt du, die Welt ist auf Lügen gebaut.

Und wenn ich daran denke, dass ich diesen Typen noch gefickt habe, weiß ich, ich bin ehrlich. Ich nenne meinen Preis, jeder weiß, dass es nur für begrenzte Zeit Sex oder Zuwendung gibt.

74

Unser neuer »kleiner Bruder« Robin war zwei Jahre jünger als wir. Auf Sylt machten wir viel zusammen, lernten auch seine Freunde kennen. Manchmal wünschte ich mir, für immer dort zu leben. Ich gehörte einfach ans Meer! Robin verstand das nie, er war ganz wild auf Hamburg.

Robin hatte wenig sexuelle Erfahrung, nur mal mit einem Schulkameraden rumgefummelt und so. Auf Sylt war die Auswahl schwuler Jugendlicher doch begrenzt. In Hamburg kam er gut an, und schon bald verliebte er sich in einen Studenten. Es war total schön anzuschauen. Zwei frisch verliebte Jungs, beide noch recht unerfahren, auf dem Weg ins schwule Leben. Robin übernachtete nicht mehr bei uns, wenn er in Hamburg war, sondern bei Florian im Studentenwohnheim. Als Florian mal mit nach Sylt kam, schliefen die beiden in unserer Wohnung im Gästezimmer. Zwei Jungs in einem Bett unter ihrem Dach, damit hatten Robins Eltern dann doch noch Probleme.

Daniel und Sara sahen wir auch regelmäßig und Andrea von nebenan sowieso. Unsere Wahlfamilie hatte sich verändert.

75

Ich stieg in den Nahverkehrszug. Beim ersten Halt außerhalb Hamburgs verließ ich den ersten Wagen und ging vor zur Lokomotive. Die Tür öffnete sich, ich kletterte in den Führerstand. Gibt es eine Bahnvorschrift, die Sex in einer Lok verbietet? Keine Ahnung. Ich zog mich aus und der Zug fuhr los. Mein Kunde kannte die Strecke gut. Immer wenn Gefahr bestand, dass ich von einem Stellwerk oder Ähnlichem aus gesehen werden konnte, duckte ich mich unter das Fenster der Tür.

Während der Fahrt spielte der Lokführer nur selten an mir rum. Seine Strecke verlor er dabei nicht aus den Augen. Kurz vor dem Ziel zog ich mich dann wieder an. Man konnte ja nie wissen. Der Zug fuhr auf ein Abstellgleis. Hier sollte er zirka 40 Minuten warten, bevor es zurück nach Hamburg ging. Mein Kunde breitete eine Decke im Führerstand aus, zog sich aus und legte sich hin. Ich stand über ihm und pisste ihn voll. Danach holte ich mir, immer noch über ihm stehend, einen runter, er wichste zur gleichen Zeit.

Die nasse Decke verschwand in einem blauen Müllsack. Er rieb sich mit einem Handtuch trocken und war sichtlich zufrieden. Der Zug fuhr pünktlich nach Hamburg zurück, ich saß in einem der Waggons. In Hamburg ging ich noch einmal zur Lokomotive und grüßte mit meiner erhobenen Hand und einem Lächeln.

Das war ein Stammkunde. Er hatte mir schon oft von seinem Wunsch erzählt. Gut, eigentlich wollte er bei voller Fahrt angepisst werden, aber dazu hatte er dann doch zu viel Verantwortungsgefühl. So vereinbarten wir, dass ich nackt mitfuhr, ein geiler Kompromiss. Wir warteten, bis er eine geeignete Tour hatte, und setzten seine Fantasie so gut es ging um.

Der Kunde erzählte danach am Telefon, dass er voll und ganz zufrieden war. Ohne mich hätte er sich das nie getraut. Er war dankbar, denn ich hätte ihm nicht nur zugehört, sondern ihn auch ermutigt. Nachsorgegespräch sozusagen. Und wem schadete dieses Spiel? Ich denke, an den Schuhen von Lokführern klebte mehr Hundescheiße als die paar feuchten Spuren, die wir hinterließen und die bis Hamburg längst getrocknet waren.

Der Lokführer konnte jetzt sagen, er hatte sich getraut. Das war nicht nur Sex, das war ein Erlebnis. Für ein paar Hundert Mark einen Traum erfüllt. Eigentlich doch billig, oder?

76 Frauenklamotten? Dessous? Ohne mich. Abendbegleitung, erst Restaurant, dann Musical, das war mir zu langweilig, das machte ich nicht mit. Andreas und ich sagten aber wieder Ja, als wir für eine Party gebucht wurden und Sex vor den Gästen machen sollten. So etwas reizte mich, das reizte uns.

Andreas bat mich, mit zu einer seiner Therapiestunden zu kommen. Die neue Psychologin wollte über das Anschaffen reden. Sie redete mit uns und nicht über uns, sie urteilte nicht. Trotzdem hatte ich das Gefühl, mich rechtfertigen zu müssen. Andreas war es doch gewesen, der als Erster einen Kunden gehabt hatte. Ich machte es aus Spaß, ekelte mich etwas, sagte ich Nein.

Sie meinte, Andreas' depressive Neigungen seien ein Grund für die Prostitution. Das Leben ist ja eh egal, da kann man sich auch verkaufen, dann sehe ich wenigstens, dass ich anderen Menschen etwas wert bin. Die Geschichte mit dem Vater kam dazu, eines begünstigte das andere. Andreas wollte etwas Eigenes machen, worauf seine Eltern niemals Einfluss haben würden, wegen seiner Depressionen fühlte er sich wertlos. Und wo fand er die unantastbare Nische, in der sein Wert unmittelbar in Mark und Pfennig bestätigt wurde? Beim Anschaffen.

Sie wollte uns das Anschaffen nicht ausreden, sie wollte, dass wir es verstehen. Als sie mich ganz direkt fragte, ob ich als Kind einmal sexuell missbraucht worden war, musste ich schlucken. Ein sicheres »Nein« brachte ich nicht hervor. Ich hatte zwar keine Erinnerung, aber ein ungutes Gefühl bei dem Thema. Diese Frage hatte an etwas gekratzt.

Die Therapeutin merkte meine Unsicherheit und ließ mich in Ruhe, gab mir aber die Adresse einer Kollegin und den Hinweis, ich solle doch mal schauen, warum ich nicht spontan »Nein« sagen konnte.

Zum Schluss sollte jeder von uns drei Gründe nennen, warum er mit dem anderen zusammenlebte. Damit hatten wir keine Probleme, die »Psychotante« war beeindruckt.

Ja, wir waren zusammen, und es funktionierte so gut, weil wir viel erlebten, und doch machte auch jeder sein Ding. Ich war alleine auf der Lokomotive. Andreas war alleine bei einem anderen Kunden. Wir hielten zueinander, auch wenn es Probleme gab, und warfen nicht einfach alles hin, bloß weil es schwierig wurde und um die nächste Ecke vielleicht ein anderer stand. Alle Krisen, auch Andreas' Zusammenbruch, hatten uns nur noch enger zusammengeschweißt. Wir waren glücklich.

Ich glaube, die Therapeutin wollte nach dem schweren Thema wieder etwas Schönes in unsere Gedanken bringen. Trotzdem, die Frage nach dem Missbrauch ging mir nicht mehr aus dem Kopf.

77 Ich wachte schweißgebadet auf. Ich hatte Angst und wusste nicht warum. Ich sah Andreas, wie er verkrampft im Bett lag. Ich sah die Einsamkeit in den Augen von … ich wusste nicht mal mehr den Namen. Er schaute einen nie von vorne an, nur von der Seite. Dunkelbraune Augen, verletzt und einsam, jung und sexy, begehrt und doch verloren. Der Junge mit den traurigen Augen.

Ich schlich mich aus dem Bett, ging auf den Balkon. Da lagen Zigaretten, bei uns in der Wohnung durfte nicht geraucht werden, jemand musste sie vergessen haben. Die blaue Schachtel gefiel mir. Ich zündete mir eine Gauloises an, rauchte sie zur Hälfte und drückte sie aus. Der schlechte Geschmack im Mund trieb mich zum Kühlschrank. Eine halbe Flasche Weißwein. Mit einem Glas, einer Flasche und einer Jacke setzte ich mich wieder raus.

Sollte ich Andreas wecken? Und dann? Ich ließ ihn schlafen, sah in Fenster, die in der Nacht noch beleuchtet waren, und fror. Bruchstücke meines Traums wurden mir bewusst. Ich hatte von einem kleinen Jungen geträumt, der in einer Küche saß, bei einem Verwandten, die Kaffeemaschine gurgelte laut. Der Junge mit den traurigen Augen rief immer nur: »Geh, geh schnell.« Pfeifenrauch erfüllte die Küche. Der kleine Junge spürte eine Hand in seiner Hose. Der Junge mit den traurigen Augen rief laut: »Renn, ich habe es selber erlebt, renn schnell, es tut sonst ein Leben lang weh.« Im nächsten Moment war die Straße voller Polizei. Der Junge mit den traurigen Augen hielt mich in seinen Armen, der Mann, der die Hand in die Hose gesteckt hatte, wurde abgeführt. Dann musste ich aufgewacht sein.

78 Wenn jemand anrief und erzählte, er habe eine Behinderung, sagte ich immer höflich Nein. Damit konnte ich nicht umgehen. Das war nichts für mich, da wäre ich das Geld nicht wert gewesen.

Dagegen gefiel mir der Kunde, den ich in seinem Büro besuchte, um ihn dort zwischen zwei Terminen zu befriedigen. Ein hohes Tier eines Konzerns. An der Pforte des Unternehmens war ich schon angemeldet. Mit einem Besucherausweis schritt ich zur Tat. Seine Sekretärin empfing mich, ich wurde gleich in sein Büro gebeten. Der Kunde schloss die Tür ab und sagte mir, ich solle nicht stöhnen oder so. Er fickte mich in einer pornoreifen Szene auf dem Besprechungstisch in seinem Büro. Danach wischte er das schweißnasse Holz mit Küchentüchern aus Papier sauber. Wir waren erhitzt, so konnte ich nicht aus seinem Büro gehen, das hätte alles verraten. Also unterhielten wir uns noch eine Viertelstunde. Er hatte einen Sohn in meinem Alter, und es schien für meinen Kunden vollkommen normal zu sein. Zu Hause Familie, hier einen Boy ficken. Ob die Sekretärin davon wusste? Ich war bestimmt nicht der erste Besuch dieser Art. Beim Gehen drückte er mir noch einen Schein extra in die Hand. Großzügig war er auch. Bestimmt ein beliebter Chef. Der Typ war gerade heraus, er verstellte sich nicht, er war echt.

Es war Freitagnachmittag, als ich den Besucherausweis wieder abgab und nach Hause fuhr. Wir hatten uns abends mit Robin und Florian verabredet, um zusammen zu kochen und danach um die Häuser ziehen. Das gefiel mir. Erst meine Ausbildung, dann das Abenteuer in dem Büro und danach Freunde treffen. Ein Tag nach meinem Geschmack, wieder etwas Besonderes erlebt.

Auf dem Weg nach Hause beobachtete ich einen Jungen in meinem Alter, der gerade von einer U-Bahn-Wache aus der Station gebracht wurde. Er war offensichtlich kein Fahrgast, so runtergekommen und fertig sah er aus. Ich hatte Glück, großes Glück, dachte ich mir. Freiwillig führte er bestimmt nicht so ein Leben. Escort-Andreas sah genauso aus, kurz bevor er starb. Der Junge kam zu mir: »Hast du etwas Kleingeld?« Ich gab ihm ein paar Münzen und verschwand.

79 Es klingelte an der Tür. Ich stand unter der Dusche, Andreas werkelte in der Küche herum. Um diese Zeit erwarteten wir normalerweise niemanden. Jetzt reichte er mir ein Handtuch ins Bad: »Notfall. Florian hat Robin verlassen.«

In der Küche saß ein total aufgelöster Robin am Tisch und weinte. Er war kaum zu beruhigen. Aber muss man Menschen, die verzweifelt sind, überhaupt beruhigen? Ist es nicht besser, der Schmerz kommt heraus?

Die Phase der Verliebtheit war vorbei, die rosaroten Wolken hatten sich verzogen, die Ecken und Kanten kamen zum Vorschein. Beim letzten Treffen wusste Florian noch, wie viele Minuten er Robin schon kannte. Jetzt war alles Vergangenheit. Die gezählten Minuten, die er immer stolz und uhrzeitaktuell verkündet hatte, wirkten plötzlich wie ein rückwärts gezählter Countdown.

Schade, die beiden passten doch so gut zusammen. Aber was nützte das? Robin saß bei uns in der Küche und seine Gefühlswelt wechselte minütlich: »So ein Arsch … Warum nur? … Der hat mich doch gar nicht verdient … Ich vermisse ihn … Verrecken soll er!«

Dann wollte Robin alleine sein. Andreas und ich aßen in der Küche. Hoffentlich würde uns so etwas nie passieren. Andreas war ja mein erster Freund, was würde ich tun, wenn wir uns trennten? Zeit, Angst um die eigene Beziehung zu haben, blieb nicht. Robin kam nach einer Stunde zurück und wollte mit uns tanzen gehen. Also los. Trotzig oder mutig? Die Trennung setzte bei Robin ungeahnte Kräfte frei. Er tanzte sich die Seele aus dem Leib, zog sein T-Shirt aus, machte halb nackt weiter, das war nicht der Robin, den wir kannten. Wir beobachteten ihn verwundert.

Irgendwann kam Robin zu uns mit drei Flaschen Bier und rieb sich mit seinem Unterleib an Andreas. Das sah schon erotisch aus, so verschwitzt, wie er war. Er stellte uns einen ebenfalls oberkörperfreien Jungen vor: »Das ist Frank.« Müde, wie wir waren, gaben wir Robin einen unserer Hausschlüssel und gingen schlafen.

Am nächsten Morgen war Robin nicht da. Als wir beim Frühstück saßen, ging die Tür auf. Er strahlte: »Das Leben geht weiter, war das geil. Wenn der Idiot von Florian mich nicht will, dann eben andere.« Robin erzählte, dass er mit Frank nach Hause gegangen war und sie es bis eben getrieben hatten. Das war vermutlich die beste Therapie. Robin merkte, Florian war nicht der Einzige, der ihn interessant fand.

80 Unser kleiner Bruder wurde zur Schlampe. Besuchte er uns, verschwand er schon freitags in anderen Betten. Wir lernten durch ihn unzählige Franks, Stefans und so weiter kennen. Robin spielte den unschuldigen Prinzen, der nur wach geküsst werden musste. Und sobald er den ersten Kuss bekam, war er wach, hellwach, und spielte mit seinen Rettern.

Wir trafen in der Zeit Florian auf der Straße. Er litt noch unter der Trennung, hatte aber wohl gemerkt, was für ein Tier in Robin schlummerte. Es war nicht das, was er suchte. Ich bewunderte Florian. Er hielt nicht krampfhaft fest, sondern machte durch seinen Schritt den Weg frei für neue Erfahrungen, die wirklich seinen Bedürfnissen entsprachen.

Wir glaubten, Robin stand am Westerländer Bahnhof, um sich seine Beute auszusuchen, wenn ein IC aus Hamburg eintraf. Er spezialisierte sich auf Jungs, für die zwei Wochen Sylt mit den Eltern doch zu viel waren. So freute sich mancher Fünfzehn- bis Siebzehnjährige, wenn er von Robin angesprochen wurde. Es versprach Abwechslung, und irgendwann hatte sie Robin im Bett oder in den Dünen. Robin berichtete dann stolz, wie er denen einen blies und, da die Youngster bestimmt noch kein Aids hätten, am Schluss immer alles schluckte. Entweder kamen die Typen wieder oder sie blieben verstört weg.

Einer dieser aidsfreien Söhne reisender Eltern musste ihn mit Syphilis infiziert haben. Robin bekam rote Punkte auf der Haut und mehrere schmerzhafte Spritzen in seinen geilen Hintern. Robin wachte auf, ab jetzt machte er Safer Sex.

An einem Wochenende auf Sylt gingen wir abends zu dritt aus. Wir waren wieder einmal die Jüngsten in der Bar und wurden wie so oft auf ein Bier eingeladen. Einer unserer Gönner hatte es auf Robin abgesehen. Der ging darauf ein und verschwand mit ihm. Eine Stunde später kam er zurück und zog uns auf die Straße. Er habe soeben Geld für Sex bekommen, berichtete er aufgeregt. »Willkommen im Club«, entgegneten wir mal wieder cool. Wir erzählten Robin von unserem Hobby und versprachen uns gegenseitig, den Eltern nichts zu sagen.

Unbekümmert hurte Robin über die halbe Insel, obwohl ihn viele kannten. Er dachte nicht, er lebte, das unterschied ihn von Andreas und mir. Ich würde eine altersschwache Hängebrücke erst überprüfen, bevor ich sie betrete, Robin würde einfach losmarschieren. Seinen Eltern gegenüber tat er alles als Gerücht ab, was ihnen so zu Ohren kam. Die Leute seien nur neidisch und versuchten ihn anzuschwärzen. Wir galten als leuchtendes Vorbild. Mit beiden Beinen würden wir im Leben stehen, meinten Robins Eltern. Stimmte ja auch. Und manchmal standen wir mit diesen Beinen eben auf der Straße und warteten auf Kunden. Die Hafennutte ließ grüßen.

81 Überall Sex, unser Leben war von Sex bestimmt. Die Zeit der Ruhe war vorüber. Ich erwischte mich dabei, wie ich in einem Café saß und das Gespräch am Nachbartisch belauschte. Die redeten ewig über alles Mögliche, Sex kam nie zur Sprache. Wie ging das? Trafen wir uns mit Robin, früher oder später wurde über Sex geredet. Wir putschten uns gegenseitig auf.

Ich konnte mir nur schwer vorstellen, dass es den Leuten um mich herum anders ging. Ich kam von der Arbeit nach Hause und zog sexy Klamotten an, weil ein Kunde kam. Inzwischen waren es keine ein oder zwei Kunden pro Woche, sondern pro Tag. Robin ging für Geld nur mit, wenn es sich zufälligerweise ergab. Ansonsten war er genau wie wir, nur dass er einen Gleichaltrigen nach dem anderen vernaschte.

Unsere Nachbarin nahm uns zur Brust. Robin war in Hamburg, es war Sonntagmorgen und Andrea hatte ein gemeinsames Frühstück vorgeschlagen. Wir sagten zwar zu, aber ich dachte sofort daran, was ich in der Zeit verpassen könnte. Ich hätte am liebsten das Nuttentelefon mit in ihre Wohnung genommen. Es könnte ja einer anrufen.

Andrea sagte uns ganz offen: »He, ihr drei Sexmonster. Wie soll das weitergehen? Keine Minute Ruhe mehr. Wenn ihr so weitermacht, bekommt ihr mit zweiundzwanzig einen Herzinfarkt.« Sie hatte recht. »Wie wäre es, wir machen nach dem Frühstück eine Hafenrundfahrt? Und wer zuerst über Sex spricht, muss die Fenster meiner Wohnung putzen. Und wer auch nur ans Anschaffen denkt, schrubbt mein Studio mit der Zahnbürste. Und wenn Robin nur einen geilen Kerl anschaut …« Weiter kam Andrea nicht, wir schmissen uns weg vor Lachen.

Aber wir verbrachten wirklich einen Tag ohne Sex. Hafenrundfahrt, Touristen anschauen, Kaffee trinken, Robin zum Zug bringen. Die ersten Stunden waren wie Entzug, später genossen wir es. Das nächste Wochenende auf Sylt sollte auch rein privat sein. Wir gingen in keine Kneipe, nur Strand, kochen, fernsehen, früh ins Bett. Jetzt, da wir etwas runterkamen, merkten wir erst, wie energieraubend unser Leben in den letzten Wochen gewesen war. Ich schlief ein und spürte Andreas' Arm auf meinem Bauch. Wir waren auch die letzte Zeit so eingeschlafen, nur hatte ich es nicht mehr wahrgenommen. Ich war abends schon in Gedanken bei den nächsten Kunden, überlegte, welche Jeans wohl den geilsten Hintern machte oder in welchen Shorts ich besonders scharf aussah.

Robin war an diesem Wochenende in Hamburg, bei einer seiner Bumsbekanntschaften. Es tat gut, mal wieder zu zweit zu sein.

82 Extremer, schneller, höher. Auch Andreas' Therapeutin war das nicht entgangen. Sie warnte eindringlich. Depressionen können sich auch durch extremen Aktionismus zeigen, bevor dann der Zusammenbruch kommt. Wir versuchten weiter runterzufahren. Der Nachmittag gehörte uns. Ein Spaziergang von mindestens 30 Minuten, egal bei welchem Wetter, der Vorschlag war eine gute Idee. Meist waren wir länger draußen, erledigten auf dem Heimweg noch Einkäufe.

Ein Wochenende nach Paris, kein Hamburg, kein Sylt, mal etwas ganz anderes. Sightseeing, Eiffelturm und was man sonst noch so gesehen haben muss. Abends ins Marais, ins schwule Viertel von Paris. Nur ein Bier trinken, niemanden abschleppen, Small Talk mit einem Paar aus England, mehr nicht. Obwohl Städtereisen anstrengend sind, war es für uns eine Erholung.

Unsere Nachbarin, die wir liebevoll »Mum« nannten, freute sich, dass wir wieder normal wirkten, nicht mehr so aufgedreht. Man merkte schon den Altersunterschied und ihre gute Menschenkenntnis.

Andreas und ich besuchten einen Kurs für autogenes Training in der Volkshochschule. Wir waren die einzigen männlichen Teilnehmer. Außer uns nur Hausfrauen um die vierzig. Man konnte in der Freizeit also tatsächlich noch andere Dinge machen. Ich ging auch wieder ab und zu zum Hafen, schaute auf die Schiffe. Selbst das war in den letzten Wochen unter den Tisch gefallen. Wir hatten uns nur noch in Sexshops und fremden Betten herumgetrieben.

Kam Robin zu Besuch, planten wir pro Tag etwas, das nichts mit Sex zu tun hatte. Kino, Musical, Museum oder schwimmen gehen. Bei gutem Wetter Ausflüge ins Umland. Andreas' Psychologin hatte uns geimpft. Wir sollten ein »Sowohl-als-auch-Leben« führen und kein »Entweder-oder-Leben«. »Sowohl als auch« hing bei uns als Zettel am Kühlschrank. Wir hielten uns daran. Unsere Sexabenteuer kamen trotzdem nicht zu kurz, aber sie waren nicht mehr der alleinige Lebensinhalt. Wir hatten fünf Minuten vor zwölf die Notbremse gezogen.

83 Es war wie Achterbahn fahren, eine Woche schwarz, dann wieder weiß. Die ruhigeren Phasen taten Andreas nicht gut. Oder anders herum gesagt, unser extremes Leben überdeckte nur Andreas' wahren Zustand. Mit der Ruhe kamen die depressiven Gedanken zurück. Er sah alles in einem dunklen Licht. Andreas saß zwar nicht in einer Ecke und starrte mit leeren Augen auf einen Punkt, aber man merkte schon, eine schwarze Wolke schwebte über seinem Hirn.

Tabletten lehnte Andreas ab, weil er nicht manipuliert werden wollte. Um sich besser zu fühlen, trank er dafür umso mehr. Wir bekamen Krach. Der Alkohol würde ihn doch auch beeinflussen und vermutlich auf eine schädlichere Art und Weise als die Psychopharmaka! Aber Andreas schüttete den Wein nur weiter in sich hinein.

Ich freute mich auf jeden Besuch, der Leben in unsere Bude brachte. Robin erzählte von seinen Eroberungen. Daniel und Sara berichteten von ihren Heiratsplänen. Ich war froh um jede Geschichte, die von außerhalb kam. Unsere »Mum« schaute jetzt eher nach mir. Sie fragte, wie es mir ging. Um Andreas schien sich gerade eh alles automatisch zu drehen. Jeder fragte nach ihm, nur Andrea fragte nach mir. Das tat gut.

Meine Ausflüge zum Anschaffen genoss ich richtig. Das war Zeit für mich und ich stand im Mittelpunkt. Einmal blieb ich bei einem Kunden, der Mitte dreißig war, noch lange in der Küche sitzen. Er bot mir nach dem Sex ein Glas Wein an, es wurde mehr als eins. Und nachdem der Typ hörte, dass ich dafür nicht mehr Geld verlangen würde, hatten wir ein entspanntes und sehr interessantes Gespräch.

Auch Robin brachte mich auf andere Gedanken. Ein Junge

hatte ihn in Hamburg angesprochen, jetzt wollte er in einem Porno mitspielen. Für mich war Robins Porno-Projekt Gold wert. Andreas' Krankheit war für kurze Zeit nicht mehr Thema Nummer eins in meinem Kopf.

Dann überzeugte die Therapeutin Andreas doch irgendwie. Er fing an, die Tabletten zu nehmen, und die Stimmung wurde langsam wieder besser.

84

Robin brachte den Kerl mit, der ihm den Floh vom Pornodreh ins Ohr gesetzt hatte. Wir outeten uns gleich als Callboys. Auch er ging anschaffen. Vertraute Runde, keiner musste dem anderen irgendetwas erklären.

Natürlich wollten wir wissen, in welchem Film Chris, eigentlich Christian, mitgespielt hatte. Er hatte ihn »zufälligerweise« dabei. Ich fände das komisch, mit Bekannten eine Sexszene von mir in einem Film anzusehen, die anderen hatten damit weniger Probleme.

Es war ein ganz normaler Film, küssen, blasen, ficken in allen möglichen Variationen, das normale Programm. Keiner der Darsteller sah älter aus als achtzehn, die Käuferzielgruppe war klar. Chris erzählte vom Dreh. Es sei ganz lustig gewesen, aber auch anstrengend, weil er auf keinen Fall abspritzen durfte, wenn nicht gerade eine Kamera auf ihn gerichtet war. Neben der Filmkamera wurde noch mit Fotoapparaten gearbeitet. Alles wurde doppelt und dreifach ausgewertet.

Robin meinte, er hätte am meisten Angst, keinen hochzubekommen. Meine Bedenken, dass mich jemand erkennen könnte, teilte er überhaupt nicht, da würde sich immer eine Ausrede finden. Ja, das war Robin, einfach machen, warum jetzt über Probleme nachdenken, die vielleicht nie entstehen.

Chris zauberte aus seinem Rucksack eine Kamera. Ob Robin Lust hätte, einen privaten Film zu drehen? Ein Kunde von ihm würde jedem 200 Mark für eine Sexszene bezahlen, die nur er zu sehen bekam. Das war mal eine Geschwindigkeit. »Robin und ich treiben es und ihr filmt, okay?«, sagte Chris. Wir schauten uns fragend an, aber Robin meinte gleich: »Warum nicht, je länger wir nachdenken, umso weniger Spaß macht es.« Chris beruhigte auch noch: »Wir drehen es erst einmal, wenn es schlecht geworden ist oder wenn du dann doch Bedenken hast, können wir es immer noch löschen. Und wir haben auf jeden Fall unseren Spaß.« Aber nur im Bumszimmer und im Bad! Alles andere war uns zu privat, das ging keinen Fremden etwas an.

War das Arbeit. Es sollte ja auch gut werden. Wir stiegen auf Stühle, holten die Küchenleiter für besondere Perspektiven. Andreas hielt Robins Bein hoch, als er von Chris gefickt wurde. Stellungen, die ohne Hilfe nicht möglich waren, aber für die Detailaufnahmen gebraucht wurden. Natürlich sah man Andreas' Hand nicht. Geschnitten werden sollte der Film nicht. Es war gewünscht, dass es nicht professionell wirkte.

Nach vier Stunden hatten wir 45 Minuten Sex im Kasten. Wir bestellten beim Pizzaservice Essen. Nebenher kopierten wir den Film. Eine Kopie für uns, eine für Robin. Die Kopie für den Kunden wollte Chris später machen.

Der Wein zur Pizza lockerte die Stimmung. Robin griff mir immer wieder unters T-Shirt und kitzelte mich: »Jetzt seid ihr dran.« »Nee, ich will das nicht, hab's doch schon gesagt«, konterte ich. »Nicht zum Verkauf, jetzt zum Spaß, damit ihr was für die Enkel habt«, sagte Robin. Chris schloss sich an: »Ich hab noch eine neue Kassette, die nehmen wir, und ich lasse sie euch dann hier. Kein Risiko.« Andreas war gleich einverstanden.

Es dauert noch etwas, bis man mich überredet hatte, Chris machte nebenher schon die Kamera fertig, doch dann: Ich habe selten so viel Spaß gehabt. Das war der Megaorgasmus. Schon angeheizt durch die vier Stunden zuvor und jetzt noch vor einer Kamera.

85 Die ganze Filmerei war wohl deswegen so spannend, weil wir Chris eigentlich gar nicht kannten. Und Chris brachte Robin auch wirklich die versprochenen 200 Mark. Unser eigener Film landete in einer Schublade. Wir mochten ihn nicht sehen. Das Gefilmtwerden war geiler, als sich das Resultat anzuschauen.

Um eine Abwechslung in unser Leben zu bringen, die nichts mit Sex zu tun hatte, organisierten wir einen Kegelabend. Alle zwei Wochen, immer freitags. Daniel, Sara, Andreas, unser neuer Bekannter Chris und ich waren die Stammbesatzung. Robin kam, wann immer es ging, und brachte seine wechselnden Affären mit. Andrea, die Nachbarin, war dabei, wenn es ihre Termine zuließen.

Sie brachte auch ab und zu eine weibliche Kollegin mit. Man sollte jetzt denken, wir hätten beim Kegeln nur über Sex geredet, dass die Leute von den Nachbarbahnen dumm schauten. Nichts vom alledem. Wir waren spießiger als alle Spießer. Gut, ab und zu kam das Thema zur Sprache, aber nur dezent, nur wenn einem von uns etwas auf dem Herzen lag.

Es waren schöne Stunden, erst kegeln, dann was essen und danach noch ausgehen. An diesen Abenden hatten wir nie Kunden. Die Therapeutin war erfreut, als Andreas ihr von unserer neuen Größe im Leben berichtete. Auch unseren Kegelschwestern gefiel der Tag, Absagen wurden immer seltener. So Vereinsmeierei machten wir aber nicht. Wir kegelten einfach. Die Bahnmiete wurde durch die Zahl der anwesenden Personen geteilt. Mehr Verwaltungsaufwand gab es nicht.

Andrea brachte eine Kollegin mit. Man merkte, Patricia hatte Vorbehalte, sie war anfangs sehr reserviert. Aber Patricia kam wieder, sie fühlte sich richtig wohl bei uns. Die Tabledancerin wurde ein Teil unserer Stammbesatzung. Sie kegelte immer nur mit. Wenn wir zum Essen gingen, musste sie schon arbeiten. Eines Tages brachte sie einen Wimpel mit, jeder Kegelclub hätte so etwas. Er war blutrot, in der Mitte waren die drei rosa Buchstaben »HNK« zu sehen. Patricia hatte den Wimpel selber genäht. Es war ihr nicht entgangen, dass ich die »kleine Hafennutte« war, und so kam sie auf den Namen. »HNK« stand für Hamburger-Nutten-Kegeln. Selbstironie.

Wenn Kegler von den benachbarten Bahnen nachfragten, für was denn HNK stehen würde, sagten wir frech: »Das wissen nur Eingeweihte.« Da war es wieder, das so geliebte Doppelleben, das Spiel. Der HNK kegelte zwischen »Gut Holz« und »Alle Neune«.

Unser neues »Sowohl-als-auch-Leben«. Kegeln, aber mit den richtigen Leuten. Kein Sex, aber Seelenverwandte um uns herum.

86

Andreas hatte am Samstagnachmittag etwas mit Kollegen von der Uni geplant. Mir war langweilig, ich zog alleine los. Fast automatisch, ohne groß nachzudenken, ging ich nach St. Georg. Ein Bier trinken, Leute gucken. Ein Mann schaute den Jungs hinterher, er war auf der Suche nach Sex. Er lief immer vor mir, drehte sich auch ab und zu nach mir um. Ein blonder Boy kam uns entgegen, so um die zwanzig, und sprach den Mann an. »Suchst du jemanden?« Ich überholte die beiden und sah sie in Richtung Hotel verschwinden. Frechheit siegt.

Ein Glas Sekt, eine Bestellung aufnehmen, ein Glas Sekt, einen Aschenbecher ausleeren, ein Glas Sekt, einen Jungen begrüßen, ein Glas Sekt und so weiter und so weiter. Der Wirt schien trotz seiner Sekt- und Arbeitsteilung noch nüchtern. Er kümmerte sich um alle, die hereinkamen, fast mütterlich. So kannte man ihn. An der Bar saßen zwei aufgedrehte Stricher, schon betrunken. In einer Ecke nippten zwei ältere Männer an ihrem Bier, sie wirkten schüchtern, unsicher und ein bisschen unbeholfen.

Ich setzte mich an die Bar, bestellte etwas und hörte der Stimmungsmusik zu, deutsche Schlager zum Mitsingen. Die beiden Stricher verwickelten mich sofort in ein Gespräch. Einer kam zu mir und griff mir in den Schritt. »Na, nichts los, Kleiner, tote Hose?«, sagte er, seine Hand immer noch zwischen meinen Beinen. Ich hätte mich wehren können, tat es aber nicht. Er schob mir mein T-Shirt hoch und leckte mir über die Brustwarzen, dann ging er wieder zu seinem Platz und rief durch den ganzen Laden: »Ficken heute im Sonderangebot, eins achtzig, ihr Fotzen.«

Zwei weitere ältere Herren kamen rein. Der aufgedrehte Typ ging gleich hinüber: »Na, ihr Süßen, ein Blowjob gefällig?« Die beiden ließen ihn abblitzen und sprachen mich an. Sie kamen aus Köln, waren übers Wochenende in Hamburg. Ob ich Lust hätte, mitzukommen? Aber ich wollte einfach nur Leute beobachten.

Ein wenig später kam der blonde Boy von der Straße herein, der, der den Mann angesprochen hatte. Kaum im Laden, zog er sich sein T-Shirt aus. »Wow«, dachte ich mir. »Nicht zu viel, nicht zu wenig, geiler Body, mit dem würde ich auch mal.« Er ging direkt zu dem Mann, der eben noch mit mir gesprochen hatte. Keine fünf Minuten später verschwand er mit ihm. Der hatte wirklich einen Riecher für Kunden, Vollprofi.

87 Ich zog weiter, lief den Steindamm hoch. Eine Nutte sprach mich an. »Lust?« Ich lächelte nur. Ein paar Meter weiter aß eine andere Prostituierte einen Apfel. Touristen mit Koffern suchten ihr Hotel und schauten verstohlen in die Sexshops. Ein, zwei bekannte Gesichter, Jungs, Kunden; etwas gelangweilt, aber auch relaxed blieb ich stehen und beobachtete das Treiben.

In einem Sexshop löste ich eine Karte für das Pornokino und verschwand in den dunklen Räumen. Es war nicht viel los, ein paar Gestalten und ich. Obwohl ich zu verstehen gab, dass ich kein Interesse hatte, verfolgte mich ein älterer Mann. Es nervte, ich schloss mich in eine Videokabine ein und blieb ein paar Minuten in der Hoffnung, mein Verehrer wäre weg.

Aber nein. Als ich aus der Kabine kam, war der Typ immer noch da. Er blieb an mir kleben, bis mich jemand anquatschte. Der blonde Junge ohne T-Shirt von vorhin. Er zog mich in eine Videokabine, drückte mich auf den Sitz, kniete sich vor mich hin und machte sich an meiner Hose zu schaffen.

Später standen wir zusammen auf der Straße vor dem Kino. »Willst du auch was?« »Was denn?« Drogen, Chemies, Pillen. Der Boy hielt sich mit Pillen wach, hatte sein Hirn ausgeschaltet. Was die Leute auf der Straße wohl über uns dachten?

Mein Begleiter schaute jedem Mann, der an uns vorbeiflanierte, tief in die Augen, blickte der Angestarrte etwas länger als normal zurück, fragte er ihn gleich: »Suchst du jemanden?« Ich war neugierig.

»Wie viele Freier machst du so?«

»Mal keinen, mal drei oder vier am Tag.«

»Und jedes Mal spritzt du ab?«

»Eigentlich nie, auch wenn es der Freier am Anfang wünscht. Sind doch fast alles Fremde, die ich nie wiedersehe. Und sobald die ihren Druck los sind, suchen sie das Weite. Obwohl, gestern hatte ich einen, der hat mich nach der Nummer noch einmal gesucht. Der bekam plötzlich Panik, wollte wissen, ob ich gesund bin. Der ist stundenlang hier herumgezogen, um mich das zu fragen.«

Ja, das kannte ich, nach dem Sex schaltete sich eine Art Gewissen ein. Plötzlich wurde ich dann gefragt, ob ich regelmäßig HIV-Tests machte oder schon mal eine Geschlechtskrankheit gehabt hatte. Dass ich noch nie krank gewesen war, beruhigte viele. Obwohl das Schwachsinn war. Reiner Selbstbetrug.

Wie der eine Kunde, der mein Sperma von meinem Bauch geleckt hatte und danach noch öfter anrief, um sich immer wieder zu vergewissern, ob ich gesund sei. Woher sollte er wissen, ob ich die Wahrheit sagte? Warum hatte er sich vor dem Sex keine Gedanken darüber gemacht? Im Zweifel siegt die Geilheit über die Vernunft, vermutlich ein Urtrieb.

88 »Suchst du jemanden?« hatte Erfolg, er verschwand mit einem Mann in einem Hotel nebenan. Aktiv um Kunden werben lohnte sich. Gut, er sah auch verdammt sexy aus, und das sonnige Wetter trieb viele Leute auf die Straße, aber ohne seine Akquise hätte er nie so viele Freier gehabt.

Ich kehrte zurück in die Kneipe und bestellte mir wieder ein Bier. Die Stimmung war gut, nur die beiden älteren Männer saßen immer noch etwas verklemmt am Rande. Alle anderen kannten sich offensichtlich irgendwie. Es wurden Witze gerissen und der Alkohol floss in Strömen. Ich war sofort mitten drin. Nicht alle waren wegen Sex hier. Es gab auch Männer aus der Gegend, die einfach auf ein Bier vorbeikamen. Und der Wirt sorgte dafür, dass sich keiner einsam fühlen musste, solange er hier war. Die große Rotlichtfamilie, alle Generationen, Stricher wie Kunden, redeten miteinander. In welcher normalen Kneipe gibt es das schon?

Nach kurzer Zeit hatte ich genug von dieser Karnevalsstimmung mit Familienanschluss, ich wollte nach Hause. Einer der stillen Männer, die am Rande saßen, verließ mit mir den Laden. »Suchst du was Bestimmtes?«, fragte ich. Das Spiel, das ich vorhin beobachtet hatte, reizte mich plötzlich. Mein Desinteresse an Sex war wie verflogen.

Und er suchte was Bestimmtes, er war impotent, wollte mich nur streicheln, mich verwöhnen, mir einen blasen. Ich lag im Hotelzimmer, nackt auf dem Bett, wurde massiert und bekam noch Geld dafür. Mein Kunde erzählte, wie einsam er wegen der Impotenz sei, niemanden würde er kennen. Ich fragte mich, was Impotenz mit Einsamkeit zu tun hatte. Für Freundschaften war es doch nicht wichtig, ob man einen hochbekam oder nicht. Vermutlich schob er das Problem nur vor, um sich selbst bemitleiden zu können. So musste er nie das Wagnis eingehen, sich anderen zu öffnen.

Der Mann tat mir nicht einmal leid, so durchschaubar war es, dass er seine Einsamkeit freiwillig gewählt hatte und seinen schlappen Schwanz nur vorschob. Warum suchte er sich keinen Therapeuten?

Persönliches von Kunden traf mich selten. Ich hatte zwei Gehirne, ein privates und ein geschäftliches. Das geschäftliche Hirn war auf Aufpassen, Kontrollieren, Neugier und Sex programmiert. Was Kunden mir erzählten und nicht mit ihren Sexwünschen zu tun hatte, hörte ich zwar, nahm es aber nicht wirklich wahr. So wie es einen Notarzt nicht immer runterzieht, wenn er einen Verletzten sieht.

89

Andreas war überfällig, er war nicht zu Hause, ich machte mir Sorgen. Dauerte das Treffen mit den Studienkollegen länger? Am nächsten Morgen rief ich einen seiner Kommilitonen an, um zu fragen, ob er was wüsste. Ich erfuhr nur, dass es kein Treffen gegeben hatte.

Ich war sauer. Ein anderer Typ? Unsere Beziehung am Ende? Warum nur? Ich klingelte bei unserer Nachbarin, erzählte ihr alles. Sie beruhigte mich. Seine Eltern riefen wir nicht an, wir wollten sie nicht nervös machen. Andrea erkundigte sich bei der Polizei. Es war kein Unbekannter gefunden worden. Das war nicht Andreas, er blieb nicht einfach weg. Ich telefonierte mit Robin auf Sylt, Daniel, Sara, wir riefen alle an, die wir kannten, keine Spur von Andreas.

Es wurde früher Abend, lange Stunden am Rande des Wahnsinns. Ich bewachte das Telefon, hatte Angst, mich auch nur einen Schritt zu entfernen. Ein Anruf. Mein Herz schlug schneller. Nur ein Bekannter, ich wimmelte ihn ab.

Es klingelte. »Mum« riss ihre Wohnungstür auf und rief laut: »Andreas!?«

Meine Eltern. Jetzt wusste ich, hier stimmte was nicht. Noch im Treppenhaus sagten sie mir die Wahrheit. Mein Schnuffel war tot. Selbstmord in einem Hotel mit Blick auf den Hafen. Der Zimmerservice hatte ihn gefunden.

90 Da stand ich nun im Treppenhaus. Schreien? Weinen? Nichts, keine Regung, endlose grausame Stille. Das Nuttentelefon klingelte, Andrea schob sich in unsere Wohnung und ließ es verschwinden. Sie warf auch einen Blick ins Bumszimmer, wie sie mir später sagte, um zu schauen, ob uns irgendetwas verriet. Ein Outing als Callboy hätte jetzt gerade noch gefehlt.

Und ich stand immer noch im Treppenhaus, wie aus Stein, wie gestorben. Mein Vater fasste mich am Arm.

»Können wir was tun?«

»Ich will zum Hotel.«

»Ob das eine gute Idee ist?«

»Ich glaube nicht, dass es in diesem Moment überhaupt gute Ideen gibt«, meinte Andrea. Sie hakte mich unter und führte mich zum Taxi. Wir fuhren runter zum Hafen. Ich sagte dem Portier, wer ich sei, ein Hotelangestellter brachte uns nach oben. Das Zimmer war offen, auf dem Gang standen zwei neue Matratzen. Es waren Leute da, Polizei. Andrea stellte uns vor. Dann warf ich einen Blick in den Raum, ein Doppelzimmer mit kleiner Sitzgruppe. Durch die Fenster sah man auf den Hafen. Ich könnte noch heute das Zimmer aus meinem Gedächtnis nachbauen. Es war beklemmend.

Noch immer keine Regung, keine Traurigkeit, kein Gefühl. Wieder zu Hause sagte Andrea ihre Termine für den Abend ab, im Gegensatz zu mir war sie außer sich. Meine Eltern hatten sich Kaffee gemacht und saßen in der Küche. Es war nett, dass sie gekommen waren, aber sie störten mich auch irgendwie. Mein Vater sagte, sie müssten nach Hause und würden mich gerne mitnehmen. Das war das Allerletzte, was ich jetzt brauchte, die Enge vom Dorf, die Fragen der Nachbarn. Aber meine Eltern wollten mich nicht alleine lassen. Erst als ich Daniel und Sara erreichte und sie anboten, zu mir zu kommen, waren sie beruhigt. Auch Robin rief an. Als er hörte, was los war, sagte er nur: »Bleib, wo du bist, ich komme.«

So fuhren die Eltern zurück ins Dorf, meine Mutter rief danach drei Mal am Tag an, um zu hören, wie es mir ging.

Den Abend verbrachte ich mit Andrea, Daniel und Sara in der Stricherkneipe vom Vortag. Wir alle mussten raus, und hier stellte uns garantiert keiner dumme Fragen. Hier fielen wir nicht auf, hier waren ja irgendwie alle komisch drauf. Wir saßen zu viert abseits der Theke und redeten über Andreas. Traurig war ich immer noch nicht, ich stand unter Schock.

Irgendwann schlichen wir nach Hause. Andrea verschwand in ihrer Wohnung, Daniel und Sara gingen schlafen. Ich konnte mich nicht hinlegen, der Gedanke an den Arm auf meinem Bauch, der jetzt nie mehr da liegen würde, brachte mich fast um den Verstand. Dann heulte ich los. Ich weinte Stunden, bis ich erschöpft auf dem Sofa im Wohnzimmer zusammenklappte.

Als ich aufwachte, stand Robin in der Tür, Sara und Daniel waren schon weg. Robin nahm mich in den Arm. »Soll ich bei dir bleiben?« Mir war alles egal.

Robin blieb, schob mich unter die Dusche, sorgte dafür, dass ich etwas aß, ging ans Telefon, wenn es klingelte, und holte die Post aus dem Kasten. Vier Briefe, ich kannte die Schrift: Andreas. Vier Briefe, in allen vieren stand dasselbe. Ich sollte in die oberste Schublade seiner Kommode schauen. Er musste Angst gehabt haben, dass ein Brief alleine verloren ging.

91

In der Schublade fand ich einen Geschenkkarton mit meinem Namen darauf. Makaber, aber auch unauffällig. Hätte ich vermutet, Andreas würde sich umbringen wollen, wenn ich durch Zufall einen Geschenkkarton fand? Wohl kaum.

Es konnte also keine Kurzschlusshandlung gewesen sein. Warum hatte ich dann nichts gemerkt? Wahrscheinlich hatte ich es gemerkt und schob es seinen Depressionen zu. Und Andreas war intelligent, er konnte mir was vorspielen. Ich wünschte so, er wäre dumm gewesen.

Mit zitternden Händen öffnete ich die Schachtel. Obenauf lag die Karte, die ich ihm mal von den Landungsbrücken geschickt hatte. »Ich schwöre bei dieser Möhre, dass ich dir gehöre«, sagte das Häschen mit der Möhre in den Pfoten auf rosa Hintergrund. Ich drehte die Karte um. Unter meinen Namen hatte er seinen geschrieben und dazu: »Verzeih mir bitte.«

In einem kleinen Umschlag fand ich das Armband, seinen »Ehering«, den ich ihm auf Sylt geschenkt hatte. Ich zog es mir gleich an. An der linken Hand meine Uhr, an der rechten sein Armband. Auf dem Boden der Schachtel lag ein Brief, sein Abschiedsbrief. Die Depressionen waren immer stärker geworden, er sah keinen Sinn mehr darin, und die im Krankenhaus konnten ihm sowieso nicht helfen. Er wollte niemandem mehr zur Last fallen und hätte keine Lust auf ein Leben im Dunkeln, immer nur kämpfend. Bei seinem Aufenthalt in der Psychiatrie, nach dem ersten Zusammenbruch, hatte er einen Patienten kennengelernt, den man dort nur »Giftmischer« nannte. Der Giftmischer kannte sich aus mit allen legalen und illegalen Substanzen, er war die lebende Rote Liste, Arzt, Chemiker und Apotheker in einer Person. Selbst die Ärzte dort fragten ihn ab und zu um Rat. Und dieser Giftmischer sagte ihm, wie man sich richtig umbringen kann, ohne groß zu leiden. Meine Faust flog gegen die Wand. Toll, und ich hatte ihn auch noch in dieses verdammte Krankenhaus gebracht! Zum Schluss dankte er mir für all meine Liebe und unser schönes, gemeinsames Leben:

»Verzeih mir, mein Prinz.«

Einen Moment war ich erleichtert. Ich hatte zumindest eine erste Antwort auf die Frage: »Warum?« Wie eine neue Jeans zeigte ich Robin die Schachtel und den Inhalt, ich war plötzlich ganz klar, ganz ruhig. Im Postskriptum stand, seine Eltern hätten einen ähnlichen Brief bekommen, und er wolle, dass alles, was ihm gehörte, jetzt mir gehöre. Das klang sehr durchdacht. Deswegen war auch so schnell klar gewesen, dass es Selbstmord war und kein Verbrechen. Der Brief an die Eltern lag bestimmt im

Hotel. »Und? Willst du sie anrufen?« Nie im Leben! Die würden sowieso nur fragen, warum ich nichts getan hatte. Da kamen sie wieder, die Tränen, und sie hörten gar nicht mehr auf.

92 Mein Chef rief an, ich wurde vermisst. Vor lauter Chaos hatte ich die Arbeit vergessen. Ich erzählte von einem Trauerfall in der Familie. Wir einigten uns auf eine Woche Urlaub.

Tagsüber ging es mir erstaunlich gut, aber immer wenn es dunkel wurde, wurde es auch in meiner Seele dunkel. Ich schlief im Wohnzimmer, in meinem Bett hielt ich es nicht aus. Die Beerdigung überlebte ich wider Erwarten auch. Die Leute im Dorf wunderten sich schon, warum ich so fertig war. Sie wunderten sich auch über meine Begleiter, Andrea, viel älter, Robin, etwas tuntig, nur Daniel und Sara gingen als normal durch. Das reichte für Gesprächsstoff bis zum nächsten unehelichen Kind in der Nachbarschaft. Auch dass Andreas' Eltern für unsere Truppe die erste Bank in der Kirche reserviert hatten, sorgte für Aufregung, wir waren doch keine Familienmitglieder. Nicht nur diese Geste zeigte mir, zeigte uns, sie hatten verstanden, sie respektierten seine Lebensform.

Ich blieb in unserer Wohnung in Hamburg, die Wohnung auf Sylt legten die Eltern mit ihrer darunterliegenden zusammen. Das Testament, in dem mein Andreas mich begünstigte, verschwiegen wir. So erbten sie die Hamburger Wohnung, zumindest auf dem Papier, und verkauften sie dann für einen symbolischen Preis an mich. Die Grunderwerbssteuer war niedriger als die Erbschaftssteuer, die ich hätte bezahlen müssen. Ein Rechtsanwalt kümmerte sich um alles, verhandelte mit den Behörden.

Da stand ich nun, mit eigener Wohnung, zweiundzwanzig Jahre alt und verwitwet. In der Küche, direkt neben der Kaffeemaschine, hängte ich eine gerahmte Geburtstagskarte an die Wand, die Andreas mir mal geschenkt hatte: »Egal wie viele

Minuten, Stunden, Tage, Wochen, Monate oder Jahre wir noch zusammenbleiben, ich bin glücklich über jede Sekunde mit dir.« Ich war stinksauer und traurig zugleich. Aus und vorbei.

93 Robin war wieder auf Sylt und ich alleine in der großen Bude. Die täglichen Pflichten hielten mich über Wasser. Ich traf Andreas' Psychotante, auch sie hatte große Probleme mit seinem Tod. Sie hatte nichts bemerkt. Das half mir. Wenn ein Profi schon nichts feststellte, wie dann ich?

Es wäre schlimmer gewesen, Andreas hätte mich wegen eines anderen verlassen. Ein bescheuerter Gedanke, doch er half. Ich räumte die Wohnung um, strich mein Schlafzimmer neu, das tat gut. Jetzt konnte ich auch wieder darin schlafen. Andreas' Zimmer blieb so, wie es war. Hier lag seine Wäsche, immer noch ungewaschen. Hier zog ich mich zurück, um zu heulen. Eine Flasche Wein, Musik und ein T-Shirt von Andreas im Arm. Da ging schon eine Großpackung Tempos am Abend drauf. Aber wenn ich dann wieder herauskam, ging es mir besser.

Und irgendwann, ich weiß nicht, nach wie vielen quälenden Momenten, in denen ich mich fragte, ob ich Andreas' Tod hätte verhindern können, kam Robin und wir renovierten das Bumszimmer. Ich steckte das Nuttentelefon wieder in die Dose, das Leben hatte mich zurück. Trauer ist okay, ich vermisste Andreas ohne Ende, aber sie darf einen nicht beherrschen. Unter diesem Motto ging es irgendwie weiter. Meine ersten Kunden hatte ich nur außerhalb der Wohnung. Auch änderte ich die Nummer des Nuttentelefons, zu viele riefen an und fragten nach Andreas. Robin machte neue Fotos von mir, für eine neue Anzeige. Nackter Oberkörper und meine Hand in die halb offene Jeans gesteckt. Nach Andreas' Tod wurde vieles anders.

Ich hatte plötzlich Zeit, unendlich viel Zeit, erst jetzt merkte ich, wie selbstverständlich alles gewesen war. Ein Essen zu zweit dauerte oft ewig, den Hunger alleine stillen manchmal nur

Minuten. Und wie nutzte ich diese Zeit, um nicht in einem tiefen Loch zu versinken? Richtig, mit Anschaffen.

Trauerarbeit ist »Beine breit«, ich lachte über mich selber. Der erste Kunde, der auf der neuen Telefonnummer anrief, war ein Tourist. Ich besuchte ihn in seinem Hotel – und zog eine Unterhose von Andreas an. Nichts Besonderes, er wollte mich nur ficken, nach einer halben Stunde war alles vorbei. Aber trotzdem war es für mich außergewöhnlich. Ab jetzt trug ich immer ein Kleidungsstück von Andreas, wenn ich Geld verdiente.

Zu Hause fehlte jemand, um über das Erlebte zu reden, so stieg die Telefonrechnung. Robin kam oft nach Hamburg, brachte immer wieder Chris mit, den Christian, der schon einmal in einem Porno mitgemacht hatte. Nach Sylt fuhr ich nur selten, Sylt ohne Andreas zerriss mir das Herz.

Meine Mutter hielt mich auf dem Laufenden. Das halbe Dorf rätselte über mich und Andreas; da keiner wagte, Andreas' Eltern in ihrer Trauer anzusprechen, standen meine Eltern plötzlich im Mittelpunkt. Warum der etwas tuntige Robin? Warum die doppelt so alte Andrea? Jemand hatte uns auch gesehen, wie Robin und ich Arm in Arm nach der Beerdigung über die Felder liefen.

Andreas' Eltern zogen ganz nach Sylt. Sie verließen das Dorf, der Vater gab die Stellung in seinem alten Unternehmen auf. Auf das Grab wurde eine schwarze Granitplatte gelegt. Nur der Vorname »Andreas«, kein Nachname, kein Geburtsdatum, kein Todestag, ganz schlicht. Schon wieder ein Skandal im Dorf. Man munkelte, die Eltern seien zu faul, das Grab zu pflegen, oder zu geizig, den Gärtner zu bezahlen.

Aber genau das war Andreas, eine schwarze Platte, sein Name, schlicht und schön und trotzdem außergewöhnlich. Meine Mutter sorgte dafür, dass immer eine rote Rose auf dem schwarzen Granit lag. Sie war es auch, die den Klatschweibern im Dorf sagte, dass mein Schnuffel sehr krank gewesen war und ich trotzdem zu ihm gestanden hätte. Und dass alle Kinder der Tratschbasen sich daran messen sollten, anstatt ihren Golf tieferzulegen. Und überhaupt, wir seien ein schwules Paar gewesen und sie sei stolz darauf. Meine Mutter war ab diesem Moment unantastbar. Sie wurde ohne Wahl zur Dorfältesten. Heimlich wurde sie um Rat gefragt. Eine Frau mit so viel Rückgrat musste Ahnung haben. Dabei war sie einfach nur sauer und hilflos – und wollte ihrem Sohn den Rücken stärken, als er weinend am Grab stand.

94

Chris hatte drei Vorteile, er lebte auch in Hamburg, er war auch Callboy, gemeinsame Erinnerungen mit Andreas gab es so gut wie keine. Und Chris war spontan und frech. Wenn ich wieder einmal zu Hause in meiner Traurigkeit versank, klingelte er einfach und zog mich wortwörtlich aus der Wohnung. Einkaufsbummel, Disco, Café, je nach Lust und Tageszeit.

Wenn ich es alleine nicht aushielt, schlief ich bei ihm, aber nicht mit ihm. Er wohnte in St. Pauli, was praktisch war, wenn wir dort nachts ausgingen. Chris war immer pleite, so mussten wir auf unseren Streifzügen oft einen Stopp in einer Stricherkneipe einlegen, weil er Geld brauchte. Mal ging es schnell, mal dauerte unser Zwangsaufenthalt den ganzen Abend, weil einfach nichts lief.

Chris war der Typ, der in der Disco sofort sein T-Shirt auszog. Er freute sich immer auf den Sommer, weil er dann in sexy Klamotten herumlaufen konnte. Ein T-Shirt kürzte er schon einmal um ein paar Zentimeter, sodass man immer etwas Haut zwischen Hosenbund und Oberteil sah. Er saß dann geduldig in seiner Wohnung und nähte alles per Hand. Der Mann war verliebt in sich und seinen Körper, und um ihn in Form zu halten, ging er schwimmen. Chris lästerte immer über Bierbäuche, weil die ja irgendwo herkommen mussten. Sagte so ein Bierbauch zu Chris, wie geil er doch aussehen würde, kam meist: »Das könntest du auch, wenn du etwas auf dich achten würdest. Du bist bestimmt nicht mit dem Ding auf die Welt gekommen.« Dabei klopfte er mit seinen Fingern auf den Bauch des Gegenübers.

Chris hatte wenige Stammkunden, dafür war er einfach zu unorganisiert, zu chaotisch. Aber einer kam regelmäßig, und der sah dazu noch gut aus, nur: Er hatte ein Problem, sein Schwanz war zu groß. Ja, das gibt es auch, die meisten leiden unter zu kleinen Schwänzen, er hatte einen zu großen. Den Hammer bekam man nicht mal in den Mund. Und dieser Kunde war aktiv, wollte also andere ficken. Chris machte da mit. Wenn der Kunde weg war, sagte er immer: »Ein Zitronensitzbad, damit sich alles wieder zusammenzieht, und trotzdem kann ich drei Tage nur breitbeinig laufen.« Bevor der Kunde kam, nahm Chris eine Pille zum Entspannen.

Einen anderen Kunden überredete Chris zu einer Schönheitsoperation. Der Junge hatte nur einen Hoden und daher Komplexe ohne Ende. Dass es inzwischen gute Implantate gab, wusste er einfach nicht. Chris ging mit dem Kunden sogar zum Arzt, weil er sich alleine nicht traute. So verlor er zwar einen Kunden, machte damit aber einen Menschen glücklich. Der Typ war noch jung, wir sahen ihn ab und zu in einer Disco, selbstbewusst und stolz.

95 Ich kochte. Chris saß in meiner Küche und nähte mal wieder. Aus zwei mach eins. Die Arme des einen Shirts und der Body des anderen. Er würde bestimmt danach gefragt werden, wo er es her hatte. Chris hatte in solchen Dingen wirklich Talent. Einfach das Billigste vom Billigen auf einem Wühltisch suchen und verändern.

Andrea, die Nachbarin, kam auch zum Essen. Das machten wir jetzt oft so, einer kochte und klingelte, wenn das Essen fertig war. Keine große Sache, nur so ein Stündchen zusammen essen. Und ich war nicht so alleine. Chris führte sein neues, halb fertiges Teil vor. Nach dem Essen klingelte das Nuttentelefon. Ein Kunde wollte mich besuchen. Das hatte ich nach dem Tod von Andreas noch nicht gemacht, ein Kunde im Bumszimmer. Sollte ich? Ja. Er würde gleich vorbeikommen, noch ein Fick, bevor sein Zug fuhr.

Chris blieb, so fühlte ich mich sicherer. Ich duschte, zog eine Jeans von Andreas an und überlegte gerade, welches Oberteil ich anziehen sollte, da kam Chris und schenkte mir sein neues Werk. Sah sexy aus, die Jeans, das kurze, halb fertige Shirt, etwas Haut, ein paar Härchen vom Bauchnabel abwärts. Ich bedankte mich mit einem Kuss auf die Wange. Chris meinte nur, er würde aus den Resten ein spiegelverkehrtes Shirt für sich nähen, und verzog sich in die Küche.

Der Kunde kam. Ein Mann, der panische Angst vor Krankheiten hatte. Von wegen ein Fick, bevor der Zug fährt. Dass ich mir Handschuhe beim Wichsen überziehen musste, fehlte gerade noch. Jedenfalls wollte er nur Handbetrieb. Leicht verdientes Geld. Obwohl ich wette, die Hälfte des Lohns ging für das Wasser drauf, das er danach bei mir zum Händewaschen brauchte. Und die Handtücher? Waren die auch bestimmt mit 60 Grad gewaschen? Meine Güte. Der Typ war richtig entsetzt, als ich kein Desinfektionsmittel speziell für Hände im Haus hatte. Den würde ich nie wiedersehen. Für den waren meine Wohnung und ich von Bazillen verseucht.

Ich ging in die Küche zu Chris, erzählte alles, wir lachten uns tot. An der Haustür klingelte es. Wollte der Neurotiker noch Abstriche im Bumszimmer nehmen? Nein, es war Andrea, sie wuchtete einen schweren Koffer auf den Küchentisch und öffnete ihn: eine Nähmaschine. »Die steht bei mir nur herum, wenn du sie benutzen willst, Chris, kein Problem.« Chris strahlte. Andrea und Chris bauten alles auf, auch eine Schachtel mit verschiedenen Fäden kam zum Vorschein. Das zweite Shirt war auf der Maschine in Windeseile fertig. Andrea schleppte gleich eine Hose an, die gekürzt werden musste, auch das war kein Problem. Ich staunte.

Wir witzelten rum und wollten ein Modelabel aufmachen: Stricherware, Nutten-Clothing, Schlampenpulli, Fick-Couture ... Wir öffneten eine Flasche Sekt und stießen auf den schönen Abend an. Danach machten wir uns ausgehfertig, die neuen Shirts mussten unters Volk.

96 »Sowohl als auch« hing immer noch am Kühlschrank. Der Spruch half mir. Ich musste kein schlechtes Gewissen haben, wenn mir das Leben wenigstens manchmal wieder Spaß machte. Trotzdem vermisste ich Andreas wahnsinnig. Sylt, die Currywurstbude, unsere Alster-Runde, *Living in another world* von Talk Talk im Radio, alles Erinnerung, alles schmerzte. Oder sein Lieblingswein. Ich musste nur die Flaschen im Regal sehen und hätte heulen können. Ab und zu holte ich mir so eine Flasche und zog mich in sein Zimmer zurück. Es verging kein Tag, an dem ich nicht an meinen Schnuffel dachte. Was würde er zu der neuen Hose sagen? Würde sie ihm gefallen? Eher nein? Dann blieb die Hose im Geschäft. Noch heute trage ich nur Sneaker von Adidas, Andreas' Lieblingsschuhe. Alleine einschlafen aber war am schlimmsten, ich vermisste noch lange den Arm auf meinem Bauch.

Das HNK, das Hamburger-Nutten-Kegeln, stand an. Robin kam aus Sylt und brachte eine Einladung von Andreas' Eltern mit. Sie würden sich freuen, mich auf der Insel zu sehen, und schlugen das kommende Wochenende vor. Ich gab Robin eine kurze Antwort mit, in der ich zusagte und meine Ankunftszeit mitteilte. Vor einem Telefonat hatten wohl beide Angst.

Die ganze Woche war ich aufgeregt. Um mich abzulenken, sagte ich fast jedem Anrufer ein Date zu. Der Freitag war gekommen, ich saß im Zug nach Sylt und zersprang beinahe. Die drei Stunden Fahrt wollten nicht enden. Aber ich hatte auch Angst davor, dass sie endeten, denn dann würde ich meinen Schwiegereltern gegenüberstehen. Was würde passieren?

Der Zug fuhr in Westerland ein. Ich stolperte, fiel beinahe die Stufen aus dem Zug herunter, so aufgeregt war ich. Am Ende des Bahnsteigs standen sie. Zum Glück hatten sie Robin mitgebracht. Ich war erleichtert, die Schwere des Treffens war mir genommen. Wir umarmten uns alle. Andreas' Mutter kullerten ein paar Tränen aus den Augen.

Der Vater schlug vor, meine Tasche zu Hause abzuliefern und

dann in einer Bar am Strand etwas zu trinken. Robin und ich machten uns zu Fuß auf, die beiden wollten das Auto abstellen und nachkommen. Mir zitterten die Beine, auf dem Weg zum Wasser trank ich ein Glas Wein bei Gosch. Der Strand ohne Andreas? Wir trafen uns und bestellten wieder Wein. Danach wollten wir gemeinsam essen gehen. Robin war auch eingeladen. Er war für uns alle die Beruhigungstablette, ein Filter für zu starke Gefühle. Robin sagte zu, musste aber zuvor noch eine Stunde etwas erledigen.

Da standen wir nun, für eine Stunde zu dritt. Small Talk. Das Wetter, die Insel, Hamburg, was die Wohnung so macht, wie es Andrea geht. Als Robin wieder da war, kam endlich das Gespräch auf Andreas. Und es war schön, kein Drama, keine übermäßigen Gefühle. Wir verließen das Restaurant und spazierten nach Hause. Mir wurde das Haus gezeigt, die zwei zusammengelegten Wohnungen. Unsere beiden Schlafzimmer unterm Dach waren noch genauso, wie wir sie eingerichtet hatten. Ich bezog unser altes Zimmer. An Schlafen war jetzt nicht zu denken. Ich fragte Andreas' Eltern nach einem Hausschlüssel und ob es unsere Fahrräder noch gab. Es gab sie und ich fuhr alleine zum nächtlichen Strand.

Am Wasser angekommen, musste ich losheulen, die Spannung der letzten Woche fiel von mir ab. Nach einer halben Stunde fing ich mich halbwegs. Ich schaute aufs Wasser und flüsterte: »Ich vermisse dich.« Dann drehte ich mich um und ging in unsere Lieblingskneipe. Robin war schon da, er hatte sich wohl gedacht, dass ich noch kommen würde. Und ja. Es wurde ein lustiger Abend mit viel zu viel Bier.

Als Andreas' Eltern mich am Sonntag zum Zug brachten, war ein schönes Wochenende vorbei. Ja, es war schön gewesen. Andreas war tot, daran konnte keiner mehr etwas ändern. Wir redeten viel über ihn und das tat gut. Vor allem hatten wir jetzt keine Angst mehr vor einer Begegnung. Ich saß im Zug und trank zwei Piccolos, einen für mich und einen für Andreas.

97 In Hamburg angekommen, wollte ich nicht alleine in unserer, na ja in meiner Wohnung sein. Ich warf die Tasche in eine Ecke und zog los. Eigentlich wollte ich in eine Stricherkneipe. Auf dem Weg dorthin bog ich aber ab und besuchte eine normale schwule Bar. Wie immer, wenn ich alleine in einen normalen Laden ging, verkrümelte ich mich mit einem Getränk in eine Ecke und beobachtete die Leute. Ich dachte an das Wochenende, an Andreas' Eltern, die zusammengelegten Wohnungen, an Robin, ich ließ alles Revue passieren, ich verdaute.

Ich hätte beinahe nicht bemerkt, dass mich ein Typ ansprach, sichtlich nervös: »Hallo, weiß auch nicht, was man so sagt, wenn man hier jemanden kennenlernen will?« »Hallo ist schon mal nicht schlecht«, antwortete ich unbeholfen. Er hieß Roven und kam aus Windhoek, Namibia, es war seine letzte Nacht in Hamburg und er gefiel mir. Besonders gefiel mir, dass er nur noch wenige Stunden hier war. Ich nahm Roven mit nach Hause. Es wurde eine schöne Nacht, ich schlief mal wieder in den Armen eines Mannes ein.

Roven saß morgens in meiner Küche und trank Kaffee. Ich sah ihn an und war froh, er fuhr weit weg. Keine Gefahr, sich zu verlieben. Keine Gefahr, das Gefühlsleben zu überlasten. Für eine neue Liebe war es zu früh, die gemeinsame Nacht tat aber gut. Ich merkte, ich konnte es noch. Es war Platz für andere Männer, nicht für eine Stunde gegen Geld, sondern ganz privat.

Was sagte Sara? Wenn Daniel sterben würde, würde sie bis an ihr Lebensende trauern. Nicht wegen der Trauer, sondern weil es praktisch sei. Nie wieder das Risiko einer neuen Liebe. Alle würden sie verstehen, vielleicht sogar bemitleiden. Sie könnte sich immer sagen, wenn Daniel noch hier lebte, wäre alles gut. In Gedanken führte sie dann die perfekte Beziehung mit dem ewig jungen Daniel.

Nach dieser Nacht, nach diesem Wochenende wusste ich, das Leben ging weiter. Saras Theorie war nichts für mich. Nicht heute und nicht morgen, aber ich würde mich neu verlieben, irgendwann, wenn Platz für eine neue Liebe war.

Kaum war Roven weg, rief Chris an, er wollte Andreas Nähmaschine benutzen. Ich hatte nichts dagegen. Und als er in der Tür stand, freute er sich. Das erste Mal nach einer sehr langen Zeit sah er mich wieder strahlen. So richtig von Herzen und nicht gespielt.

98

Andreas' Zimmer sah immer noch so aus wie früher. Fast, es versank im Staub. Außer seinen Klamotten hatte ich nichts angerührt, Aufräumen war angesagt. Das Erste war sein Rucksack. Ein alter Schokoriegel, Kondome, Gleitgel, Uniunterlagen, ein gebrauchtes Tempo, ich holte einen Müllsack, es gab bestimmt einiges, das weg musste.

Was sollte ich mit den Unisachen machen? Ich war in Fahrt, hatte vorher nie gedacht, dass ich die Energie und den Mut aufbringen würde, das Zimmer zu entrümpeln. Und jetzt ging es plötzlich. Seinen Ausbildungskrempel stapelte ich im Wohnzimmer. Ich blätterte grob den Ordner durch, den ich aus dem Rucksack holte, und war überrascht. Da waren Papiere, die bestimmt nichts mit dem Studium zu tun hatten. Zeichnungen, wie sie düsterer nicht sein konnten. Dunkelschwarz auf noch dunklerem Schwarz.

Ein Skizze, oben links stand ganz groß Vater, Familie, oben rechts genauso groß Therapeutin, Psychiatrie, Psychopharmaka. Unten in die Mitte schrieb er ganz klein »Andreas«. Der Name war durchgestrichen. Warum hatte er nicht den oberen Teil durchgestrichen und seinen Namen größer geschrieben? Von der Familie zur Therapie, vom Regen in die Traufe. Ich spürte es richtig, Andreas war schon wieder nicht frei gewesen. Und wir alle dachten, die ärztliche Hilfe sei gut für ihn. Vermutlich wäre es das Beste gewesen, mal gar nichts zu machen, einfach zu leben. Aber das konnten wir nicht, in seiner und meiner Familie war immer alles gut, solange etwas unternommen wurde. Einfach mal nichts machen, abwarten, ging nicht.

Die Papiere mit den Zeichnungen legte ich zur Seite. Als ich ein Blatt fand, mein Name, sein Name, beide in einem Kreis, war ich erleichtert. Ich hatte schon Angst gehabt, etwas zu entdecken, das mein Bild von uns zerstören könnte. Die Idee, sie seiner Therapeutin zu zeigen, verwarf ich. Dann hätte ich die Verantwortung einfach wieder abgegeben. Ich spürte, es tat mir gut, das hier alleine zu machen. Eigene Schlüsse zu ziehen, mir zu vertrauen und nicht alles von außen absegnen zu lassen.

Alles, womit ich nichts anfangen konnte, wanderte ins Wohnzimmer, alles andere wie Fotoalben und Bücher kam zurück ins Regal. Ich besorgte große Kartons und packte die Sachen ein, die im Wohnzimmer lagen. Sie kamen in den Keller. Vielleicht wollten seine Eltern die Dinge haben. Zum Schluss stellte ich eine blühende Blume in Andreas' Zimmer. Leben kehrte zurück.

99

»Anschaffen gehen hört sich bei euch immer so leicht an«, sagte Sara zu Chris und mir. In der Zeitung stand etwas über einen toten Stricher. »Na ja, für die meisten ist es das wohl nicht, schau doch, was da getrunken wird. Es sind 70 Prozent oder mehr, die das nur im Suff ertragen oder mit anderen Drogen«, räumte Chris ein, »aber die, die es aus Neugier machen oder aus Lust, bei denen ist es okay, nur sind die bestimmt in der Minderheit.«

Chris und ich gehörten zu dieser Minderheit, wir machten es aus Spaß, auch wenn das schwer zu vermitteln war. Es war spannend, wenn sich jemand auszog, wie er aussah, auf was er stand. Und ich musste es nicht machen, war wirtschaftlich nicht darauf angewiesen. Ich musste keine Drogen finanzieren oder Spielschulden abarbeiten. Ich war nicht von zu Hause ausgerissen.

Oder Robin, für den es nur ein gelegentliches Spiel war, auch er litt nicht unter seinem Hobby. Aber klar, gleich und gleich gesellt sich gern. Ich kannte nur solche Callboys besser, denen es nichts ausmachte. Sah man nur uns, gab das sicher kein reales Bild von der Szene.

In den Kneipen, in den Stundenhotels sah das anders aus. Escort-Andreas war zum Beispiel an dem Job, an seinem Leben zerbrochen. Und die Streetworker, die Anlaufstelle für Stricher, gab es auch nicht ohne Grund.

In manchen Wochen schaffte ich fast gar nicht an, einfach weil ich keine Lust hatte. Und dann gab es Tage, da konnte ich nicht genug bekommen. Nach dem Warum fragte ich schon lange nicht mehr. Oder steht der Modelleisenbahner vor seiner Anlage und fragt sich: Warum mache ich das nur? Soll ich mein Leben ändern? Bin ich krank?

100 Wenn die Wohnung leer war, fühlte ich mich einsam. Ich war ja direkt von Zuhause aus mit Andreas zusammengezogen. Jetzt lebte ich das erste Mal alleine. Der Fernseher lief immer, nicht weil mich das Programm interessierte, sondern weil es so eine Geräuschkulisse gab, die ein bisschen Leben in die Bude brachte.

Wann immer es ging, kochten Andrea und ich zusammen. Chris stieß, wenn es passte, dazu. Und Robin kam oft übers Wochenende. Doch wie Robin halt war, man konnte ihn nicht einplanen, ich wusste ja nicht, in welchen fremden Betten er landen würde. Daniel und Sara traf ich einmal die Woche. Dienstag wurde unser Tag, wir gingen immer irgendwo essen und am Telefon fragten wir gar nicht mehr, wann, sondern nur noch, wo wir uns treffen wollten. Chris wurde unser Hofschneider, alle brachten ihm Sachen, zum Kürzen oder Flicken. Als Dankeschön gab es dann zum Beispiel eine Flasche Wein. Auch Chris' Stilsicherheit war gefragt, er hatte einen Blick dafür, was einem stand oder nicht. Jeden zweiten Freitag ging es zum Kegeln. Und nicht zu vergessen, meine Ausbildung lief ja auch noch. Das war mein Leben nach Andreas.

Chris' Talent brachte Abwechslung. Er hatte ein kleines Apartment, ich hatte Platz und Andrea eine Nähmaschine. Wir bauten die Nähmaschine in Andreas' Zimmer auf, das nun endlich kein Museum mehr war. Ich schaute fern oder wurschtelte in der Küche, während Chris nähte. Es tat gut, jemanden in der Wohnung zu wissen. Als Dank für die Beherbergung schenkte mir Chris ab und zu eine seiner T-Shirt-Kreationen. Wenn ich einen Kunden hatte, musste Chris kurz Pause machen, es sollte ja so wirken, als ob keiner in der Wohnung war. Wie früher.

Ein Kunde fragte am Nuttentelefon, ob ich noch einen anderen Escort kannte, der mitmachen würde. Ich schaute zu Chris an der Nähmaschine und bat den Kunden, sich ein paar Minuten zu gedulden. Chris war einverstanden und ich aufgeregt ohne Ende. Der Kunde kam und wir verwöhnten ihn zu zweit, Chris duschte gleich und lief nackt durch die Wohnung. Ich hatte ihn schon öfter nackt gesehen, aber wir hatten gerade Sex zu dritt gehabt, das hier war jetzt etwas anderes. Als Chris meine Wohnung verließ, war ich erleichtert.

Wie kam ich nur auf die Idee, Chris zu fragen? Eine Minute mehr Zeit zum Nachdenken und ich hätte es nicht getan. Aber ich hatte ihn gefragt. Und irgendwie war es ja auch geil, wieder eine neue Erfahrung. Das tapfere Schneiderlein hatte zugestochen und ich konnte dabei zusehen und mitmachen. Ich war verwirrt, weil ich Chris so gut kannte, weil er ein Freund geworden war. Ich wollte und konnte mich jetzt nicht verlieben. Andreas schwirrte noch in meinem Kopf herum, da war noch kein Platz.

Die Nacht drüber schlafen, das half. Ich rief Chris an und sagte ihm, mir hätte die Zusammenarbeit gefallen. Ob ich ihn in Zukunft mit einplanen könnte? Chris war einverstanden. Ich sagte ihm auch, dass es für mich nur um Sex, nur um Arbeit ging. Chris sagte von sich aus: »Klar, für alles andere ist es zu früh.«

101 Drei Monate ohne Andreas. Ich musste mal raus, irgendwohin, alleine, abschalten, Abstand. Ich überlegte lange, entschied mich für Berlin und packte ein paar sexy T-Shirts von Chris ein. Mein Hotel lag mitten im Gayviertel von Schöneberg.

Alleine reisen. Im Zug war ich der einsamste Mensch der Welt. Alleine reisen. Ich musste plötzlich alles selbst entscheiden. Was wollte ich mir anschauen? Wie sollte mein Tag aussehen? Ich fand die Idee, wegzufahren, plötzlich mehr als doof. Doch zu spät, ich war schon unterwegs.

Anfangs irrte ich durch Berlin, ich war mehr auf der Flucht als auf einer Städtereise. In Windeseile durchstöberte ich alle Geschäfte am Ku'damm. Hätte jemand die Zeit gemessen, man hätte mich für den nächsten Stadtmarathon vorgeschlagen. Ich verbot mir Ruhe. Sogar das Essen vergaß ich. Ich war es einfach nicht gewohnt, dass ich auch alleine genießen konnte, und zweifelte selbst darüber, ob man mir in Hamburg meine Reiseberichte glauben würde, es gab ja keinen Zeugen, keinen Begleiter wie sonst immer. Mein Selbstbewusstsein lag sozusagen auf den Straßen von Berlin, und Millionen schienen darauf herumzutrampeln. In den Geschäften fühlte ich mich unwohl, ich fühlte mich beobachtet. »Schau mal, der Typ dahinten muss alleine hier sein. Will den keiner?«, hörte ich die Leute über mich sagen.

Ich überlegte, die Reise abzubrechen. »Scheiß auf das Geld fürs Hotel, ich fühle mich nicht wohl.« Genau das war die Wende. Ich dachte mir: »Geh erst mal was trinken, nach Hamburg kannst du dann immer noch fahren.« Und ich ging was trinken. Ich suchte mir eine leere Kneipe aus. Ein volles In-Café, wo jeder glotzte, wie der einsame Junge kam, überforderte mich. Ich setzte mich an die Bar, bestellte ein Bier. Das Unglaubliche geschah. Noch bevor das Bier da war, kam ich zur Ruhe.

Wenig später verließ ich den Laden wieder und ging zurück zum Ku'damm. Die eine Hose, die mir aufgefallen war, wollte ich anprobieren. Und es gelang mir. Ohne Schweißausbrüche verzog ich mich in die Umkleidekabine. Ich kaufte die Hose und nahm auch noch gleich zwei Shorts mit. Zufrieden bummelte ich Richtung Hotel und schlief erschöpft ein.

Am frühen Abend wachte ich auf und hatte Hunger. Schnell in die neue Jeans und ein kurzes T-Shirt an, etwas Haut durfte sein. Auf der Straße war viel los. Ich holte mir eine Dose Bier und setzte mich auf den Rand eines Blumenkübels. »Wenn ich hier jetzt mit traurigem Gesicht herumsitze, passiert gar nichts«, dachte ich mir und begann, die Leute anzulächeln, die mir gefielen.

Später sprach ich in einer Bar einfach jemanden an, der mir sympathisch war. Ich würde mich ja auch freuen, wenn sich jemand für mich interessierte. Es wurde ein lustiger Abend. Meine neue Bekanntschaft war Berliner, wohnte um die Ecke und wollte nur mal kurz schauen, was so los war. Die Nähe seiner Wohnung nutzten wir auch, wir landeten in seinem Bett und danach in einer Disco. Mein Berliner war Zivi und musste am nächsten Tag arbeiten, er verabschiedete sich deswegen früh, gab mir aber noch seine Telefonnummer.

Jetzt hatte ich freie Bahn. Ich spazierte durch die Nacht, genoss die Blicke, die auf mich gerichtet waren. Mein Selbstbewusstsein war zurück. Zwei ältere Typen sprachen mich an, mitten auf der Straße, ob ich Interesse hätte. »Ist auch was drin für dich, ihr Jungs braucht doch immer Geld.«

Ich ging mit. Der Wahnsinn, eine fremde Stadt, keiner wusste, wo ich steckte, und gleich mit zwei Typen mitgehen. Abenteuer pur. Ob das gut ging? Auch die beiden wohnten im Viertel. Zu Hause boten sie mir ein Bier an und gaben mir das vereinbarte Geld. Sie waren schon ewig zusammen, waren beide passiv und standen beide auf Jüngere. Sie zogen mich aus, liebkosten mich überall. Ich sollte dann beide ficken, erst den einen, dann den anderen. Jetzt war es von Vorteil, dass ich heute schon Sex gehabt hatte, da kam ich nicht so schnell. War das anstrengend. Während ich fickte, spielte der andere an meinen Hoden. Ich musste echt aufpassen, um nicht abzuspritzen, bevor auch der zweite zufrieden war. Ich duschte, die beiden Kerle schauten mir zu, das gefiel mir.

102

Morgens wieder im Hotel. Da sollte ich jetzt wirklich alleine hingehen? Zum Frühstück? Ich zog mir noch ein Hemd über mein T-Shirt, ganz brav. Im Frühstücksraum herrschte Hochbetrieb, ich musste mich zu jemandem an den Tisch setzen. Ein Typ in den Dreißigern. »Ist bei Ihnen noch was frei?« Es war frei. Hier im Hotel, im Gayviertel, gab es fast nur schwule Gäste.

Ich dachte an gestern zurück, morgens noch panisch und depri, abends wieder aktiv. Ja, aktiv, das war das Geheimnis. Hätte ich den Zivi nicht angesprochen und die beiden älteren Typen nicht angelächelt, wäre vermutlich nichts passiert. Den Vormittag genoss ich richtig. Ich bremste mich selber, schaute mir ganz gemütlich ein paar Plätze in Berlin an, setzte mich alleine in ein Straßencafé und ging meiner Lieblingsbeschäftigung nach: Leute beobachten. Nachmittags rief ich den Zivi an. »Hast du Lust?« Wenig später spazierten wir durch den Park in Tiergarten. Alex, der Zivi, war total romantisch. Er hoffte auf die große Liebe. Ein ganz normaler Junge. Schule, Zivi, Studium, ab und zu Party, ein paar Kumpels, auch mal einen über den Durst trinken oder einen Joint rauchen. Ich überlegte kurz, ob ich ihn beneidete.

Was hielt Alex wohl vom Anschaffen? Ich lenkte das Thema auf Callboys. Das sei nicht seine Welt, er könnte nie eine Beziehung mit einem Escort führen. Jedem das Seine, dies hier bitte nicht für Alex. Er war sich sicher. Und ich beschloss, nichts zu erzählen. Der Spaziergang machte durstig. Wir holten uns was zu trinken und setzten uns auf Treppenstufen. Ein richtig schöner Nachmittag, so herrlich normal.

Alex fragte, ob ich mit zu ihm kommen wollte, er könnte Nudeln machen und Salat. Wenn wir uns beeilen würden, könnten wir noch eine Flasche Wein kaufen, bevor die Läden zumachten. Wir beeilten uns und bekamen kurz vor Ladenschluss noch eine Flasche Rotwein. Alex kochte die Nudeln und die Soße, ich putzte den Salat. Wir aßen auf seinem Minibalkon, auf Miniklappstühlen. Mein Salatdressing war langweilig und Alex schlug lachend vor, dass er ja reinwichsen könnte, für den Geschmack. Wir nahmen trotzdem lieber Salz.

Seit dieser anzüglichen Bemerkung wurde die Stimmung immer aufgeheizter. Nach dem Essen landeten wir wieder im Bett. Dann lagen wir nackt da, Arm in Arm, und unterhielten uns. Später dann noch einmal in die Disco. Zum Glück musste Alex zu seiner Zivistelle. Zum Glück deshalb, weil mich die Frage, ob ich bei ihm übernachten wollte, überfordert hätte.

103 An diesem Morgen betrat ich den Frühstücksraum im Hotel viel selbstsicherer. Meinen Plan, nachts durch die Stricherläden zu ziehen, hatte ich zwar nicht umgesetzt, aber der gestrige Tag war auch so gelungen, fast schon was Besonderes für mich. Alles so ruhig, alles so gemütlich. Einfach Nudeln, einfach im Bett liegen, kein Reden über Kunden, kein Reden über Sex und nur tanzen gehen.

Es war Sonntag. Am frühen Abend musste ich zurück nach Hamburg. Was machte man mit so einem halben Tag? Das war der Vorteil vom Alleinereisen, ich musste niemanden fragen, schlenderte ziellos durch die Straßen, und irgendwie landete ich automatisch in einer Stricherkneipe. Der innere Kompass funktionierte auch in Berlin. Und warum sich in Cafés langweilen, wenn es etwas Aufregendes gab? Andere besuchten einen Freizeitpark, mein Abenteuerspielplatz lag mitten in der Stadt.

Ich fühlte mich gleich wie zu Hause. Es war alles so austauschbar. Ein paar Gäste, die mit der Kneipe verheiratet schienen. Alkohol in Strömen schon tagsüber. Ein paar Jungs, die den Wirt gut kannten, und wenige verklemmte Männer, die sich zum ersten Mal hier reintrauten. Es herrschte kein Hochbetrieb, aber für einen Sonntagnachmittag war schon was los. Vermutlich sah es gerade überall in Deutschlands Stricherläden genauso aus.

Schon nach kurzer Zeit wurde ich angesprochen. Ein Mann,

der ein *House of Boys* betrieb, einen Knabenpuff. Er hätte mich noch nie gesehen, wenn ich bei ihm arbeiten möchte, sollte ich mich melden, er gab mir seine Telefonnummer. Ein angetrunkener Gast griff mir unter mein T-Shirt. Der Wirt rief ihn mit seinem Vornamen zur Ordnung, scheinbar ein Stammgast. Ein gepflegter Typ, so um die vierzig, fragte, ob ich ihn in eine Sauna begleiten würde. Dafür war leider keine Zeit, sonst hätte ich es gemacht. Aber ich musste ja noch meinen Koffer im Hotel holen.

Zu Hause in Hamburg stopfte ich meine Wäsche gerade in die Waschmaschine, da klingelte das Nuttentelefon. Es war zwar schon spät, aber ich war noch aufgedreht und sagte zu. Ein Stammkunde, der sowieso nach zehn Minuten fertig war, weil er immer viel zu schnell kam. Das war okay. Ich empfing ihn in Jeans und mit nacktem Oberkörper. Ich wusste, das machte ihn an und beschleunigte die Sache zusätzlich.

104 Ich lernte alleine laufen, auch wenn Andreas mir immer noch fehlte, seine Berührungen, seine Küsse ganz besonders. Küssen gab es bei mir ja nicht gegen Geld. Küssen war für meinen Mann aufgehoben. Sah ich, wie andere Paare sich küssten, wurde ich innerlich fast wahnsinnig, das war wie ein Spiegel meiner Einsamkeit. Die haben was, das ich mal hatte, das mir genommen wurde, ohne eine Chance, es zurückzuholen. Und wenn andere Paare »wir« sagten, durchzog mich ein Schmerz. Ich konnte nicht mehr »wir« sagen, nur noch in der Erinnerung.

Es war viel zu früh, um an eine neue Beziehung zu denken. Gut, die Abstände, in denen ich mich traurig zurückzog, wurden länger. Aber die Ecke in meinem Hirn oder Herzen, die für Beziehungen stand, war blockiert, da musste aufgeräumt werden, da war noch einiges zu sortieren.

Robin, der ja nie nachzudenken schien und einfach den

Moment lebte, und Chris, der voll und ganz hinter seinem Job als Callboy und Pornoakteur stand, halfen mir, dem Denker und Pendler zwischen den Welten, mehr, als sie wussten. Sie rissen mich mit, raus aus meinen Gedanken.

Chris hatte einen Job als Go-go-Boy angenommen. Samstagnacht in einer Disco einheizen. In orangener Badehose tanzte er auf einem Podest. Der Clubbetreiber fragte mich, ob ich nicht auch Lust hätte auf einen Go-go-Job. Aber das war nichts für mich, vor allen halb nackt zu tanzen. Chris schleppte Robin an, und der hatte natürlich Lust. So tanzten Chris und Robin auf den bunten Würfeln oder in einem Käfig. Es sah wirklich erotisch aus, was die beiden da machten. Sie berührten sich nicht und trotzdem konnte man denken, sie hätten Sex miteinander. Das Publikum war begeistert, der Chef zufrieden. Da ich die beiden immer begleitete, kam ich durch den Hintereingang umsonst in die Disco.

In den Pausen konnten sich Chris und Robin vor eindeutigen Angeboten kaum retten. Manche älteren Discogäste boten ganz offen Geld an. Der Job als Go-go lohnte sich doppelt, war eine Art Werbeveranstaltung für ihre Körper. Ich zog sie nach so einer Nacht immer damit auf, der einzige Anständige in unserem Trio zu sein, da ich wenigstens nicht nackt herumhüpfte.

Den Heimweg trat ich meistens alleine an, Chris und Robin suchten sich ein attraktives Angebot aus und verschwanden in der Nacht. Ich wurde zwar auch oft rein privat angebaggert, aber Lust hatte ich selten. Mir war mehr nach Rückzug in meine Höhle. In Berlin, mit Alex dem Zivi, war das etwas anderes gewesen, da bestand keine Gefahr vor zu viel Nähe, das war zeitlich begrenzt, das konnte ich aushalten und genießen. Nur der Gedanke, hier in Hamburg könnte jemand zu mir sagen, er hätte sich in mich verliebt, machte mir Bauchschmerzen. Und dass ich mich verlieben könnte, daran dachte ich erst gar nicht.

So frühstückte ich Sonntagmittag mit Andrea, wie früher, und irgendwann tauchten auch Chris und Robin auf, um von ihrer Nacht zu berichten. Von Kunden, die nach Knoblauch rochen, oder anderen, die so betrunken waren, dass gar nichts mehr lief. Von Männern, die beim besten Willen nicht zum Orgasmus kamen, von Muskelkater in den Armen, von einer Stunde Dauerwichsen ohne Erfolg.

Bei gutem Wetter drehten wir dann oft eine Runde um die Alster und brachten Andrea in ihr Studio. Wenn Robin wieder nach Sylt düste und ich zu Hause auf dem Sofa saß, schaute ich traurig auf meine Uhr am Handgelenk und auf Andreas' Armband. War das alles, was mir von meinem Schnuffel geblieben war?

105 Alex aus Berlin schrieb, er hatte sich in mich verliebt, musste immer an mich denken. »Oh nein!«, dachte ich nur. Viel Zeit zum Überlegen blieb mir nicht, ich musste Dildos raussuchen. Hausbesuch bei einem Kunden, der mich mit Dildos bearbeiten wollte. Da saß ich in der U-Bahn. Im Rucksack ein paar Dildos, von mini bis groß, und extra viel Gleitcreme. Der Kunde holte mich an seiner U-Bahn-Station ab. Wir gingen zu ihm und er spielte eine halbe Stunde mit Fingern und Dildos in mir rum, dann noch wichsen und tschüss.

Ich musste etwas aufgeregt gewesen sein, jedenfalls war mein Rucksack nicht zu und fiel auf dem Weg nach Hause in der U-Bahn um. Zwei Dildos kullerten heraus. War das peinlich. Mir wurde heiß und kalt. Ein Kind fragte seine Mutter: »Mami, was ist das?« Ich verließ an der nächsten Station den Waggon und wartete auf einen anderen Zug.

Ob das Alex aus Berlin gefallen würde? Könnte ich mich für einen anderen so verbiegen und mit dem Anschaffen aufhören? Was sollte ich ihm nur antworten, wie sollte ich reagieren? Diplomatisch, also schreiben, er sei ja total nett, aber ich hätte mich nicht in ihn verliebt. Oder die harte Tour: Du, sorry, ich bin Callboy, und damit kommst du nicht klar.

Nein, ich wollte mein Leben nicht ändern. Mir tat mein Hintern zwar weh von den vielen Dildos, aber es war auch geil. Ich saß in der U-Bahn, und nur der Gedanke daran, wie ich eben noch mit den Beinen nach hinten dalag, machte mir einen Steifen. Da müsste wirklich schon Mister Perfect kommen. Ich sah meine Jugendfantasie wieder vor mir: nackt auf einem Tisch, um mich herum Männer, die mich überall anfassten, bewunderten, aber auch benutzten.

Nein, Alex war der Falsche. Er brauchte einen, der ganz romantisch mit ihm eine Beziehung aufbaute, so mit Doppelhaushälfte und gepflegtem Vorgarten. Und ich? Wie könnte meine Beziehung aussehen? Eigentlich genauso, nur dass im Keller der Doppelhaushälfte mit gepflegtem Vorgarten ein komplettes Studio eingerichtet war und die Nachbarn über die häufigen Herrenbesuche tuschelten. Das, genau das gefiel mir.

Noch am gleichen Abend schrieb ich Alex zurück, ich wählte die diplomatische Variante.

106

Würde ich jemals wieder einen wie Andreas kennenlernen? Er war mein Traummann. Na gut, auf die depressive Seite könnte ich verzichten. Aber sonst hatte es super gepasst. Wer weiß, vielleicht hätte es ohne seine Depressionen gar nicht gepasst, vielleicht wäre er dann ein ganz anderer Mensch gewesen? Fragen, auf die es nie eine Antwort geben würde. Ich versuchte, das Grübeln sein zu lassen.

Aber es gab andere Fragen. Wie kam ich ohne T-Shirt nach Hause? Ein Typ hatte mir für eine von Chris' Shirt-Kreationen einen genialen Preis geboten. Ich fand den Gedanken zwar erotisch, nachts mit freiem Oberkörper durch Hamburg zu ziehen, aber in der Realität würde ich mich das wohl nicht trauen. Ich rief Chris an, der kam und mir ein Ersatz-T-Shirt brachte. Den Gewinn aus dem Verkauf hauten wir noch in der Nacht auf den Kopf.

Chris übernachtete bei mir im Bumszimmer. Ich war schon wach und schaute durch die Tür, da lag er und schlief. Für einen

Moment fragte ich mich: »Ist er der Richtige, ist er der nächste Mann an meiner Seite?« Chris wachte auf und ging nackt über den Flur zum Duschen. Er war so durchtrainiert, ganz anders als ich oder Andreas. Ich war einfach nur dünn, kein Gramm Fett. Chris hatte Muskeln, nicht zu viele, aber er hatte welche. Chris der Männliche, ich der Bubi. Was er wohl dachte? Ihn zu fragen traute ich mich nicht. Eine falsche Antwort konnte alles zerstören.

Ich lieh Chris eine Badehose und wir gingen schwimmen. Die Badegäste schauten alle auf ihn, aber er sagte zu mir: »He Kleiner, die starren dich alle an. Du darfst nicht vergessen, deine Preise zu verdoppeln.« So viel zur eigenen Wahrnehmung.

Wir standen am Rand des Beckens und unterhielten uns.

»Robin hat erzählt, dass Andreas dich Hafennutte genannt hat. Stört dich das, wenn wir das in Zukunft wieder machen? Passt irgendwie zu dir.«

»Nein, fände ich sogar lustig. Unsere privaten Kosenamen waren Prinz und Schnuffel, das würde mich runterziehen. Aber Hafennutte, das geht in Ordnung. Und wie ist dein Spitzname? Spermavernichter? Mr. Wet-T-Shirt?«

In dem Moment ging ein etwa gleichaltriger Junge an uns vorbei. Er musste Spermavernichter mitgehört haben. Sein Gesicht sprach Bände. Am Ende des Beckens wartete eine junge Frau auf ihn, vermutlich seine Freundin. Als er sie erreichte, redeten sie und schauten zu uns rüber.

Chris stürzte sich ins Wasser, schwamm zu den beiden ans Beckenende und rief dann: »Jetzt kommt schon, du Hafennutte.« Ich kraulte zu ihm, kniff ihn in die Seite und sagte: »Wenn du mir mit deinen Muskeln nur einen Freier ausspannst, peitsche ich dich nie wieder aus.«

107 Ich fuhr geschäftlich nach Sylt. Nein, nicht um mich auf den Rücken zu legen. Meine neue Rolle als Wohnungseigentümer trieb mich auf die Insel. Die Hausverwaltung hatte zur jährlichen Eigentümerversammlung eingeladen, und ich hatte keine Ahnung von meinen neuen Pflichten. Andreas' Vater wollte mir alles erklären.

Robin holte mich vom Bahnhof ab und erzählte, dass Andreas' Eltern mit meinen Eltern gerade eine Radtour machten, das gute Wetter nutzten. Stimmt, Andreas' Vater hatte am Telefon was angedeutet. Eigentlich praktisch, das ersparte mir einen Pflichtbesuch zu Hause.

Wir stellten meine Tasche ab und machten uns auf zum Strand. Dort trafen wir ein paar von Robins ehemaligen Schulkameraden. Jungs und Mädchen in unserem Alter, aber sie wirkten so weit weg, wie von einem anderen Stern. Vermutlich dachten sie das Gleiche von mir. Wir fanden keinen Zugang und ich war froh, als sie weiterzogen. Ich dachte an Alex aus Berlin, er hätte sich dort bestimmt reingefunden, er war noch in der normalen Welt verhaftet, ich war schon irgendwo anders. Robin und ich liefen über die Insel, ich genoss den Duft des Meeres.

Meine und Andreas' Mutter kochten und ich saß mit den Vätern im Wohnzimmer und ließ mich unterrichten. Andreas' Vater erzählte mir, wie so eine Eigentümerversammlung ablief, auf was ich achten musste. Ich hatte die Tagesordnung mitgebracht, es stand nichts Besonderes an. Für große Renovierungen war die Instandhaltungsrücklage des Hauses gut gefüllt, eigentlich sei auch nichts Großes zu erwarten. Wenn es hart auf hart kam, hätte ich ja noch meinen Bausparvertrag oder im Zweifel meine Eltern oder sie.

Meine Mutter kam hinzu und fragte, wie ich mir das alles leisten konnte, die Nebenkosten für so eine große Wohnung. Ich hatte diese Frage erwartet und war vorbereitet. Eine kleine Mietwohnung war in Hamburg genauso teuer wie jetzt meine Nebenkosten. Und so hatte ich was Eigenes. Notfalls könnte ich ein Zimmer untervermieten, vielleicht sogar nur tageweise an Touristen. Das reichte meiner Mutter als Erklärung. Wenn sie wüsste, dass ich ein Zimmer und mich stundenweise dazu vermietete.

Beim Abendessen redeten wir auch über Andreas. Seine Mutter erzählte, sie seien bei einem Treffen verwaister Eltern gewesen, also Eltern, die ihre Kinder verloren hatten. Es würde ihnen sehr helfen, sich mit anderen Betroffenen auszutauschen. Wir stießen auf Andreas an. Die verzweifelte Trauer kurz nach Andreas' Tod war einem Gedenken an ihn gewichen. Trotzdem kullerten allen Tränen übers Gesicht.

Abends zog ich mit Robin los. Die Nacht gehörte Andreas und den Erinnerungen. Wir tranken viel und erzählten, vom Drachensteigen, dem Dreier in der Hotelsauna, Robins Express-Outing, wir konnten gar nicht mehr aufhören.

108 Chris fragte mich, ob ich auf einer Party arbeiten wollte. Die Party eines Pornolabels. »Ich dachte, da arbeiten nur Jungs, die auch in den Filmen zu sehen sind?« »Eigentlich schon, es sind aber zu wenige da.« Ich sagte zu, wieder was Neues.

Ich musste auf der Party mit enger Jeans und nacktem Oberkörper hinter der Bar stehen. Es gab nur eine beschränkte Getränkeauswahl, was mir sehr half, weil ich fast nur Sekt ausschenken musste. Später kam Chris mit nichts als einer kurzen Sporthose hinter die Bar, hob mich auf den Tresen, knöpfte meine Jeans auf und fing an, mir einen zu blasen. Das Publikum war begeistert. Ein anderer Junge kam dazu und wechselte sich mit Chris ab.

Zwei Wochen später kam Chris zu mir mit einer Szenezeitung in der Hand. »Du bist in der Zeitung, du bist ein Star!« Mir wurde heiß. Ein Bericht über die Party in einem Monatsmagazin. Hätte ich mir ja eigentlich denken können, dass der Pornoproduzent das für Werbezwecke ausschlachtet. Zum Glück nur ein Bild von mir, wo ich halb nackt hinter der Theke stand. Auf einem anderen Bild war nur mein Unterkörper auf dem Tresen zu sehen, von hinten, keine Einzelheiten, wer aber Fantasie hatte, wusste, was da gerade gemacht wird.

Mein Foto ging zum Glück unter in zwei Seiten voller Partystimmung. Trotzdem gefiel es mir. Was ich mich bewusst nie getraut hätte, wurde nun wahr. Ich stand in der Zeitung, mit freiem Oberkörper, und wurde mit einem Pornolabel in Verbindung gebracht. Werbung für den neuesten Film war in dem Magazin auch geschaltet. Chris lächelte frech vom Cover seines neuesten Sexstreifens.

Ich besorgte mir gleich mehrere Exemplare der Zeitung.

109 Ich fuhr im Auftrag der Liebe S-Bahn. Na gut, im Auftrag der Lust. Es ging nach Pinneberg. Ein Stammkunde hatte mich verschenkt. Sein bester Kumpel wurde vierzig und ein Abend mit mir war das Präsent. Der besagte Kumpel wusste nichts von seinem Glück, er rechnete nur mit einem gemütlichen Abend zu Hause und staunte nicht schlecht, als ich in der Tür stand. Sein Freund verabschiedete sich gleich wieder. »Happy birthday!«, rief er noch durchs Treppenhaus.

»Happy birthday«, wiederholte ich etwas unbeholfen. Jetzt war ich gefragt, ich musste die Regie übernehmen, mein Kunde stand immer noch überrascht vor mir. Er habe noch nie etwas mit einem Callboy zu tun gehabt. Ich glaubte es ihm aufs Wort.

»Wie heißt du denn?«

»Uwe.«

Mehr brachte er nicht heraus. Uwe stand immer noch im Flur. Ich nahm ihn bei der Hand und ging mit ihm dorthin, wo ich das Wohnzimmer vermutete. Volltreffer. Ein spießiger Raum, die Möbel hatte er bestimmt von den Eltern geerbt. Auf dem Wohnzimmertisch standen Chips, Erdnussflips und Gläser, auf Untersetzern. Uwe füllte sein Leben offensichtlich mit Putzen aus. Alles war tipptopp, alles hatte seine Ordnung.

Ich setzte mich in einen Sessel und fragte, was sein Kumpel denn jetzt getrunken hätte. »Bier«, wieder nur ein Wort. »Darauf hätte ich auch Lust«, sagte ich. Uwe brachte Bier und wollte es mir in ein Glas schütten. »Ich würde lieber aus der Flasche trinken.« Keine Antwort. Uwe machte den Fernseher an. Ich setzte mich neben ihn aufs Sofa. »Zum Fernsehen bin ich nicht hier«, sagte ich ihm und legte eine Hand auf sein Knie. Uwe durchzuckte es.

»Er ist schüchtern, den muss man bei der Hand nehmen, der kommt nie aus sich raus«, hörte ich meinen Auftraggeber sagen. Ich zog mein T-Shirt aus und knöpfte Uwes Hemd auf. Uwe wehrte sich nicht, er machte aber auch nicht mit. Ich hätte einem Kartoffelsack das Hemd aufknöpfen können, es wäre das Gleiche gewesen. Uwe bewegte sich, er wollte einen Asbach trinken und fragte, ob ich auch einen wollte. Das Zeugs schmeckte mir nicht, ich lehnte dankend ab, hoffte aber, dass Uwe zwei trank, um locker zu werden. Uwe trank drei Asbach und das Bier gleich hinterher. Er hatte sich an mich gewöhnt.

«Darf ich dich anfassen?« »Dafür bin ich hier. Sag mir, was du möchtest, und wir werden sehen, ob wir das hinbekommen«, antwortete ich vorsichtig. Uwe zog sein Hemd ganz aus und berührte meine Brustwarzen. Auf meine Frage, ob ein Bett nicht gemütlicher sei, gingen wir ins Schlafzimmer. Aha, das hatte er von den Großeltern geerbt. Ehebett, Schrank, zwei Nachttische, zwei Stühle, alles in dunklem Holz, dazu Bettwäsche mit Pferdemotiven. Bettwäsche für vierzehnjährige Mädchen. Chris, der Stilexperte, hätte hier viel zu tun, nachdem er vor Schreck ins Ehebett gekotzt hätte.

Uwe machte das große Licht aus und eine der kleinen Leselampen an. Ich zog mich ganz aus und machte Uwes Hose auf. »Auf was hast du Lust?« Er brachte wieder nichts raus. Ich fing an aufzuzählen, bei »Ficken« sagte Uwe nur: »Ja.« »Ich dich oder du mich?«, fragte ich. »Ich dich, wenn das geht. Ich habe aber keine Kondome da.« Kondome hatte ich immer dabei, das war kein Problem. Aber Uwes Mangel an Erfahrung war ein Problem. Er brachte es nicht fertig, so wie gewünscht, mich in der Hundestellung zu ficken. Ich überredete ihn, es sei besser, wenn er sich auf den Rücken legte und ich mich auf seinen Schwanz setzte. So konnte ich alles selber in die Hand nehmen.

Nach dem Sex bat ich darum, zu duschen, und fragte, ob er nicht mitduschen möchte. Uwe wollte nicht. So duschte ich brav alleine, trank mein Bier noch aus und ging. Ich spürte, Uwe war es recht, mich wieder los zu sein.

Als mein Stammkunde mir später erzählte, dass Uwe ganz begeistert gewesen war von dem Abend, konnte ich es kaum glauben.

110 Chris holte mich regelmäßig von der Arbeit ab, wir gingen schwimmen, und nach dem Sport kochten wir bei mir in der Wohnung. Er war mein bester Freund geworden, ab und zu dachte ich sogar, ich bin vielleicht verliebt in ihn.

Um die Gedanken zu sortieren und meine Gefühle für Chris aufzuräumen, besuchte ich Andrea auf einen Kaffee. Hier war der Altersunterschied wieder von Vorteil. »Mum« hatte einfach mehr Erfahrung, sie nahm kein Blatt vor den Mund und sie kannte uns beide.

Als ich Andrea verließ, fühlte ich mich erleichtert. Mir war jetzt klar, dass ich Chris mochte, vielleicht sogar etwas liebte, aber nicht in der Art, die für eine Beziehung reichte. Chris' Freundschaft erlaubte mir das erste Mal nach Andreas' Tod, wieder Gefühle zuzulassen, und das verwirrte mich. Um alles etwas sacken zu lassen, fuhr ich nach langer Zeit mal wieder zu den Landungsbrücken. Ich beobachtete die Touristen, die Schiffe, holte mir ein Fischbrötchen und war mir immer sicherer: Chris war mein bester Freund und dafür mochte ich ihn, dafür liebte ich ihn. Nicht mehr, aber auch nicht weniger.

Ich nahm den nächsten Schritt in Angriff, die Currywurstbude. Hier war ich seit einem halben Jahr nicht mehr gewesen, seitdem sich Andreas davongemacht hatte. Ich hatte Angst vor der Frage: »Wieso bist du alleine, min Jung?« Aber jetzt war die richtige Zeit, um Dinge, die noch offen waren, zu erledigen. Ich betrat den Imbiss und nichts passierte. Das alte Spiel, die »Damen vom Grill« mit ihrer frechen Klappe. Wie oft hatte ich mir diesen Moment als Horror ausgemalt, ich sah mich vor den Touristen in Tränen ausbrechen. Gut, was wäre dabei gewesen? Kannte mich ja keiner hier. Aber ich wollte es trotzdem nicht.

Ich bestellte Currywurst und machte mit bei dem Schlagabtausch. »Min Jung, wir dachten schon, du bist anständig geworden.« »Sehe ich so aus, als ob ich auf den Spaß und das Geld verzichten würde?« Es hatte sich wirklich nichts geändert. Nur bekam ich die Currywurst diesmal nicht über die Theke gereicht. Eine der Damen kam um die Ecke und stellte den Teller vor mich, dann legte sie ihren Arm um meine Hüfte und sagte: »Das mit deinem Freund haben wir gehört, pass auf dich auf, du Goldstück.« Jetzt kullerte doch eine Träne über mein Gesicht. »Körperflüssigkeiten, die verloren gehen, müssen ersetzt werden«, ich bekam ein Bier hingestellt. »Geht aufs Haus, Kleiner.« Ich musste lächeln.

Fischbrötchen, Currywurst und Bier, eine gute Grundlage für einen Abend auf St. Pauli. Es war zwar unter der Woche, aber heute war so viel passiert, da war an Schlafen nicht zu denken. Ich wollte nicht groß reden, ich wollte was erleben und zog durch die Sexshops. Ich verkaufte mich unter Preis, aber es machte Spaß. Hier war ich die Hafennutte, nicht der Callboy. Hier war ich Stricher. Und es gab kein besseres Mittel, um sich zu entspannen, als einen Orgasmus oder auch zwei.

111

Trautes Heim. Chris war da und nähte, ich schaute fern. Er führte mir sein neues Shirt vor und sah wirklich gut aus. Als er sich neben mich setzte, schnellte ich hoch: »Auch ein Glas Wein?« Ohne die Antwort abzuwarten, holte ich zwei Gläser und eine Flasche. Ich setzte mich wieder neben Chris, mit Sicherheitsabstand.

Chris blieb über Nacht; wie immer, wenn er blieb, schlief er im Bumszimmer. Ich lag lange wach und ging schließlich rüber.

Da saß ich nun auf der Bettkante. »Willst du nicht zu mir kommen?« Ich fasste ihn bei der Hand. Chris folgte.

Das Zimmer war dunkel, nur etwas Licht von draußen. Wir legten uns hin. »Das T-Shirt stört.« Ich setzte mich auf und zog mir mein T-Shirt aus, Chris machte es mir nach. »Das ist auch zu viel«, ich zog meine Shorts aus, Chris auch. Chris lag auf dem Rücken, ich stützte mich auf meinen Ellenbogen und schaute ihn an. Mein Kopf senkte sich. Wir küssten uns. Ich hatte einen neuen Freund.

112 Ich hätte Andrea niederknutschen können. Sie war es, die mir einredete, Chris sei nur ein Kumpel, meine Gefühle nur freundschaftlich. Sie war es, die mir dadurch den Druck nahm und die Freiheit gab, das zu sehen, was wirklich war. Als sich Chris zu mir auf das Sofa setzte, wusste ich es. Ich glaubte es mir selber nicht, daher musste ich in die Küche. Ich lehnte mich an den Kühlschrank und atmete tief durch. Zwei Gläser, der Wein, es dauerte nur unmerklich länger.

Ich dachte an Andreas. Aber ich sah auch Chris an. Er gefiel mir und wir verstanden uns. Und warum ein schlechtes Gewissen? Das Leben ging weiter. Andreas würde immer bei mir sein, auch wenn ich eine neue Beziehung führte. Was klebte am Kühlschrank? »Sowohl als auch.« Auf dem Sofa traute ich mich noch nicht, Chris zu berühren. Ich nippte nervös am Weinglas, mir war schlecht. Weil ich aufgeregt war.

Chris sagte mir später, er hätte sich nicht getraut, mir zu sagen, was er für mich empfand, eben wegen Andreas. Er hätte mich auf der Couch am liebsten in den Arm genommen. Er war glücklich, als er hörte, wie ich mich auf das Bett setzte, in dem er lag. Da wusste er, wir würden ein Paar werden. Manche Dinge brauchen eben ihre Zeit, obwohl sie so klar sind. Und eben weil es so klar war, hatte es Zeit.

113 Ich war also nicht der Typ, der sich Knall auf Fall verliebte, bei mir schlich sich die Liebe ein. Jetzt war es Chris, der sich bei mir eingeschlichen hatte, und ich war froh darüber. Chris war der geborene Optimist, aber auch ein bisschen chaotisch. Mit Geld konnte er gar nicht umgehen. Er war immer pleite und konnte dann nicht mal sagen, wo das Geld geblieben war. Das war das Erste, was ich in die Hand nahm. Nein, nicht aus Fürsorge, es war eher Egoismus. Was sollte ich mit einem Partner anfangen, der nie was auf dem Konto hatte? Eine Wochenendreise, eine Fahrt nach Sylt wären dann nur möglich gewesen, wenn ich ihn eingeladen oder ihm was geliehen hätte. Ab und zu war das ja okay, aber auf Dauer für beide Seiten doof.

So wurde ich sein »Zuhälter«, wie Chris immer sagte. Teile des verdienten Geldes kamen auf ein Konto. Chris war immer noch pleite, vermisste aber auch nichts. Also war alles wie früher, nur hatte er jetzt was gespart. Und er brauchte auch weniger zum Leben, da er nicht mehr jeden Tag beim Pizzaservice anrief oder ins Restaurant ging. Ich kochte gerne und er nähte gerne. Solange ein Kleidungsstück größer war als wir und die Farbe passte, wurde es gekauft. Chris änderte es ab. Markenjeans in unmöglichen Abmessungen vom Wühltisch, fast umsonst. Chris nahm meine Lieblingshose als Schnittmuster, schon kurze Zeit später wurde ich zur Anprobe gebeten. Aus den Resten nähte er Jacken oder verrückte Hosen.

Schwimmen gehen mit Chris machte besonders Spaß. Ihm beim Baden zuzusehen war einfach nur geil. Ich hätte jedes Mal über ihn herfallen können. Na ja, ab und zu tat ich das auch. Und einmal wurden wir dabei erwischt. Der Bademeister schloss die Kabine mit seinem Nachschlüssel auf, er hatte uns beobachtet und vier Beine in der engen Umkleide waren doch zu viel. Wir bekamen Hausverbot. Chris schwört heute noch, dass der Bademeister schwul war und nur mitmachen wollte. Und ich sehe mich noch vor Chris knien, meine Augen drehten sich Richtung Tür, mein Mund blieb an der gleichen Stelle.

Mit Chris Lebensmittel einkaufen war nicht zu übertreffen. Er hasste dicke Menschen. Und es stimmte. Die dünnen Kunden im Supermarkt hatten fast nur gesunde Waren im Korb. Die dicken Leute schoben Wagen mit Cola, Chips, Süßigkeiten und Fertigpizza vor sich her. Eine von diesen Walzen, wie Chris sie nannte, öffnete noch vor der Kasse einen Fünferpack Schokoriegel und schob sich in Rekordzeit zwei Teile in den Mund. Chris war lebendig. Wie sagte Andrea: »Du bist manchmal schon etwas melancholisch, bekommst dann aber die Kurve, kurz bevor du abzurutschen drohst.« Seit Chris da war, drohte ich nicht mehr abzurutschen.

114 Frühschicht! Einen Kunden, bevor ich arbeiten ging, hatte ich noch nie. Aber da wir Gleitzeit arbeiteten, war das kein Problem. Der Mann war gerade in Kiel, als er meine Annonce in der Zeitung las. Er sei mit einem Kreuzfahrtschiff auf Reisen und würde am nächsten Morgen in Hamburg festmachen. Und er würde sich freuen, wenn ich gleich zu ihm käme. Erst dachte ich ja, da will mich einer verarschen. Aber dann packte mich die Neugier. Ich sagte zu.

So machte ich mich am Freitagmorgen auf zum Hafen, im Rucksack Ersatzklamotten. Das Schiff war schon da, ich fragte mich durch und bekam an der Rezeption einen Besucherausweis. Ich war schon angekündigt. Es gab zwar ein kleines Namensproblem, weil ich dem Kunden einen anderen Namen genannt hatte als den, der auf meinem Ausweis stand, aber ich redete mich mit den schlechten Deutschkenntnissen des Passagiers raus: »Da muss es wohl ein Missverständnis gegeben haben.« Als mein Kunde mich am Empfang abholte, war dann alles klar.

Wir hatten Sex in seiner Kabine, ich bekam meinen Lohn in US-Dollar. Im Kopf überschlug ich, ob ich nicht übers Ohr gehauen wurde.

Dann ging ich von Bord und mein Kunde brach zum Sightseeing auf. Ob er in jedem Hafen einen Boy hatte? Bildete ich mir gerade das süffisante Lächeln des Personals nur ein, als ich den Besucherausweis wieder abgab? Keine Ahnung, egal. Als ich zu meinem Arbeitsplatz kam, musste ich grinsen, der zweite Job an diesem Tag. In der Mittagspause ging ich zur Bank, Geld wechseln. Es hatte sich gelohnt, der Kurs stand gut und mein Kunde war großzügig. Der durfte öfter kommen, im doppelten Wortsinn.

Abends war HNK. Chris und ich gaben beim Kegeln bekannt, dass wir jetzt ein Paar seien. Robin betonte den ganzen Abend, er hätte Chris angeschleppt und die Beziehung sozusagen erst möglich gemacht. Eifersüchtig war Robin nicht, nein, er freute sich für mich. Wir gaben eine Runde aus. Alle entschieden sich für ein Bier, keiner für Sekt. So viel zum Vorurteil, im Rotlichtmilieu würde nur Champagner bevorzugt. Später nahm ich Robin noch zur Seite und bat ihn, Andreas' Eltern nichts von Chris und mir zu erzählen. Das wollte ich zur passenden Zeit lieber selber machen.

115 Chris wäre gerne bei mir eingezogen. Mir war das aber zu schnell. Mir war sowieso plötzlich alles zu schnell. Erst schien es so perfekt zu sein, und dann war es mir zu kompliziert. Erst war ich stolz auf Chris, war froh, wieder jemanden an meiner Seite zu haben. Ich war glücklich, wieder »wir« sagen zu können. Doch schon nach kurzer Zeit war ich froh, wenn Chris wieder ging. Dann vermisste ich ihn, kaum dass er weg war. Aber hinterherlaufen und fragen, ob er noch bleiben möchte, wollte ich auch nicht. Ein einziger Widerspruch. In meinem Hirn tobte ein Orkan.

Chris gab sich alle Mühe, wusste aber irgendwann auch nicht mehr weiter. Ich wurde für ihn zu einem Rätsel. Und nach wenigen Wochen war es vorbei. Ich merkte schon Tage zuvor, wie er seine Sachen aus meiner Wohnung mitnahm. Ich merkte es und sagte nichts. Ich nahm ihn nicht in den Arm, um zu sagen: »Bleib bitte.« Ich schaute zu, wie mein Freund ging, und schwieg.

Dann kam der Samstag. Chris setzte sich zu mir auf das Sofa, was er sagte, weiß ich nicht mehr. Er küsste mich auf die Wange und ging. Ich blieb sitzen, saß Stunden einfach auf der Couch, bis mein Mund so trocken war, dass ich etwas trinken musste. Ich trank Wein, viel zu viel in viel zu kurzer Zeit, und schlief ein.

Am Sonntag merkte ich, dass Chris noch meinen Wohnungsschlüssel hatte. War es Absicht? War es unterbewusst? Doch noch eine Verbindung? Auch ich hatte noch seinen Schlüssel. Ich fuhr wie in Trance zu ihm und klingelte. Dann saßen wir an seinem Tisch.

»Verzeih mir bitte, aber ich weiß nicht mehr weiter mit dir. Ich liebe dich, aber das, was da gerade läuft, ist nicht das, was ich suche.«

»Ist okay, brauchst nichts mehr sagen. Tut mir auch leid, irgendetwas stimmt halt nicht mit mir.«

Ich nahm wortlos Chris' Schlüssel aus der Tasche und legte ihn auf den Tisch. »Kann ich bitte auch meinen Schlüssel haben?« Dann ging ich zur Tür. Chris stand hinter mir, ich drehte mich um, wollte ihn umarmen, er ließ es nicht zu, schreckte förmlich zurück, als ob eine Berührung von mir schmerzte.

Unten auf der Straße schaute ich hoch. Chris stand am Fenster. Ich ging zur U-Bahn-Station. Schaute mich noch mal um, Chris stand immer noch am Fenster.

Ich fuhr zum Hafen, saß auf einer Bank, um mich herum Tausende Menschen, ich nahm sie nicht wahr. Ich schaute zu, wie mein Freund ging, und ich schwieg. Warum nur? Warum hatte ich das gemacht?

116 Von nun an ging es bergab. Am Montag meldete ich mich krank und holte erst mal Bier. Ich saß in der Küche, frühstückte aus der Flasche und hörte Musik. Ich war leer, ausgepowert. Andreas war tot. Chris war weg und ich ließ ihn gehen, schaute sogar noch wissend zu. Warum? Warum? Warum? Ich liebte ihn doch. Er brachte mir das Leben zurück, und er hatte sich wirklich alle Mühe gegeben.

Von einem Moment auf den anderen brach alles zusammen. Vor ein paar Tagen noch war ich mir sicher, alles im Griff zu haben. Und nun? Welcher Geist hatte Besitz von mir genommen? Unmerklich? Ich rief keinen Freund an, klingelte nicht bei Andrea. Es war mir einfach unmöglich, über das zu reden, was gerade passierte.

Vermutlich wollte ich es so, wie es gerade war. Es gab ja genug Chancen, es abzuwenden, ich ergriff nur keine. Dafür griff ich zum nächsten Bier, trank es aus und machte mich auf nach St. Georg. Im ersten Sexshop lächelte mir Chris von einem Pornocover entgegen. Sein Film lief im Kino. Ich kaufte eine Karte und schaute meinem Ex zu, wie er es mit zwei anderen Jungs trieb. Das bewegte mich ungefähr so wie das *Wort zum Sonntag*. Auch die anderen Filme machten mich nicht an, eine Folge *Auslandsjournal* wäre jetzt aufregender gewesen.

Mein Interesse an allem, was mit Sex zu tun hatte, war gleich null. Trotzdem holte ich mir in einem Laden um die Ecke eine Dose Bier und ging mit einem Mann mit, der mich angesprochen hatte. Ich ließ mich ficken wie einen nassen Sack Kartoffeln, mich bewegte nichts mehr. Ich war abgeschaltet, ein Autopilot hatte die lebenserhaltenden Funktionen übernommen. In einer Kneipe trank ich noch mehr Bier. Hier fiel ich nicht auf, hier saßen Montagmittag nur Leidensgenossen von mir, alle völlig fertig.

Irgendwann war ich einfach nur noch betrunken und fiel zu Hause ins Bett.

117 Mütter haben eine Antenne für ihre Kinder. Ich wurde durch das Telefon geweckt. »Wie geht es dir?« Meine Stimme muss anders als sonst geklungen haben. Sie bohrte nach. Ich log nicht einmal, als ich sagte: »Weiß nicht.« Kaum war das Gespräch beendet, war Andrea an der Tür. Nicht nur Mütter haben einen Riecher. »Was ist los?«

Stimmt, gestern war Sonntag, also Frühstückstag, und ich hatte mich nicht gemeldet. Andrea hatte zwar bei mir geläutet, aber ich war ja nicht da gewesen. Ja, ja, ich sei wieder Single, alles okay, kein Problem. Zum Glück war Andrea auf dem Sprung, denn ein tief greifendes Gespräch wollte ich nun gar nicht führen. Was sollte es auch bringen?

Ich duschte und zog wieder los. Eine Pizza und ein Bier im Stehen, es war schon dunkel. Ich war bestimmt in jeder Kneipe, jeder Bar von St. Georg. Rastlos ging ich durch die Straßen. Ein Typ in meinem Alter sprach mich an, ob ich was für die gute Laune haben wollte, ich würde so aussehen, als könnte ich es brauchen. Ich schaute fragend, er hielt mir eine Pille entgegen und nannte den Preis. Ich machte große Augen, der Preis sank um ein Drittel. Ich bezahlte und schluckte. Vermutlich war der Preis immer noch zu hoch, egal. Kurze Zeit später war ich super gelaunt. Keine Ahnung, was das gewesen war, aber es wirkte.

Ich fegte durch die Nacht. Lachte mit jedem, sprach ältere Männer an und verschwand mit ihnen in Hotels, Toiletten und dunklen Ecken. Es wurde hell, als ich nach Hause kam. Ich brachte es gerade noch fertig, meinen Chef anzurufen, um mich erneut krankzumelden.

Als ich aufwachte, war mir schlecht. Alkohol, die komische Tablette, die lange Nacht, von allem etwas. Mein Bett, meine Klamotten und ich stanken nach Kneipe. Ich brauchte unbedingt eine Dusche und eine Magentablette.

Das Nuttentelefon klingelte. Es war ein Stammkunde, ich ließ es über mich ergehen. Die Neugier, die Lust waren weg. Auf dem Küchentisch lag viel Geld. Die letzte Nacht hatte einiges eingebracht, und ich wusste nicht mehr genau, was ich gemacht hatte. War alles *safe*? Ein Angstschauer durchfuhr mich. Es war doch immer so wichtig für mich, alles unter Kontrolle zu haben.

Zwei Tage krank ging ja ohne Arzt. Morgen ins Büro zu gehen war eine Horrorvorstellung. Ich machte eine Flasche Wein auf, stellte den Wecker für den nächsten Tag und schaute fern.

118 Meine Ärztin blickte mich kritisch an und schrieb mich bis Freitag arbeitsunfähig. Erschöpfungszustand, sagte sie, ich sollte ein paar Tage nichts machen, und wenn was war, mich sofort melden. Sie war eine Art Hexe, mit einem siebten Sinn. Ich erzählte ihr von Magenproblemen, sie sagte mir auf den Kopf zu, es sei wohl gerade alles zu viel für mich.

Zu Hause die nächste Hexe. Andrea fing mich ab und schob mich in ihre Wohnung. Ich erzählte ihr alles, von Chris, von den letzten Tagen, von der Ärztin. »Junge, ich habe schon einige den Bach runtergehen sehen, und du bist kurz davor, der Nächste zu sein. Ich kann dich nicht aufhalten, aber sei dir selber mehr wert.« »Mum« nahm mich in den Arm: »Ich weiß, du willst immer stark sein, alles unter Kontrolle haben. Sieht aber so aus, als ob das gerade nicht mehr geht, kostet zu viel Energie. Komm zur Ruhe und lass die Finger von den Drogen, du hast sie alle sterben sehen, mehr muss ich wohl nicht sagen.«

Ich blieb zu Hause, trank Bier und schlief. Abends schaute Andrea noch einmal vorbei: »Mach was, ich weiß zwar nicht was, aber mach was. Dein Leben tut dir nicht gut.«

Und ich machte was? Ja, was wohl? Ich wäre am liebsten nackt über die Reeperbahn gelaufen. Sex ohne Ende, bitte benutzt mich. Eine weitere Nacht, selbstzerstörerisch. Saufen, ficken, saufen, ich wachte in einem fremden Bett auf und wusste nicht, wie ich da hineingekommen war. Nach der Einrichtung zu urteilen hatte der Typ Geld. Ich lag alleine im Bett, stand auf und suchte jemanden in der Wohnung. Mein Gastgeber (oder mein Kunde?) saß in seinem Arbeitszimmer. »Na, wieder nüchtern?«, fragte er. »Eher nicht, aber es geht schon wieder.«

Der Kerl war Ende zwanzig, es stellte sich heraus, dass er

mich einfach mitgenommen hatte. Er hätte mich gerettet vor einer Gruppe älterer Männer, die nur darauf warteten, bis ich total betrunken alles über mich ergehen ließ. Er spielte einfach meinen Freund und so, wie er sagte, musste ich mitgespielt haben. Geschlafen hatte ich in seinem Gästezimmer, er wollte nicht neben einer Alkoholleiche liegen. Sex hatten wir auch keinen.

»Kann ich duschen?« Mein Gastgeber machte inzwischen Kaffee. Das T-Shirt stank und er bot mir einen Tausch an. Eines von Chris' selbst gemachten T-Shirts gegen eines von seinen. Wir standen vor dem Schrank und durchwühlten die Sachen. »Was soll's denn kosten?«, fragte er. Aha, man hatte mitbekommen, was mich nach St. Pauli trieb. Ich drehte mich um und warf ihn aufs Bett: »Für Retter umsonst.«

Der Typ gefiel mir, er sah sexy aus und hatte wirklich einiges für mich getan. Später, bei einem weiteren Kaffee, erzählte er, dass er selbstständig sei. Er importierte alles, was einen Gewinn versprach. Passt ja nach Hamburg, dachte ich mir, und Erfolg scheint er auch zu haben. Ich hätte gerne was erzählt, aber ich wusste nicht was. Die Wahrheit? Dann wäre ich in Tränen ausgebrochen, also schwieg ich lieber.

Auf der Straße merkte ich, dass seine Wohnung nur ein paar Schritte von meiner entfernt war. Zufälle gibt es.

119 »Wie heißen Retter denn?«, fragte ich. »Oh, hallo, so sieht man sich wieder. Und kein Alkohol im Einkaufswagen? Ich heiße Paul«, antwortete mein Gastgeber der letzten Nacht. Beim Einkaufen sah ich ihn an der Käsetheke wieder.

»Nein, kein Bier, ich kann auch ohne«, meinte ich. Und prompt sagte Paul: »Das ist ja gut. Darf's dann noch einen Kaffee sein?« Wir gingen in ein Stehcafé um die Ecke. Paul war der Karrieretyp, schon die Kleidung war anders als meine. Eher Richtung elegant, sportlich-elegant. In den Ruderclub ging er nicht unbedingt, um zu rudern, sondern wegen der Kontakte.

Paul hatte sich alles selber aufgebaut. Sein Vater war Alkoholiker, seine Mutter litt darunter, kam aber auch nicht raus aus der Beziehung. So wollte er nicht werden.

Er wunderte sich auch, dass wir in der gleichen Straße wohnten. Erstens, weil es eine teure Gegend war, und zweitens, weil ich ihm noch nicht aufgefallen war. Ich klärte Paul auf und er staunte nicht schlecht. Na ja, er glaubte mir die Story wohl einfach nicht.

Als er dann abends vorbeikam, glaubte er mir schon etwas mehr. So eine Wohnung konnte man nicht einfach herreden, sie war da, sie war real. Ich hatte gekocht, das erste vernünftige Essen seit Langem. Paul mochte keinen Alkohol, mir tat die Pause mehr als gut, also gab es nur Wasser. Wir saßen den ganzen Abend in der Küche und erzählten aus unserem Leben. Zum Schluss meinte er: »Meinst du nicht, für dich wäre es besser, aus Hamburg wegzuziehen? Wäre ich noch in der gleichen Stadt wie meine verkorksten Eltern, wäre ich immer noch wie gelähmt. Ihr Geist war in der ganzen Stadt. Erst als ich die alten Geister auch räumlich hinter mir gelassen hatte, ging es bergauf.«

Als Paul gegangen war, lief ich durch die Wohnung, machte Licht in allen Zimmern, blieb in jedem Zimmer stehen, sah vor mir, was hier schon alles passiert war, und überlegte, ob er wohl recht hatte. Sollte ich weg aus Hamburg?

120

Das Essen brachte nur eine kurze Pause. Wenig später saß ich erneut in einer Stricherkneipe und trank eine Cola, immerhin keinen Alkohol. Ich beobachtete meine Kollegen. Ein Drogenproblem hatte ich nicht, mit Geld konnte ich auch umgehen. Ich hatte ein Zuhause und in meiner Versicherung ein normales Leben. Ich machte das alles aus Neugier und nicht aus Not. Also schob ich alles auf Andreas. Wäre mein Schnuffel noch da, ginge es mir gut. Dann wären wir heute den ganzen Tag auf Sylt am Strand entlanggelaufen oder wir hätten uns endlich unseren Traum erfüllt und eine Nacht im Hotel Atlantik gebucht, die große Luxussuite, mit Frühstück. Aber nein, er war ja weg, er hatte mich im Stich gelassen. Es ist immer leicht, eine Erklärung zu finden, die plausibel klingt, jedoch von der Wahrheit meilenweit entfernt ist.

Chris sah ich nur noch »geschäftlich«. Daniel und Sara hatte ich vergessen, bei Robin meldete ich mich gar nicht mehr, und würde Andrea nicht direkt gegenüber wohnen, ich hätte sie bestimmt nicht getroffen. Andreas und ich hatten uns in der Waage gehalten, was das Anschaffen betraf. Wir bremsten uns positiv aus. Das ausgleichende Element in meinem Leben war verschwunden. Jetzt drehte sich alles nur noch um Sex gegen Kohle. Und um den Alkohol, zur Betäubung. Ich hatte nichts anderes mehr. Zu Beginn war es wirklich ein Hobby gewesen, ab und zu einen Kunden. Heute war es eine Sucht. Wenn ich nichts mit mir anzufangen wusste, zog ich los. Sagte ich früher Kunden am Telefon noch ab, weil ich keine Lust oder etwas anderes vorhatte, hoffte ich heute, es würde bald klingeln, nur um die Leere, die Sinnlosigkeit zu übertönen. Wenn ich schon so weit gegangen war und es scheinbar auch kein Zurück gab, was dann tun? Na weitermachen, was sonst. Jetzt war ich noch jung und der Marktwert hoch. Mit jedem Jahr würde mein Preis sinken. Also rausholen, was ging, aus lauter Verzweiflung.

Plötzlich wusste ich, was der Stricher am Beginn meiner Karriere meinte, als er zu mir sagte: »Du gehörst hier nicht her, lass die Finger davon.« Ein junger Typ kam rein, ich hätte jetzt gerne das Gleiche zu ihm gesagt, aber ich wusste auch, es brachte nichts. Man muss es selber erfahren und entscheiden.

Mir wurde ein Bier hingestellt. Ich hätte Nein sagen können, ich nahm es an, der gute Vorsatz, nichts zu trinken, war damit auch dahin. Jetzt war wieder alles egal. Als ich nach Hause kam, verließ Andrea gerade ihre Wohnung: »Mann, siehst du scheiße aus, und stinken tust du wie eine Armee Alkis.« »Wie eine Armee reicher Alkis.« Ich griff in die Tasche und hielt ihr die Scheine entgegen.

»Wie soll das weitergehen, Kleiner?«

121 Mittags wachte ich auf und polierte in bewährter Weise mein Selbstwertgefühl. Ich hatte doch alles im Griff, hatte einen Job und nur einen kleinen Durchhänger. Drogen nahm ich auch nicht. Wo also lag das Problem? Ich stellte mich über die Stricher, die auf der Straße lebten, um noch in den Spiegel schauen zu können. Doch dann blickte ich wirklich in den Spiegel und sagte, ohne zu überlegen: »Du brauchst Hilfe.«

Alleine kam ich da nicht mehr raus. Seitdem ich Chris hatte gehen lassen, vor gut zwei Wochen, drehte sich die Spirale immer schneller. Die Zeit mit Chris war wie ein Anlauf zum Todessprung. Schwimmen gehen und T-Shirts nähen war zwar nett, aber doch nur eine Fassade. Das, was jetzt passierte, steckte längst in mir drin. Nach Andreas' Tod war mir alles scheißegal. Chris war der letzte Versuch, den Absturz zu stoppen. Doch wie soll ein Blinder einem Blinden über die Straße helfen?

Was hatte meine Ärztin gesagt? Ich könnte mich jederzeit melden? Bloß nicht. Um nicht noch mehr zu grübeln, duschte ich und zog gleich wieder los. Ruhe war unerträglich geworden. Ich ging in eine Stricherbar, mitten hinein in die Szene. Hier kannte ich mich aus, hier war ich wer, einfach weil ich jung war. Und es fiel nicht weiter auf, wenn ich schon mittags trank. Hier war ich normal, was immer das auch hieß.

Die Tür der Bar stand offen, draußen sah ich Paul vorbeigehen. Er musste mich auch gesehen haben, denn er kam zurück und setzte sich neben mich: »Man lernt doch immer die gleichen Typen kennen. Mein Schicksal ist es, Leute mit einem Alkoholproblem zu treffen, muss wohl an meinen Eltern liegen. Was man zu Hause gelernt hat, sucht man immer wieder.« Ich war sprachlos.

Es fiel mir wie Schuppen von den Augen. Warum saß ich hier? Was wollte ich? Den langsamen Stricher-Tod? Paul war die letzte Rettung, mein Notanker. »Kannst du mitkommen?« Ich brauchte jemanden, der mich anschubste, denn ich hatte wahnsinnige Angst.

Wir gingen zu meiner Ärztin. Die Zeit im Wartezimmer war unerträglich. Jede Sekunde überlegte ich, ob ich kneifen sollte. Wäre Paul nicht dabei gewesen, ich wäre gegangen. Im Sprechzimmer kam der Zusammenbruch. Ein Krankenwagen brachte mich in die Klinik. Paul gab Andrea Bescheid, die nun für mich ein paar Sachen zusammenpackte. »Ich bin froh, dass du im Krankenhaus bist. Das wäre nicht mehr lange gut gegangen!« Sie hatte sich große Sorgen um mich gemacht und rief auch meine Eltern an. Am nächsten Morgen standen sie an meinem Bett.

Ich fühlte mich schwach, ausgepowert, leer. Im Klinikum bekam ich ein starkes Beruhigungsmittel. Erst einmal runterkommen auf Normalnull, sagte der Arzt. Nach ein paar Tagen wurde die Dosis langsam reduziert, ich sollte nicht abhängig werden. Der Grund für den Kollaps schien klar: Andreas' Tod. Ich widersprach nicht, wollte meine Eltern ja nicht mit der ganzen Wahrheit schocken.

122 Zwei Wochen auf der Inneren Medizin und ich war einigermaßen wiederhergestellt, zumindest körperlich. Die Ärzte überwiesen mich in eine psychosomatische Klinik. Diagnose: Burn-out-Syndrom. Das war wie auf einem anderen Stern. So musste sich ein Landwirt fühlen, der zum Skatspielen in den Dorfkrug will, aber aus Versehen bei einem Ärztekongress landet.

Im Kopf war ich immer noch in Hamburg, war ich immer noch der Callboy, die Hafennutte. Ich checkte automatisch jeden Mann, der mir entgegenkam. Wie er wohl nackt aussah? Auf was würde er stehen? Aha, wohl devot. Der da war sicher total verklemmt. Der mit dem roten T-Shirt musste sich bestimmt vorm Sex Mut ansaufen …

In so einer Klinik spricht sich schnell rum, wer weswegen dort ist. Schon deshalb, weil es auch Gruppentherapiestunden gibt. Die Therapeuten fanden meine Anwesenheit total interessant, auch als Bereicherung für die anderen Patienten. Durch mich kam das Thema Sex auf den Tisch, was für viele ein Problem war. Gut, für mich war es auch »das« Problem, aber in anderer Hinsicht. Wo die anderen meistens zu wenig hatten, hatte ich zu viel. Sex als Droge, um die Leere im Leben nicht zu spüren. In den Augen meiner Ärzte wäre ich in einer Suchtklinik besser aufgehoben gewesen, denn dort steht das Thema Anschaffen ganz oben auf der Agenda.

Die meisten Patienten waren ausgepowerte Lehrer und Führungskräfte. Ich passte da rein wie ein Eisbär in die Sauna. Normalerweise gefiel mir diese Sonderstellung, hier war sie mir unangenehm, ja sogar unpraktisch. In der freien Zeit hatte ich niemanden, mit dem ich mich unterhalten konnte. Die Leute fanden sich in kleinen Gruppen zusammen und unternahmen irgendetwas, nur ich stand alleine da, der Außenseiter. Sie klagten über renitente Schüler oder undankbare Angestellte, mit mir und meinen Problemen konnten sie nichts anfangen. Andreas' Selbstmord und der Strich waren eine fremde Welt.

Dafür liebten mich die Ärzte und Therapeuten. Endlich mal ein anderer Patient, nicht immer das Gleiche. Da mir die Gruppengespräche nur wenig brachten, weil meine Themen nicht ins Konzept passten, wurde meine Einzelstundenanzahl verdoppelt. Nach einer Woche kam Felix, ein neuer Patient in meinem Alter. Wir fanden uns sofort, meine Langeweile war endlich vorbei. Ich glaube, wäre Felix nicht gekommen, ich hätte die Klinik frühzeitig wieder verlassen. Aber jetzt hatte ich jemanden zum Quatschen, zum Spazierengehen, zum Schwimmen. Natürlich waren wir gleich das Gesprächsthema bei den anderen Patienten. Es wurde gemunkelt, es wurden Gerüchte in die Welt gesetzt, jeder Schritt wurde beobachtet.

Dabei war Felix weder schwul noch ein Junge aus dem Rotlichtmilieu. Er hatte beide Eltern bei einem Unfall verloren und kam damit nicht zurecht. Die Trauerarbeit verband uns. Dass ich auf den Strich ging, fand Felix eher lustig. Beim Schwimmen stellte er sich einmal vor mich hin und fragte: »Was meinst du, würde ich viel verdienen können?« »Wenn du schwul wärst, ja. Was Frauen so bezahlen oder auf was sie stehen, weiß ich nicht.«

123 Wir bekamen alle ein großes weißes Blatt Papier und die Aufgabe, unsere sozialen Bindungen aufzuzeichnen. Danach musste jeder aus der Gruppe sein Bild erklären. Es war traurig. Die meisten Menschen hier hatten keine Freunde. Da wurde aus der Not und um nicht ganz ohne Kumpel dazustehen, der Nachbar, mit dem man sich über den Briefträger ärgert, zum Vertrauten gemacht.

Leben kam in die Truppe, als ich mein Blatt präsentierte. Meine Nachbarin und enge Vertraute war eine Domina! *Sex sells*, auch in der Therapie. Robin, Daniel und Sara spielten kaum eine Rolle, meine Mitpatienten fixierten sich auf Andrea. Ich genoss es, sie zappeln zu lassen, erging mich in Andeutungen und machte die Meute verbal heiß. Unsere Betreuer beobachteten das Spiel aufmerksam.

Sexuelle Zufriedenheit hieß dann das Thema der nächsten Gruppensitzung. Frauen und Männer wurden getrennt, damit jede Gruppe freier sprechen konnte. Hier glänzte ich. Ich konnte frei und offen über Sex reden. Unser Gruppenleiter fragte mich gleich als Ersten und machte mich damit zum Co-Therapeuten. Durch meine Erfahrung, meine Intuition konnte ich mehr zu den einzelnen Problemen sagen als alle Psychologen dieser Klinik zusammen. Und wenn ein Mann Angst hat, keinen hochzukriegen, spielt die sexuelle Orientierung keine Rolle, die Ängste sind die gleichen. Die Strategien dagegen auch.

Zuerst wehrten sich ein paar ältere Männer gegen mich. So nach dem Motto: Der ist doch viel zu jung, der hat keine Erfahrung. Der Therapeut sagte nur: »Wer es noch nicht weiß, hier handelt es sich um einen Profi. Erzählen Sie bitte noch mal kurz für alle, was Sie gemacht haben. Und wie viele Sexpartner hatten Sie?«

Und ich erzählte: von meinem Job und meinen Sexkontakten, die im vierstelligen Bereich lagen, aber auch davon, dass der Sex nach Andreas' Tod für mich der letzte Halt in einem sinnlosen Leben gewesen sei. Damit allerdings konnte keiner was anfangen, außer Felix, der seine Leere mit Tabletten überspielte. Diesen Punkt würden wir extra besprechen, meinte der Psychologe. Auch gut.

Es war ein amüsanter Tag für mich. Viele hier waren noch nicht einmal in einem Sexshop gewesen. Ich gab Tipps, wie man sein Sexleben wieder in Schwung bringen konnte, erzählte von den Briefen, in denen Andreas und ich uns unsere Wünsche mitteilten, um sie dann auch gleich umzusetzen. Ich wurde zum gefragten Sexperten. Meinen Spruch, dass jeder Mensch, wirklich jeder, erotische Träume hat, wurde an die Wand gehängt. Dass jeder Baumarkt ein besserer Sexshop ist, wurde zum geflügelten Wort. »Dort gibt es Ketten, Rohrstöcke und was sonst die Fantasie begehrt.«

In den Pausen wurde ich plötzlich nicht mehr links liegen gelassen. Es ging dabei zwar nicht um mich, vielmehr kam das Thema immer recht schnell auf Andrea, die Domina, oder Patricia, die Stripperin, aber ich genoss es, im Mittelpunkt zu stehen. Ich glaube, ein oder zwei Patienten hatten in diesen Pausen, bei diesen Gesprächen, bei meinen Berichten, mehr Sex als in ihrem ganzen Leben zuvor.

124 Als Andreas starb, versuchte ich es mit immer mehr Sex und Alkohol, in der Klinik waren es die Tabletten, und jetzt schaffte ich es endlich selber: Ich kam zur Ruhe, sah wieder eine Perspektive.

Was würde ich tun, wenn sechs Wochen Reha vorüber waren? Ich wusste ganz genau, wenn ich in Hamburg blieb, wäre ich in spätestens zwei Jahren tot, wie Escort-Andreas. Nur, wo sollte ich hin?

Ein Brief von meinem Arbeitgeber kam genau zur richtigen Zeit. Weil ich mich so oft krankgemeldet hatte, sah er meine Ausbildung in Gefahr. Schock! Ich musste meinen Chef anrufen. Wie immer bei solchen Gesprächen zuerst etwas Small Talk. Eine Kollegin würde in eine Niederlassung der Versicherung nach Süddeutschland wechseln. Das reichte, die Idee war da. Ich fragte meinen Boss, ob ich das nicht auch tun könnte. Er versprach, sich zu informieren.

Schon am nächsten Tag erhielt ich grünes Licht. Die Klinik erklärte in einem Gutachten meine langen Fehlzeiten im Betrieb, ich war ja schließlich nicht der erste Mensch mit solchen Problemen. Und dann: Hurra! Meine Ausbildung konnte ich in einer anderen Stadt fortsetzen, musste nur das begonnene Lehrjahr wiederholen. Ich war so froh. Es ging weiter, irgendwie. Ich würde mir eine Wohnung in der neuen Heimat suchen und einen Therapeuten, der mir half, von vorne anzufangen.

Die Zeit in der Klinik war gut gewesen, meine ganze Trauer konnte ich dort loswerden. Ich schloss inneren Frieden mit Andreas und seinem Tod. Nur das Thema Anschaffen hing nach wie vor in der Luft, und ich war mir nicht sicher, ob es ein Problem für mich darstellte oder nur für die Außenwelt. Eines war klar, das extreme, exzessive Anschaffen war nicht gut. Aber das gilt ja für alles im Leben, Extreme sind selten gesund.

Als ich die Klinik verließ, wurde ich von allen herzlich verabschiedet. Selten hätten sie so einen außergewöhnlichen Fall wie mich gehabt! Ob sie das jedem sagten? Ich machte ja auch jedem Kunden Komplimente, wie toll er doch sei und so ganz besonders sympathisch, sogar wenn es das größte Arschloch war.

Felix kam am Tag meiner Abreise zu mir aufs Zimmer, gab mir einen Zettel mit seiner Adresse und umarmte mich lange. Das hatte ich nicht vermutet. Ich hatte mich auf ein »Mach's gut, Alter« eingestellt. Er sollte sich ganz bewusst von mir verabschieden, hatte der Therapeut gesagt. Die Vorstellung, mich in den Arm zu nehmen, bereitete ihm schon Probleme, aber er wünschte es sich auch. Er litt so sehr darunter, seine Eltern durch einen Unfall verloren zu haben. So ohne Vorwarnung, nicht einmal mehr sehen konnte er sie, denn sie waren verbrannt. Ja, das war Felix' und mein Problem, Abschiede. Jetzt nahm ich Felix in den Arm, wir heulten um die Wette.

126 Dann ging alles ganz schnell. Ich stand am Kopierer in meiner neuen Firma und hatte keine Ahnung, wie man ihn bediente. Hilfe kam in Form von Mario, am Kopierer und auch sonst. Mario war frech und ich auf der Suche nach Kontakten, eine gute Mischung. Er fragte gleich, ob ich neu in der Stadt sei. Ja, ich kam gerade aus Hamburg. Auch er war erst vor Kurzem umgezogen, von seinen Eltern in die erste eigene Wohnung. So wie ich, damals, vor drei Jahren. Keiner konnte so gut Pizza backen wie mein Andreas. Ich schluckte noch immer, wenn ich daran dachte, aber es tat nicht mehr so weh.

»Hier haben die Wände Ohren. Wie wäre es mit heute Nachmittag? Wir können uns bei der Pforte treffen und zusammen einen Kaffee trinken«, meinte Mario. Ich war dabei. Wir trafen uns am Ausgang der Firma und fuhren mit Marios Auto in die Innenstadt. Als wir parkten und ich um das Auto herumging, sah ich hinten einen Regenbogenaufkleber, das schwule Zeichen, und schmunzelte. Wir tratschten den ganzen Nachmittag, Mario fuhr mich noch nach Hause. Ich hatte meinen ersten schwulen Bekannten, und später guten Freund, in meiner neuen Heimat. Von meinem Stricherleben erfuhr Mario nichts, ich wollte es nicht zum Thema machen, ich wollte nicht mehr, dass es im Mittelpunkt stand. Es sollte kein beherrschender Teil in meinem neuen Leben sein.

Mario kam mit hoch in meine Wohnung und schaute sich alles an. »Ein bisschen fehlt noch, was?« Er bot gleich an, mich bei Bedarf zum Baumarkt zu fahren oder so. Dann zog er sein T-Shirt aus und sagte: »Gehen wir duschen? Ist besser nach so einem langen Tag.« Ich staunte nicht schlecht, auch mich konnte man noch überraschen. Mario ging ins Bad und zog sich die Hose aus: »Wo sind denn die Handtücher?« »Moment, ich hole welche.« Ich suchte die Handtücher raus und auch gleich Kondome und Gleitcreme. Wir duschten zusammen, Bettwäsche musste ich nicht wechseln, wir trieben es unter der Brause.

Irgendwie gefiel Mario mir, er war so selbstbewusst, er machte einfach, was er für richtig hielt. Es tat gut, dass ein anderer der Macher war. Mario fand, ich sei schüchtern, aber genau das würde ihm gefallen. Und in Sachen Sex konnte er auf jeden Fall mit den Hamburgern mithalten. Er nahm sich das, was ihm gefiel. Und genau das gefiel mir. Ich ließ mich fallen und Mario nutzte es aus. Als er gegangen war, ging ich ins Bad und sagte zu mir: »Willkommen in Karlsruhe.«

127

Ich war ungefähr einen Monat in meinem neuen Leben. Die erste Woche waren meine Eltern noch hier, sie halfen, das Nötigste in der Wohnung herzurichten, die Lampen aufzuhängen und die Küchenschränke zu putzen. Danach hatte ich noch ein paar Tage für mich, bevor mein neues Ausbildungsjahr begann. Ich erkundete die Stadt mit dem Fahrrad.

War schon ein komisches Gefühl, ganz alleine, weit weg von dem, was man kennt. Ich hörte die Arbeitskollegen noch sagen, ich würde nur flüchten. Wenn die nur gewusst hätten, wovor. Ja, es war eine Flucht. Besser zu flüchten, als in Hamburg unterzugehen. Immer dieses Möchtegern-Psychogeschwätz. Ich empfahl ihnen, bloß nicht auszuweichen, wenn mal jemand auf sie schießen sollte. Immer schön der Situation stellen, nicht weglaufen. Auch wenn es tötet. Aber das war mir jetzt egal. Es war alles so aufregend.

Die Provinz. Freitagabend erkundete ich die Karlsruher Szene. Wenn man sich beeilte, war man nach einer Stunde wieder zu Hause. Na ja, so schlimm war es auch nicht, ich war halt mehr, viel mehr gewohnt. Aber sonst war es das Gleiche, die gleichen Typen, die gleichen Rituale. Ich bestellte ein Bier, lehnte mich in die Ecke und bekam das erste Mal Heimweh nach einer Stricherkneipe. Das Frivole, das Verruchte, das etwas Verzweifelte, Verbotene fehlte hier. Gut, hatte jemand keinen Vergleich, würde er diesen Ort genauso beschreiben. Und da ich hier Frischfleisch war, kamen auch schnell die ersten Annäherungsversuche. Ein betrunkener Mittvierziger stellte sich neben mich. Ich verstand kein Wort. Als Nordlicht von einem lallenden Badener angegraben zu werden, war schier unmöglich. Ich suchte mir einen anderen Platz.

Die Zeit nach der Therapie kam mir wieder in den Sinn. Die Fahrten nach Karlsruhe, um eine Wohnung zu finden und dann auch zu kaufen. Paul wurde zu meinem neuen Begleiter. Es war keine Beziehung, aber auch keine Freundschaft, irgendwo dazwischen. Wir verbrachten viel Zeit miteinander, er fragte nach, passte auf mich auf und hielt mich weg vom Anschaffen. Ich nannte ihn nur noch »Retter« und er sagte »Kleiner« zu mir. Ja, das passte ganz gut. Ab und zu landeten wir in Pauls Bett.

Ich musste mich von vielem trennen, da die Wohnung in Karlsruhe kleiner sein würde. Aber ich wollte es auch so. Noch einmal Trauerarbeit, Vergangenheitsbewältigung, ein radikaler Schnitt. Vieles bekam Chris. Er hatte mir ein T-Shirt geschickt mit aufgenähten Buchstaben »Immer willkommen«. Ich freute mich riesig, ein T-Shirt sagte mehr als tausend Worte. Wir trafen uns, tranken Kaffee und konnten endlich in Ruhe über alles reden und Frieden schließen. Alles, was weg sollte, kam ins Bumszimmer. Passte ja, das Bumszimmer sollte Vergangenheit werden. Jeder, der wollte, konnte in dem Krimskrams herumwühlen und sich etwas mitnehmen. Am Tag vor meinem Umzug brachten mein Vater und ich die brauchbaren Dinge zu einem sozialen Billigkaufhaus, alles andere landete auf dem Müll.

Der LKW der Spedition war weg, die Wohnung war leer. Paul hatte in seinem Ruderclub von meiner Wohnung erzählt, in Windeseile gab es ein paar Interessenten. Andreas' Vater mit seinem

Gespür für die gute Lage hatte recht behalten. Er übernahm auch die Preisverhandlungen und was sonst noch dazugehörte. Die neuen Eigentümer kamen, ich übergab die Schlüssel und sagte: »Aber gut drauf aufpassen.« So etwas Bescheuertes habe ich wohl selten in meinem Leben von mir gegeben.

Den letzten Abend in Hamburg verbrachte ich mit meinen Freunden, Paul hatte sie alle eingeladen, meine »Mum« Andrea, Robin, Daniel, Sara, Chris. Wir zogen noch einmal los. Ein letztes Bier in einer Stricherkneipe? Besser nicht. Wir bogen ab und tranken Bier aus der Dose an der Alster, da, wo ich immer meine Runden mit Andreas gedreht hatte. Am nächsten Morgen fuhr ich mit der Bahn nach Karlsruhe. Paul brachte mich zum Bahnhof, auch Chris kam überraschend. War das ein Geheule. Nur Andrea hatte sich am Tag zuvor schon früh aus dem Staub gemacht. Sie hasse Abschiede und würde ihre ganze Trauer darüber jetzt an einem devoten Kunden auslassen. Der Glückliche!

128 Ich wurde aus meinen Gedanken gerissen. Ein Junge im gleichen Alter fragte: »Na, du Träumer, was geht dir durch den Kopf?« Stimmt, nicht mehr Hamburg, sondern Karlsruhe, keine Stricherkneipe, kein Anschaffen, sondern ganz normale Kontakte. Der Typ war zwar echt nett, aber ich hatte an diesem Abend keine Lust auf ein Abenteuer. Wir tranken zusammen ein Bier und unterhielten uns. Dann gab er mir seine Telefonnummer und ich radelte nach Hause. Als ich das Treppenhaus hochging, fühlte ich mich das erste Mal einsam. Keine Andrea, die kurz den Kopf zur Tür rausstreckte, wenn sie mich kommen hörte; kein Paul ein paar Häuser weiter; kein Daniel und keine Sara, die ich dienstags zum Essen treffen konnte; kein Robin, der mir seine letzten Abenteuer erzählte, und kein Chris in einem selbst gemachten Shirt; keine Möglichkeit, noch schnell nach St. Georg zu fahren, um die besondere Atmosphäre einzuatmen; keine »Damen vom Grill«, mit denen man Witze reißen konnte; kein

Hafen, zu dem ich jetzt hätte fahren können. Ich verfluchte meinen Umzug.

Sonntage sind grausam, wenn man alleine ist, wenn man niemanden kennt. Halt, ich kannte Mario und hatte die Telefonnummer von dem Boy von gestern Nacht. Ich rief Mario an, der hatte keine Zeit, wir verabredeten uns aber für den nächsten Tag. Ich sollte einen Gegenbesuch in seiner Wohnung machen. Meine Disco-Bekanntschaft war nicht zu Hause, ich sprach meine Nummer auf den Anrufbeantworter. Dann setzte ich mich auf mein Rad und fuhr ziellos durch die Stadt. Ich landete vor einem Pornokino.

Mist. Ich war umgezogen, um genau dies nicht mehr zu tun, aber ich ging trotzdem rein. Zwei Stunden später kam ich wieder raus, ein paar Scheine mehr in der Tasche. Einem Typen hatte ich es mit der Hand besorgt, einem mit dem Mund und zum Schluss ließ ich mir einen blasen. Der Mann wollte ausdrücklich, dass ich ihm in den Mund spritzte. Also alles beim Alten, nur dass es hier nicht so viele Möglichkeiten gab wie in Hamburg. Ich schloss gerade mein Fahrrad auf, als ein Mann aus dem Kino kam und fragte, ob ich Lust hätte. »Und was springt für mich raus?«, fragte ich. »Bier hab ich zu Hause und wir könnten Pizza bestellen«, kam als Antwort. Als ich ihm sagte, Geld wäre mir lieber, reagierte er überrascht. Der Typ dachte wirklich, ich stünde auf Ältere und suchte einen väterlichen Freund, eine Beziehung. Er hatte mich im Kino die ganze Zeit beobachtet, war aber nicht auf die Idee gekommen, dass man mich bezahlen musste. Ich ließ einen sichtlich enttäuschten Mann auf der Straße zurück.

129 Am nächsten Tag besuchte ich Mario in seiner Wohnung. Ich klingelte mit einer Flasche Wein in der Hand. Mario öffnete die Tür, er hatte ein Handtuch um die Hüften und verschwand tropfnass sofort wieder im Bad. »Gutes Timing«, rief er. Ich schaute ihm zu, wie er sich abtrocknete. Mario kam zu mir, zog mir mein T-Shirt aus und fing an, mit seinem Mund an meinen Brustwarzen herumzuspielen. Er nuschelte irgendetwas von zu viel anhaben und knöpfte mir die Jeans auf. Ich dachte gerade: »Aha, wieder im Bad«, da zog er mich auf seine Matratze ins Schlafzimmer.

In Marios Wohnung war noch mehr zu machen als bei mir. Seine Küche bestand aus einem Kühlschrank mit einer Kaffeemaschine darauf, das Wohnzimmer war eingerichtet mit einem Fernseher auf dem Boden und einer Zweisitzercouch. Im Schlafzimmer gab es nur die große Matratze und eine Kleiderstange auf Rädern, wie man sie in Kaufhäusern findet. An der Wand hing ein überdimensionales Werbeplakat einer Parfummarke. Überall standen Kartons herum. Hatte was, dieses Leere, halb Fertige, Chris hätte das Ambiente gefallen, wirkte fast wie gewollt.

Wir bestellten Pizza und waren uns einig, dass der Pizzabote total süß aussah. »Den als Vorspeise, lecker!« Wir saßen auf dem Boden im Wohnzimmer, tranken Wein aus alten Senfgläsern und überlegten, was hier noch alles fehlte. Mario sagte, dass er keine Schulden machen wolle und alles nach und nach anschaffen werde, Hauptsache raus von zu Hause und eine eigene Bude. »Ich kann dich ja auf den Strich schicken, damit Geld für meine Einrichtung reinkommt.« Mir blieb die Pizza beinahe im Hals stecken. »Nee, war doch nur ein Witz, keine Sorge, so etwas würde ich nie machen. Finde das abartig. Sex gegen Geld. Hoffentlich stehe ich, wenn ich fünfzig bin, nicht auf so Jüngelchen, das wäre echt übel.« Ich lenkte ab: »Hast du Lust, demnächst zum Baumarkt zu fahren?« »Wie süß, dem Großstadtkind ist das Thema unangenehm. Und wir hier denken immer, für Jungs aus Hamburg gehört das mit dazu. Da müssen doch überall Nutten und Stricher rumstehen. Hab das mal im Fernsehen gesehen, so im Bahnhofsviertel ...« Ich unterbrach Mario: »Na klar gehört es dazu, ist ja auch kaum zu übersehen, ist aber trotzdem nicht mein Ding oder meine bevorzugte Ecke gewesen.«

Mario war zufrieden und mich zerriss es innerlich. Ich verleugnete mich selber. Aber das musste jetzt sein. Hätte ich nur irgendetwas angedeutet, hätten wir länger darüber geredet, und das wollte ich nicht. Schon der gestrige Ausflug ins Pornokino war hart an der Grenze gewesen. Ich hatte Blut geleckt aus Langeweile. Ein Hobby musste her, das mein Privatleben erfüllte.

130 Ein paar Tage später klingelte das Telefon. »Hallo, hier Timo, wollte zurückrufen.« »Timo?«, fragte ich. »Ich hab dir doch meine Nummer gegeben und du hast Sonntag auf meinen Anrufbeantworter gesprochen. Hast du so viele Dates, dass du mich schon vergessen hast?«

Ich hatte ihn nicht vergessen, ich kannte nur seinen Namen nicht. Wir machten spontan ein Treffen aus, einfach 30 Minuten später in einem Biergarten bei mir um die Ecke, den ich mit Sicherheit finden würde. Timo war dreiundzwanzig, gut gebräunt vom Sommer und hatte Strubbelhaare, so ein gewolltes Chaos auf dem Kopf. Timo passte voll und ganz in mein Beuteschema. Und nett war er auch, die Zeit verging wie im Flug. Bei meinen Erzählungen von Hamburg, von Andreas und all den anderen ließ ich das Detail Anschaffen weg. Klappte ganz gut, fiel gar nicht auf. Aber darin hatte ich ja Übung, zwei Leben leben.

Der Biergarten schloss und Timo und ich gingen getrennt nach Hause. Ich schaute mich im Gehen noch einmal kurz um, Timo tat es in der gleichen Sekunde und lächelte. Ein schönes Gefühl.

Nach zwei Tagen rief ich Timo an. Gleiches Spiel, 30 Minuten später, gleicher Biergarten. Sperrstunde, Timo links herum, ich rechts herum.

Am nächsten Abend rief Timo mich an und fragte nur knapp: »30 Minuten?« »Yep, bis gleich.« Da saßen wir wieder im Biergarten und redeten. Wie zufällig berührten wir uns ab und zu. Griffen im gleichen Moment zur Speisekarte, tippten im Gespräch dem anderen auf die Hand. »In dich könnte ich mich ja glatt verlieben«, sagte Timo leise, und ich: »Mach's doch! Hätte nichts dagegen. In 30 Minuten im Biergarten?« Wir mussten beide lachen.

»Und nun?«

»Wie wäre es mit Bezahlen?«

Timo wohnte in einer WG, also beschlossen wir, zu mir zu gehen. Total müde und übernächtigt, aber überglücklich ging ich am nächsten Tag zur Arbeit. Ich musste meine Neuigkeiten loswerden. Und der Einzige, den ich in der Stadt schon etwas kannte, war Mario. Mario und ich machten zusammen Mittagspause. Auf einem kleinen Spaziergang erzählte ich ihm von Timo.

»Oh nein, wirklich«, meinte Mario, »aber klar, du bist neu hier, du kennst ihn noch nicht.« »Was ist denn mit Timo?«, bohrte ich nach. »Weiß hier eigentlich jeder. Rate mal, wie der seinen Sportwagen finanziert?« Kurze Pause. »Der geht halt ab und zu mit einsamen älteren Herren ins Bett.« Bingo! »Ist das wahr oder willst du mich verarschen?« »Wirklich, den kennt hier jeder, ist halt ein Dorf hier, so szenemäßig, ein ganz kleines Dorf sogar.«

Abends traf ich Timo wieder. Ich brauchte gar nicht fragen, er erzählte es mir selber. »Spätestens wenn wir mal zusammen weggehen, wird es dir eh einer zuflüstern«, fing Timo an. Er berichtete von seinem Zweitjob, und ich war fassungslos. Nein, nicht weil er Anschaffen ging, sondern weil ich ihn an Land gezogen hatte. Also ob auf seiner Stirn »Stricher« geschrieben stand und ich zielsicher zugegriffen hätte.

131 Was tun? Auf der einen Seite hatte ich Schmetterlinge im Bauch, auf der anderen Seite war ich hergezogen, um genau dieses Leben nicht mehr zu führen. Ich telefonierte stundenlang mit Andrea, dann mit Robin und zum Schluss mit Paul. Alle rieten mir das Gleiche: Nicht auf Timo einlassen. Nein sagen wie ein trockener Alki, dem man ein Bier hinhält. Von meinem Ausflug ins Pornokino erzählte ich erst gar nichts. In der Nacht brachte ich kein Auge zu, wälzte mich hin und her, stand auf, lief in der Wohnung herum, legte mich wieder hin, schaute immer wieder auf die Uhr. Trotz allem war ich am Tag darauf erstaunlich fit.

In der Kantine lief mir Mario über den Weg und fragte, ob ich abends Zeit hätte. Gute Idee, so musste ich Timo nicht treffen und ihn auch nicht anlügen. Der Abend bei Mario war lustig, wir schauten Videos, hatten keinen Sex. Das war dann wohl der Beginn einer Freundschaft, bester Kumpel und so. Mario fragte nicht nach Timo. Mal ein paar Stunden nicht denken, tat unheimlich gut. Als ich nach Hause ging, wusste ich, was ich wollte.

Am nächsten Tag rief ich Timo an, 30 Minuten, Biergarten. Ich war ehrlich: »Sorry, ich finde deine Offenheit toll, weiß aber nicht, wie ich mit deinem Nebenjob umgehen soll.« Ich würde ihn mehr als mögen, aber keine Beziehung mit ihm wollen. Timo schaute mich ein Weile an, Tränen füllten seine Augen, er ging, ohne ein Wort zu sagen. Ich saß im Biergarten, zwei volle Bier vor mir, meins und Timos. Ich trank das erste viel zu schnell, fühlte mich nicht gut, angespannt. Aber was hätte ich denn machen sollen?

132 Nach dem aufregenden Start wurde alles etwas ruhiger, normaler. Durch Mario lernte ich Leute kennen. Samstags abends ging es immer gemeinsam nach Mannheim in die Disco. Hier traf ich Stephan, er wohnte bei mir um die Ecke, hatte einen Hund und wurde schnell ein guter Kumpel. Kurz anrufen und fünf Minuten später saßen wir schon bei einem Kaffee zusammen, drehten mit dem Hund eine Runde oder gingen schwimmen.

Mario machte mir bei jedem zweiten Besuch bei ihm nackt und nass die Tür auf. Ich stellte mich dann in die Badezimmertür und tratschte, während er fertig duschte. Ich fragte mich manchmal, ob es Zufall oder Absicht war. Vielleicht fand er es ja einfach nur geil, wenn ihm jemand zusah. Oder er dachte sich gar nichts dabei.

Nach ein paar Wochen bekam ich das erste Mal Besuch aus Hamburg, Chris kam übers Wochenende. Ich stand am Bahnhof und war aufgeregt. Als die Durchsage kam, dass sein Zug Verspätung hatte, wäre ich beinahe umgekippt. Ich überstand die Zeit und wir fielen uns in die Arme und knutschten uns ab. Hand in Hand liefen wir durch den Bahnhof zur Straßenbahn, Karlsruhe schaute erstaunt zu. Und die Karlsruher, die mit uns in der Tram saßen, hörten auch noch entsetzt zu. Als ob wir noch Milch zum Kaffee brauchten, fragte er: »Darf ich jetzt mit dir eigentlich übers Anschaffen reden oder rennst du dann gleich wieder auf den Strich?« »Hilfe!«, dachte ich nur und sagte: »Können wir das Thema auf nachher verschieben?« Ich war froh um jeden Fahrgast, der bei uns in der Nähe saß und ausstieg. Ausnahmslos alle schauten sich noch einmal nach uns um.

Zu Hause machten wir es uns gemütlich, keiner von uns hatte Lust, an dem Abend die Wohnung zu verlassen. Ich machte eine große Schüssel Salat, dazu gab es Schnitzel und Brötchen. Nach dem Essen gingen wir ins Wohnzimmer und kuschelten uns auf mein Sofa und tranken Wein. Chris erzählte von seinem letzten Pornofilm und von verrückten Freiern, die Szenen aus dem Film genau nachspielen wollten. Nur dass ein vierzigjähriger Bierbauch einfach lächerlich aussah in einem Outfit für halb so alte. Aber für diese Jobs konnte er viel kassieren, er war ja schließlich der Pornostar. Und jedem Freier sagte er, dass er eigentlich nur Filme drehte, aber mal eine Ausnahme machen würde. Diese Aussage drehte die Preisschraube nochmals höher. Ob die Kunden es ihm glaubten? Vermutlich schon, sonst hätten sie nicht so tief in die Tasche gegriffen.

Irgendwann landeten wir im Bett, es war alles so vertraut, der Sex war gar nicht so wichtig, einfach mal wieder Arm in Arm mit jemandem einschlafen. Chris lag vor mir, ich hinter ihm, so Löffelchenstellung, das war besser als jede Droge, jedes Beruhigungsmittel. Ich dachte etwas wehmütig an Hamburg zurück und den Arm auf meinem Bauch, der so gerne seinen heiß geliebten grün karierten Schlafanzug getragen hatte. Als ich meine Nase in Chris' Nacken drückte, roch ich es, mein altes Leben, und es war gut. Ich ohrfeigte mich innerlich selber. Das war Chris, der so gut roch, nicht mein altes Leben. Ich küsste die Stelle, an der gerade noch meine Nase geklebt hatte. Chris murmelte: »Schön, hier zu sein, kleine Hafennutte.«

133

Ich zeigte Chris Karlsruhe, immer in der Hoffnung, keinem Bekannten von mir über den Weg zu laufen. Chris wollte zwar diskret sein, er kannte ja meine Situation, aber ich kannte auch Chris, manchmal plapperte er drauflos, ohne nachzudenken. So wie in dem Jeansgeschäft. Chris wollte sich eine neue Hose kaufen, ich probierte aus Langeweile auch ein paar Levi's an. Als ich aus der Kabine kam, hob Chris mein T-Shirt hoch und sagte: »Sexy, damit kriegst du jeden Freier rum. Geile Beule in der Hose.« Ich zischte nur sauer: »Chris!« Es war Samstag und das Geschäft gut besucht, zum Glück keine Bekannten oder Arbeitskollegen in Sichtweite.

Chris schenkte mir die Jeans, mir war das etwas peinlich. Ich hatte halt nicht mehr so viel Geld wie früher und eigentlich brauchte ich auch keine neue Hose, ich hatte genug Klamotten. Gut, es gab noch den Rest vom Wohnungsverkauf und Erspartes aus Hamburger Zeiten, aber das wollte ich nicht einfach so auf den Kopf hauen. Chris war wie früher, Geld einnehmen und gleich wieder ausgeben, nicht an morgen denken. Mir wurde immer bewusster, in was für einer Welt ich früher gelebt hatte. Und zugegeben, ich vermisste es schon etwas. Ich war ein bisschen neidisch auf Chris. Aber ich merkte auch, ich dachte nur an das Aufregende und Schöne, die Schattenseiten verdrängte ich.

Chris holte mich schnell auf den Boden der Tatsachen zurück, als er erzählte, dass ein Junge von einem perversen Freier so lange mit einem Besenstiel gefickt wurde, bis seine ganzen inneren Organe geschädigt waren. Er lag seit Wochen im Krankenhaus. Oder von der Warnung der Hamburger Polizei vor unsauberen Drogen, die im Umlauf waren. Ja, da war ich hier in Karlsruhe doch besser aufgehoben.

Als ich mit Chris abends essen war, beobachtete ich auch, welche Mengen von Alkohol er trank. In Hamburg wäre das mit mir nie gut gegangen. Alkohol oder Drogen gehörten zum Strich wie die Freier und das Geld. Und in den Kneipen machte man sich untereinander Mut, noch mehr zu saufen. Der Alkohol wurde kollektiv verharmlost, weil er gebraucht wurde, weil man es sonst auf die Dauer nicht aushielt. Aber genau das war ja auch das Faszinierende an der ganzen Sache. Alles war auf Selbstzerstörung ausgelegt. Ein Spiel mit dem Feuer. Ich hatte mich nur verbrannt, andere wurden auf dem Scheiterhaufen für schnellen Sex und ewige Jugend hingerichtet. Und nur mal so, ab und zu, wie zu Beginn meiner Stricherkarriere, anschaffen gehen, würde mir sicher nicht mehr gelingen. Ich war immer noch der Entweder-oder-Typ und wäre in null Komma nichts wieder ins Extreme abgerutscht. Robin zum Beispiel konnte das, nur mal so für Geld mitgehen und doch sein ganz normales Leben leben, ich aber nicht.

Als wir wieder bei mir waren, führte ich Chris sein Geschenk vor. Ich zog mich im Bad um, nur die neue Jeans, sonst nichts, und ging zu Chris, der auf der Couch saß und fernsah. Chris zog mich an sich ran, öffnete die Hose und blies mir einen. Kurz bevor ich kam, wollte ich meinen Schwanz aus seinem Mund ziehen, doch Chris hielt mich fest. Ich spritzte ihm in den Mund. Chris schaute mich grinsend an: »Das wollte ich schon lange mal wieder machen.«

»Spinner.«

»Wieso, du bist doch garantiert gesund, du wurdest doch durchgecheckt.«

»Das ist Monate her, woher weißt du, was ich in der Zwischenzeit getrieben habe?«

»Ach, ist doch egal, ich vertraue dir halt.«

Chris küsste mich, ich schmeckte mein eigenes Sperma.

134 »Denkst du noch oft an Andreas?«

»Eigentlich immer, irgendwie erinnert mich alles an die Zeit mit ihm. Meine Uhr oder einfach sein Lieblingskäse im Kühlregal.«

»Bist du noch traurig?«

»Nein, traurig bin ich nicht mehr. Es ist halt so. Klingt dumm, ich weiß. Aber es zieht mich nicht mehr runter. Nur ab und zu, wie neulich, als im Fernsehen ein Bericht über Sylt kam, da brauchte ich schon ein Tempo. Aber das ist okay. Wozu habe ich schließlich Therapie gemacht?«

Wir schwiegen und lagen nebeneinander im Bett, ich schaute an die Decke, Chris streichelte meinen Unterarm.

»Und du, kommst du klar?«

»Weiß nicht so recht, glaub nicht, ist schon ein ziemlicher Scheiß, aber wem sage ich das. Ich beneide dich ab und zu, du bist jetzt hier, führst ein richtig bürgerliches Leben.«

»Dann mach's doch auch.«

»Und wie denn? Das geht nicht so einfach.«

»Klar, alleine hätte ich das auch nicht gepackt, der Zusammenbruch, die Klinik, kam alles gerade zur rechten Zeit, fünf Minuten vor zwölf.«

»Toll, nur bei mir ist es schon nach zwölf.«

Chris lachte und begann, mich durchzukitzeln, wir balgten uns aus Spaß im Bett. Plötzlich lag Chris auf dem Rücken, ich saß auf seinem Bauch und hielt seine Hände über seinem Kopf auf der Matratze fest. Wir schauten uns an, atmeten etwas schwer, waren beide aus der Puste. »Ich habe Angst«, sagte er. »Ich weiß«, antwortete ich. Ich ließ Chris frei, rutschte von ihm herunter. Kaum konnte er sich wieder bewegen, biss er mir sachte in den Schwanz und verschwand schnell in der Küche. Bier aus dem Kühlschrank holen.

Chris kam mit zwei Bierflaschen zurück. Ich winkte ab, wollte nichts trinken. Meine Flasche stellte Chris vor das Bett, dann nahm er einen Schluck aus seiner Buttel und tröpfelte Bier in meinen Bauchnabel. »He, weißt du, wie das klebt?«, beschwerte ich mich. »Ich dachte, du magst klebrige Sachen auf deinem Bauch?« Dann leckte er das Bier von meinem Körper. »Ach, und ich dachte schon, du wolltest nur deinen Frust runterspülen«, sagte ich scherzhaft. Chris nahm meine Hand und führte mich ins Bad, ich wehrte mich nicht. Er stellte mich unter die Dusche und goss mir das Bier über den Kopf.

»Und weißt du, was ich jetzt mit der leeren Flasche mache?«

»Zum Altglascontainer bringen?«

»Dreh dich doch mal um.«

Später lagen wir frisch geduscht im Bett, Chris schmiegte sich eng an mich und begann zu weinen. Der Versuch, von seinen Gefühlen abzulenken durch das, was er konnte, durch Sex, war fehlgeschlagen. »Du kannst dir Hilfe holen«, flüsterte ich und küsste ihm eine Träne weg. »Wenn du jetzt nichts machst, hast du vielleicht irgendwann Glück und krachst wie ich zusammen. Und wenn du Pech hast, verreckst du irgendwann auf der Straße.« Mir war nicht gut bei den Worten, aber ich musste sie sagen. Hätte ich nichts gesagt, hätte ich mir lange Vorwürfe gemacht. Mehr konnte ich für Chris nicht tun, außer ehrlich sein.

Nach viel zu kurzem Schlaf brachte ich ihn zum Bahnhof. Als er weg war, war ich erleichtert. Chris hätte mich auf Dauer überfordert, runtergezogen. Ich konnte ihm nicht helfen. Trotzdem war ich froh, dass er mich besucht hatte, er zeigte mir für zwei Tage noch einmal die Welt, die ich verlassen hatte. Und mit dem zeitlichen Abstand wurde es mir noch bewusster, es war eine aufregende Zeit, aber auf Dauer hätte mich dieses Leben zerstört.

Ich lief vom Bahnhof nach Hause und dachte an Chris. Ich liebte ihn auf eine besondere Weise. In Gedanken wünschte ich ihm alles Gute.

135 Das Unheil kam in Gestalt meines Chefs. Er fragte mich, wann ich Urlaub nehmen möchte. Es war alles so schön ruhig geworden. Unter der Woche Ausbildung, mal mit Stephan treffen, mal mit Mario ein Bier trinken, Samstag Disco in Mannheim und Sonntagnachmittag ein kleiner Ausflug in die Umgebung. Meine kleine, überschaubare, ruhige Welt. Und dann wollte mein Chef wissen, wann ich Ferien machte. Meine Kollegen hatten längst ihre Tage eingetragen, nur ich schob Panik.

Es war verhext, in den fraglichen Wochen konnte keiner von meinen Bekannten. Stephan fand keinen Hundesitter, Mario war pleite, Paul erstickte in Arbeit und so weiter. So saß ich im Reisebüro und outete mich als Single, der alleine verreisen wollte oder, besser gesagt, alleine reisen musste. Nach über einer Stunde standen zwei Reiseziele zur Auswahl, Mykonos oder die Malediven. Entweder gab es kein Einzelzimmer, aber Plätze im Flugzeug, oder umgekehrt. Die Auswahl war beschränkt, egal. Mykonos, ich komme! Was sollte ich alleine auf den Malediven? Zwei Wochen Fische zählen?

Dann saß ich im TUI-Flieger nach Griechenland. Meine erste Pauschalreise. Das Hotel bestand aus lauter Bungalows, ich bewohnte alleine ein Doppelzimmer, davor war eine kleine Terrasse mit zwei Liegestühlen. Ich schlenderte durch die Gassen zum Hafen, zum Fähranleger und schaute den Schiffen nach. In einer kleinen Taverne feierte ich meine Ankunft mit einem Glas Wein.

Die ersten zwei Tage waren eher langweilig. Tagsüber Strand, abends in die Kneipe. Marios unzählige Bekannte hatten mich mit Tipps über die Insel bestens versorgt. Es passierte rein gar nichts, also ob ich nicht existierte. Das Aufregendste war wohl das Ansichtskartenschreiben. Als ich gerade die Post in den Kasten warf, sprach mich ein Mann wie selbstverständlich auf Deutsch an. »Na, immer noch alleine?« Ein braun gebrannter, etwa fünfzigjähriger Typ, der wohl schon länger als ich auf der Insel war. »Ich hab dich am Strand gesehen und gestern Abend in der Stadt, immer alleine. Ich stand neben dir, wie du dir an der Strandbar was zu trinken gekauft hast. War echt süß, dein Deutsch-Englisch-Gemisch, so süß wie du.« Ich sagte nur: »Hallo.«

Aus Langeweile macht man viele dumme Sachen. Nach einem Glas Wein begleitete ich meinen Verehrer auf sein Hotelzimmer. Der Preis war ausgemacht, das Geld hatte ich schon. Ich legte mich wunschgemäß mit dem Rücken aufs Bett, hob die Beine an. Ein unheimlicher Schauer durchlief mich.

Wie ferngesteuert lief ich danach zu der Taverne am Fähranleger. Ich bestellte wieder Wein. Alles wie in Hamburg, nur wärmer. Sex gegen Geld, der Hafen, Alkohol. »Was machst du nur?« Die Frage schoss mir immer wieder durch den Kopf. »Was machst du nur?« Nach einer Weile beantwortete ich sie mir selber. Ich erlaubte mir, die restliche Zeit auf Mykonos wieder die »Hafennutte« zu sein.

Von da an hatte ich meinen Spaß. Es muss meine Ausstrahlung gewesen sein, welche die ersten zwei Tage die Männer von mir fernhielt. Schon auf dem Weg zurück ins Hotel quatschte mich der erste Typ an. Ich wollte aber zuerst duschen und etwas schlafen. Wein am Tag bei der Hitze war nicht gerade erfrischend.

Später zog ich die Jeans an, die Chris mir geschenkt hatte, und auch eines seiner fast bauchfreien T-Shirts. Eine Unterhose ließ ich weg. Ich grinste in den Spiegel: »Jetzt hat Chris mir ein Stricheroutfit geschenkt. Als ich aus dem Zimmer trat, sah ich das erste Mal meine Nachbarn. Zwei Jungs, nur etwas älter als ich, saßen vor ihrem Zimmer und tranken Bier. »Hallo, lasst es euch schmecken.« Das Hotel war fest in deutscher Hand. Wir kamen ins Gespräch. Ein schwules Paar aus Frankfurt am Main mit einem Problem. Sie hatten Sonnenbrand, und zwar überall. Ja, wirklich überall. Sie saßen auf der Terrasse und hatten nur Handtücher über ihre Hüften gelegt, die Hosen schmerzten zu sehr. Ich sagte, dass sie von mir aus auch die Handtücher wegnehmen könnten. Und da sie jetzt wussten, wer ihr Nachbar ist, nahmen sie die Handtücher weg und boten mir ein Bier an. War ein lustiges Bild, zwei Nackte und ich.

Das war ein schöner Einstieg in den Abend. Thomas und Frank waren echt nett. Und als ich erfuhr, dass sie kein Sonnenbrandmittel hatten, konnte ich helfen. Dank Marios Freunden war ich vorgewarnt gewesen. Die beiden rieben sich vorsichtig ein. War sehr erotisch, das mit anzuschauen. Dann wollten sie aus verständlichen Gründen im Hotel bleiben, ich verabschiedete mich in die Nacht.

136 Mykonos, ich komme! Ich zog durch die Nacht, ließ mich betatschen, ließ mich einladen, folgte einfach den Menschen, wusste nicht genau, in welchem Laden ich war, das war mir auch egal. Ich fühlte mich wohl, selbstsicher. Mein zweites Ich gab mir die Sicherheit, ich war wieder der freche Stricher, nicht der normale Auszubildende. Mein Kunde von mittags lief mir in einer Bar über den Weg, er grüßte mich und redete dann mit seinen Leuten. Kurze Zeit später kam einer seiner Freunde zu mir: »Deine Referenzen sind gut. Jo meinte, du bist das Geld wert. Interesse, mit mir im Hotel zu verschwinden?«

Wir verschwanden, mein Kunde wollte es auf dem Balkon des Hotelzimmers treiben. Mir war es egal, ich würde nicht rausfliegen oder Probleme mit meinem Resturlaub bekommen, falls sich jemand beschwerte. Ich beugte mich über das Balkongeländer und ließ mich mit Blick auf das Meer ficken. Als wir fertig waren, fragte mein Freier, ob ich Lust auf noch eine Nummer hätte, sein Freund wartete unten an der Bar: »Ihn macht es an, wenn er weiß, dass ich es hier oben treibe, und ihn macht es noch mehr an, wenn er danach das Gleiche machen kann und ich schaue zu.« Ich überlegte kurz, sagte Ja und bekam das Geld. Ich sollte nackt auf dem Balkon warten. Mein Kunde rief in der Hotelbar an und sagte seinem Freund, er könnte hochkommen.

»Seid ihr alle aktiv?«, fragte ich nach der zweiten Nummer.

»Ja, und deshalb holen wir uns ab und zu einen Passiven. Jo hat uns von dir vorgeschwärmt, da dachten wir, wir haben Urlaub, gönnen wir uns mal was Knackiges.« Ich erfuhr noch, dass es sich um insgesamt vier Freunde handelte, die zusammen verreisten. Sie alle waren Zugbegleiter bei der Bahn und alle Ende vierzig. Ein Paar und zwei Singles. Drei hatte ich also schon, mal sehen, wann der vierte dran ist, dachte ich bei mir. Ich lernte Nummer vier noch am gleichen Abend kennen. Er war angeblich hoffnungslos romantisch, glaubte an die große Liebe und hatte schon alleine damit Probleme, dass seine Kumpel für Sex bezahlten. Außerdem beklagte sich Nummer vier während des kurzen Gespräches mehrmals, wie teuer Mykonos doch sei und dass man als Zugbegleiter auch nicht die Welt verdiente. War das nur der Typ Freier, der den Preis senken will? Ich war wieder voll dabei, hatte nichts verlernt.

Da ich genug erlebt hatte, machte ich mich nach kurzer Zeit auf den Weg ins Hotel. An meiner Zimmertür hing ein Zettel. »Wir fahren morgen nach Delos, hast du Lust, mitzukommen? Thomas und Frank. PS: Mehr beim Frühstück.«

Wir schipperten also am nächsten Tag nach Delos. Thomas und Frank in langen Klamotten vor der Sonne geschützt und längst im Schatten, während ich noch einmal alleine durch die Ausgrabungen lief. Plötzlich stand Nummer vier der Zugbegleiter neben mir. Gleich beklagte er sich wieder über die Preise hier. Das war also der Typ Kunde, der erst einen auf Kumpel macht, auf Moral, und dann hofft, es für umsonst zu bekommen. Letztlich bezahlt er doch, weil er ja auch was erleben will, ist dann aber frustriert. Ich stehe doch auch nicht vor dem Kino in der Hoffnung, umsonst hineinzukommen, und sehe mir dann enttäuscht den Film an, weil ich zahlen musste. Manche machen sich das Leben echt schwer.

Thomas, Frank, die vier Zugbegleiter und ich nahmen das gleiche Schiff zurück. Auf Mykonos fragte mich Nummer vier, ob ich mit ihm noch einen Kaffee trinken ginge. »Du bist hoffnungslos«, sagte Jo zu Nummer vier, »da musst du schon was auf den

Tisch legen, oder fandest du mit zwanzig einen alten Knacker wie uns attraktiv?« Die vier zogen von dannen. Thomas und Frank schauten mich an. »Dein Fanclub?«

»Na klar, habt ihr keinen?«

»Wir möchten gar nicht wissen, was du nachts alleine in der Stadt so treibst.«

137 Lustig war es auf Mykonos. Mit Thomas und Frank verstand ich mich prächtig. Frank war eher der ruhige Typ, nicht der Partygänger, ihm gefiel es auch, mal lesend im Hotel zu bleiben. Dann zogen Thomas und ich alleine los. Die beiden waren schon tausend Jahre zusammen, wie sie selber sagten. Direkt von einer Jugendfreizeit in die Beziehung. Zwischendrin mal ein halbes Jahr getrennt, dann mit frischem Wind weiter und seither zusammen, einem Seitensprung nicht abgeneigt.

Nach dem Sonnenbrand konnte man die beiden auch wieder anfassen, was dazu führte, dass wir uns am Strand erst mit Sonnenmilch einrieben und später hinter einem Felsen mit Gleitcreme. Eifersucht hatten die beiden in ihren langen Jahren scheinbar überwunden. Sie vertrauten sich.

Unser Halbpensionsabendessen im Hotel ließen wir oft sausen. Rinderbraten mit gemischter Gemüseplatte passte zwar zu den meisten Hotelgästen, aber nicht zu Griechenland. Und es machte einfach Spaß, etwas zu essen und nebenher Jungs zu gucken, die durch die Straßen zogen. An einem Abend saßen wir zu viert in einem Restaurant, Thomas hatte einen Franzosen mitgebracht. Er sah ja mehr aus wie ein Schwede, blond, gut gebaut, aber sobald er sprach, war klar, er kam aus Paris. Und da nur Thomas Französisch sprechen konnte, war es anstrengend. Einen Satz sagen, übersetzen und so weiter.

Plötzlich wurden wir gegrüßt, die vier Zugbegleiter hatten uns entdeckt, zogen aber weiter. Na ja, nicht ganz, nach drei Schritten drehte Nummer vier wieder um, kam zu mir und fragte, ob ich eine Minute Zeit hätte. Ich ging mit ihm auf die Straße. »Also, äh, was machst du heute Abend noch?«, stotterte er rum.

»Nüscht, die Nacht ist jung, warum?«

»Wir sind den letzten Abend hier und ich hätte ja schon gerne was mit dir.«

»Okay, wie wäre es in zwei Stunden bei euch im Hotel?«

»Äh, könnten wir uns nicht bei dir treffen? Ich will nicht, dass die anderen das mitbekommen.«

»Tut mir leid, bei mir geht nicht. Kannst es dir ja überlegen, wir laufen uns bestimmt noch über den Weg. Und deine Kumpel sind doch okay, du hast dem Jo ja auch euer Zimmer überlassen.«

Ich klopfte Nummer vier auf die Schulter und setzte mich wieder zu den anderen. »Na, dein Fanclub wieder aktiv? Musst wohl heute Nacht noch als Clubbetreuer arbeiten?«, fragte Frank. »Für seine Fans tut man halt alles«, gab ich zurück. »Wie soll man das denn übersetzen?« Der Franzose schaute fragend. Frank machte daraufhin eindeutige Fickbewegungen mit seiner Hüfte, stöhnte dazu und rieb die Finger aneinander, das Zeichen für Geld. Der Franzose lachte. Ich schaute zu Frank. »Ach komm, du Königin der Nacht, tu nicht so unschuldig. Thomas hat dich gesehen, wie du Geld von einem Typen bekommen hast und ihr dann in eine dunkle Ecke verschwunden seid. Die, die so unschuldig aussehen, sind doch immer die Schlimmsten«, scherzte er. Ich wusste nicht, was ich sagen sollte. »Ja, nun gut, noch Kaffee zum Nachtisch?« Und Thomas beschwerte sich schon wieder, dass er nicht so schnell übersetzen konnte. David, der Franzose, wurde sein Lachen nicht mehr los. »Wie ist der Inseltarif diese Saison?«, fragte Frank. »Könnten wir bitte über etwas anderes reden?«, entgegnete ich wirsch. »Ach ja, in dem Geschäft ist man diskret«, meinte Frank spitz. »Frank!«, rief Thomas, »es reicht. Das ist seine Sache.« Frank wurde rot und Thomas entschuldigte sich für seinen Freund. »Wenn er erst mal anfängt, hört er nicht mehr auf und kennt dann einfach keine

Grenzen. Nimm es nicht persönlich, er schnauzt dann auch seine Oma so an.« Frank bestellte vier Sekt, um sein schlechtes Gewissen zu überspielen.

138 Nummer vier kam nicht mehr zum Zuge. Wir liefen uns an dem Abend noch über den Weg, aber scheinbar traute er sich nicht. Ich wette, er saß im Flieger nach Deutschland und dachte: »Scheiße, hätte ich doch nur«, und dann Minuten später: »Ich hab's doch nicht nötig, einen Stricher zu bezahlen! Geld gespart, auch gut.« Nur Spaß hatte er nicht.

Ich wachte am nächsten Morgen nicht alleine auf. David, der Franzose, lag neben mir. Ich war nackt, David lag auf dem Bett und trug Shorts. Er schlief noch. Ich erinnerte mich langsam. Nach viel zu viel Alkohol waren wir zu viert in unser Hotel. Sex hatten wir keinen, aber sicher war ich mir nicht. Ich schaute mich um, keine Spuren, keine zerknüllten Tempos, keine Kondome, keine Flecken auf der Bettwäsche. Wir waren wohl anständig geblieben.

Leise schlich ich mich auf die Terrasse. »Moin, Moneyboy, nette Nacht gehabt?« Frank war schon wach, saß auf der Terrasse und schaute aufs Meer. »An deiner Stelle würde ich mir was überziehen, wir sind hier in einem Touri-Hotel und nicht in einem Puff.« Jetzt erst merkte ich, ich war nackt aus dem Zimmer gekommen. Schnell wieder zurück, eine Jeans und ein T-Shirt geschnappt. Dann holte ich aus dem Frühstücksraum, der in der Nähe unseres Bungalows lag, Kaffee und setzte mich zu Frank.

Wir unterhielten uns über alles Mögliche, auch übers Anschaffen. »Der Gedanke macht mich auch an. Wer wäre nicht gerne die Schlampe, der Vamp? Aber in der Realität, nee! Könnte ich nicht, mein Gegenüber muss mir schon gefallen. Und wenn einer noch so viel bezahlt, ohne mich.« Danach war das Thema erledigt. David schlief nach langen Disconächten noch zwei Mal bei mir. Beim dritten Mal klappte es mit der Völkerverständigung, wir hatten Sex. Ich spritzte auf meinen Bauch, David leckte alles sauber. So ziehen Geschlechtskrankheiten also um die Welt. Verteilerpunkte sind Orte wie Mykonos oder Ibiza. Logistikzentren der Viren. Menschen in Urlaubslaune, unbekümmert, und im Flieger nach Paris oder London reisen sie nicht mehr alleine. So hat jeder seine Souvenirs. Meine Oma brachte aus dem Schwarzwald einmal eine Kuckucksuhr mit, der Jugendliche von heute hat etwas anderes im Gepäck. Wenigstens konnten wir nicht schwanger werden wie eine Arbeitskollegin, die nach einer Nacht in Mallorca mit einem Fötus im Bauch heimreiste. Den Namen des Vaters kannte sie nicht mehr, nicht einmal den Vornamen, nur so viel, er kam aus Deutschland, kleiner Ort im Ruhrgebiet, und hatte eine behaarte Brust. Wie soll man mit solchen Angaben jemanden ausfindig machen?

Ich saß im Flieger, mein Urlaub war zu Ende. In den Ferien die Fantasien ausleben, Hafennutte sein, und zu Hause ein geregeltes Leben führen. Guter Plan. Karlsruhe blieb sauber, so war die Gefahr relativ gering, dass ich wieder ein extremes Leben führte wie in Hamburg. Aber mal ein Wochenende weg, mal über die Stränge schlagen, das wollte ich mir gönnen. So würde auch nie das Gefühl aufkommen, dass ich etwas vermisste oder nicht auslebte. Und in ein oder zwei Jahren würde sich das Thema von selber erledigen. Ab fünfundzwanzig ist die große Zeit eines Callboys meistens vorbei. Ich dachte an Andreas. »Sowohl als auch« hatte seine Psychologin uns geraten. Ich sah den Zettel an unserem Kühlschrank in unserer Hamburger Wohnung, mir wurde heiß.

139 Zu Hause fühlte ich mich total einsam. Um nicht in einem Loch zu versinken, rief ich Mario an, wir trafen uns in unserer Lieblingskneipe, der Koffer blieb unausgepackt. »Siehst du gut aus«, begrüßte er mich, »knackig braun, wow.« »Und das überall«, lachte ich.

Ich erzählte von Mykonos, die Geschichten, bei denen es ums Anschaffen ging, ließ ich weg oder dichtete sie um, besonders die Geldübergabe. »War bestimmt sauteuer, oder?« »Och, hielt sich in Grenzen. Hab mehr wieder mit nach Hause gebracht, als ich dachte«, antwortete ich wahrheitsgemäß. Ja, so wie ich konnte man günstig Urlaub machen.

Mario wollte mich unbedingt begleiten, damit mir nicht wieder die Decke auf den Kopf fiel. Aber er war gar nicht so uneigennützig, wie er tat. Kaum in meiner Wohnung angekommen, knöpfte er mir die Jeans auf. Ja, so war Mario, und ich wehrte mich nicht. »Du, ich muss erst noch pissen, das Bier will raus«, sagte ich zu Mario, als ich nackt vor ihm stand. »Gute Idee.« Er nahm mich bei der Hand, ging mit mir ins Bad und legte sich in die Wanne. »Mach schon«, forderte er mich auf und kraulte mir die Eier. Es dauerte ewig, bis ich endlich pinkeln konnte; wenn jemand zuschaute, es erwartete, ging es nicht so leicht. Als Marios Body nass war, fragte ich ihn, ob er nicht auch müsste. Wir trieben es wieder im Bad. Ein schöner Urlaubsabschluss.

Am nächsten Tag wusch ich meine Wäsche, kaufte Lebensmittel ein, telefonierte mit meinen Eltern, traf Stephan zum Spaziergang mit seinem Hund. Normalität kehrte ein. Nur das Geld, das auf meinem Küchentisch lag, erinnerte an die unzüchtigen Ausflüge auf Mykonos.

140

Stephan hatte in einer Zeitung für Kleinanzeigen eine kostenlose Kontaktannonce aufgegeben, keine Escortwerbung, eine private Anzeige, um einen netten Jungen kennenzulernen. Die Idee gefiel mir, ich machte es ihm nach. Und die Zuschriften ließen nicht auf sich warten.

Im ersten Umschlag ein halbes Blatt Papier mit wenigen Worten. Der Verfasser musste geizig sein, man konnte sehen, er hatte das Papier erst umgeknickt, dann entzweigerissen. Was sollte ich mit so einem Menschen? Der erste Eindruck ist doch der wichtigste. Und dann gleich das, nicht einmal ein ganzes Blatt war ihm sein Glück wert. Papierkorb.

Die nächste Antwort gefiel mir. Ein Werbebogen für eine Partnervermittlung. Ich dachte erst, es sei Werbung. Aber der Verfasser hatte einfach den Bogen ausgefüllt und ihn mir geschickt. Den wollte ich treffen. Auch eine Telefonnummer hatte er angegeben. Sympathisch.

Der dritte Brief klang auch vielversprechend. Ein vierundzwanzigjähriger, sportlicher Jeanstyp pries sich an. Er wohnte noch zu Hause und schrieb gleich dazu, dass er am kommenden Sonntag Zeit hätte und vor einem Kino in der Stadt warten würde. Er hoffte, ich würde kommen.

Als Erstes traf ich den Typ, der hinter dem Werbebogen der Partnervermittlung stand. Es wurde ein schöner, gemütlicher Abend in einer Studentenkneipe. Wir beschlossen, uns wiederzusehen. Als ich ging, wusste ich, nichts zum Verlieben, aber bestimmt würde daraus eine gute Freundschaft. Er hieß Thomas.

Sonntagnachmittag ging ich zum Kino. Mir fiel auf, ich war überhaupt nicht aufgeregt, auch bei Thomas nicht. Musste wohl die Routine sein, die ich durch die vielen Kunden hatte. Vor dem Kino sprach mich ein älterer, kleiner, ungepflegter Typ an. Abgestoßene Cordhosen, unregelmäßig rasiert, fettige Haare und ein alter Bundeswehrparka. Von wegen, Schwule sind alle gepflegt. Er fragte mich, ob er mir auf eine Kontaktanzeige geantwortet hätte. Ich war so dumm und sagte: »Ja.« Es wäre ein Leichtes gewesen, mich als Kinobesucher auszugeben und desinteressiert weiterzulaufen, stattdessen sagte ich: »Du bist aber keine vierundzwanzig. Und ein sportlicher Jeanstyp sieht auch anders aus.« Er antwortete nur: »Wenn ich die Wahrheit geschrieben hätte, wärst du nie gekommen.« Stimmt, da hatte er recht.

Ich verabschiedete mich, aber mein Date verfolgte mich, bot mir Geld. Nein, auch nicht für Geld, den hätte ich sogar in Hamburg abgelehnt. Der musste erst einmal desinfiziert werden. Waschmaschine, volles Programm bei 90 Grad, zwei Mal hintereinander und danach ein Chlorbad, das würde den gröbsten Dreck ablösen. Und die Kleidung gleich verbrennen, als Sondermüll. Ich hatte selten so einen abstoßenden Typen gesehen.

Dieses Männchen hatte sich in den Kopf gesetzt, nicht lockerzulassen. Er lief mir hinterher. Ich stieg in eine Straßenbahn, er quatschte mich in der Tram gleich wieder an, wie geil ich aussehen würde und so weiter. Mir war das peinlich, ich stieg wieder aus, viel zu früh, auch weil ich nicht wollte, dass er erfuhr, in welcher Gegend ich wohnte. Ich vorweg, der Gnom immer ein paar Schritte hinter mir. Was sollte ich nur tun? Die Rettung kam in Form der Polizei. Ich sah ein blaues Schild an einem Haus, Polizei. Ich wurde langsamer, mein Verfolger blieb stehen. Ich sagte kein Wort, klingelte an der Tür und betrat die Wache. Durch die Glastür sah ich das Männchen davonlaufen. Der Beamte fragte, was ich wollte. Ich sei hier noch relativ fremd und hätte mich verlaufen. Der Polizist erklärte mir auf einem Stadtplan, wo ich gerade war.

Ich dachte immer, dass ich in Hamburg schon alles erlebt hätte, von wegen.

141

Erst einmal hatte ich die Schnauze voll. Dann rief Paul aus Hamburg an, am Donnerstag wollte er kommen und bis Sonntag bleiben. Ich freute mich riesig. Obwohl ich ihn von meinen Hamburgern am wenigsten kannte, war er ja mein Retter. Er kannte meine Hamburger Vergangenheit, meine Stricherkarriere, und auf der anderen Seite war er ganz normal, hatte nichts mit der Szene zu tun. Genau das, was ich gerade brauchte. Und dazu sah er auch noch gut aus.

Paul kam mit Geschenken. Eine rote Hamburgjacke, ein kurzer Blouson mit dem Hamburger Wappen darauf, und ein Kasten Astra, das Bier, das wir in Hamburg fast immer getrunken hatten.

Perfekte Kombination, das Bier landete sofort im Eisfach, die Jacke zog ich gleich an. Da Paul nicht abschätzen konnte, wann er bei mir sein würde, hatte ich nichts gekocht und wir gingen essen. Paul erzählte von meiner alten Wohnung, er kannte ja die neuen Besitzer durch seinen Ruderclub. Andrea würde mich vermissen, sie konnte so wenig mit den neuen Nachbarn anfangen. Paul war sogar einmal mit Andrea zum Hamburger-Nutten-Kegeln gegangen. Da würden inzwischen nur weibliche Sexworker mitmachen. So änderte sich alles.

Zu Hause tranken wir Astra und schauten dazu die *Golden Girls* auf Video. Die Frage, ob er auf der Couch schlafen wollte, war wohl etwas doof. Ich war unsicher, weil Paul so weltmännisch wirkte. Und es war ja alles anders geworden. Aber er hob mich einfach hoch und trug mich ins Schlafzimmer. Dort zog er mir mein T-Shirt aus und biss mich in eine Brustwarze: »Das war die Strafe für die dumme Frage.« Ich wiederholte es unzählige Male: »Willst du auf der Couch pennen?« Für jede Frage bestrafte er mich mit einem weiteren Biss. Am Morgen danach taten meine Brustwarzen weh, mein Hemd musste ich ganz vorsichtig anziehen. Das war der Maso in mir.

Freitag im Büro musste ich ständig an Paul denken, er war wirklich zum Verlieben. Er hatte einen Termin in Baden-Baden und würde so gegen 18 Uhr wieder bei mir sein. Ich kochte wie ein Weltmeister, räumte die Wohnung auf, deckte den Tisch, holte sogar noch passende Servietten, ich wollte der perfekte Gastgeber sein. Paul kam mit einer roten Rose und einer Flasche Champagner. »Die rote Rose ist für dich, weil du ein wirklich lieber Kerl bist. Der Champagner ist für uns, zum stilvollen Besaufen.« Die Flasche blieb zu, wir zogen das Bier vor. Später landeten wir auf dem Sofa und schauten weiter *Golden Girls*.

Paul fuhr am Sonntag nach dem Frühstück. Ich war mir sicher, in Hamburg wären wir ein Paar geworden. Aber ich war ja nicht mehr in Hamburg.

142 Ich musste nach Frankfurt auf einen Fortbildungskurs. Vorfreude kam auf, der nicht gerade gute Ruf des Bahnhofsviertels war mir wohlbekannt. Zum Glück hatte der Referent an diesem Tag keine Lust und machte früher Schluss. Meine Kollegen aus Karlsruhe nutzten die gewonnene Zeit, um in Sachsenhausen hessisch essen zu gehen, ich trennte mich von ihnen und sagte: »Freunde besuchen.«

Mir fielen Thomas und Frank von Mykonos ein. Sollte ich? Freunde kontra Bahnhofsviertel. Ich entschied mich für Thomas und Frank, wollte vernünftig sein und rief sie an. Es passte ihnen an diesem Tag überhaupt nicht. Ich bekam einen Rüffel, damit ich mich das nächste Mal früher meldete. »Glück gehabt.« Innerhalb von Minuten war ich zu Fuß am Bahnhof.

Südausgang, B-Ebene, Kaiserstraße, das war mir irgendwie im Gedächtnis. Am Südausgang patrouillierte gerade jede Menge Polizei, in der B-Ebene das gleiche Bild, also auf zur Kaiserstraße. Hier bestellte ich mir in einer Stehkneipe mit Blick auf die Straße erst einmal einen Apfelwein, Hessen halt. Schon nach kurzer Zeit fielen mir zwei Jungs auf, die öfter vorbeigingen. Beide um die zwanzig, einer von ihnen hatte dunkle Haut, kein Schwarzer, aber dunkler als ein Südländer. Sie sahen etwas fertig aus, runtergekommene Jeans, Turnschuhe, T-Shirts und Bomberjacken.

Später auf der Straße traf ich sie wieder, sie kamen mir entgegen und ich schaute sie einen Moment länger an, als es normale Passanten machen. Ich merkte, sie wurden langsamer, ich drehte mich um, sie auch. Das Duo blieb stehen, ich ging langsam an ihnen vorbei. »Brauchst was?«, flüsterte der Dunkle zu mir. Mist, nur Dealer.

In einem Sexshop mit angeschlossenem Kino schaute ich mir zuerst mal das Angebot im Laden an, seit Hamburg hatte keiner etwas Neues erfunden. Gelangweilt blickte ich durch das Geschäft, überlegte gerade, ob ich ins Kino gehen sollte, da kamen die beiden Dealer von der Straße und gingen hinein. »Aha, doch den richtigen Riecher gehabt.« Ich folgte ihnen und sah, wie der

Dunkle vor einem älteren Typen im Anzug kniete, vermutlich war das schon auf der Straße abgemacht gewesen. Sein Kumpel stand nicht weit entfernt und schaute im Dämmerlicht zu. Ich setzte mich in eine Videoeinzelkabine und ließ die Tür auf, keine fünf Minuten später fragte mich jemand, ob ich auch schluckte. »Nein, nur *safe.*« Der Typ wollte, dass ich ihm einen blase, ich lehnte ab, dachte, der legt es drauf an, mir in den Mund zu spritzen. Ich musste nicht lange warten, ein Mann mit Aktentasche stellte sich in die Tür der Kabine und griff sich in den Schritt. War ein lustiges Bild. Linke Hand Koffer, rechte Hand an der Hose. »Wie viel?« Er blies mir einen und wichste sich selber dabei, und dann hätte er beinahe noch seinen Koffer vergessen, als wir uns trennten. Ich grinste in mich hinein, ja, das war Leben, mein Leben, irgendwie gehörte das zu mir.

Ich blickte auf die Uhr, Andreas' Uhr, der nächste ICE nach Karlsruhe fuhr in ein paar Minuten. Auf dem Bahnhof lief ich meinen Karlsruher Kollegen in die Arme. Sie berichteten von grüner Soße und Apfelwein. Im Zug versuchten sie mich auszupressen, meine Hobbys, warum ich von Hamburg nach Karlsruhe gezogen war und so weiter. Ich sagte nicht viel. Kurz vor Karlsruhe bekam ich dann den freundschaftlichen Rat, ich sollte doch ruhig mal ein bisschen aus mir rausgehen, sonst würde ich nie etwas erleben und auf der Couch versauern. Wenn sie meinten.

143 Ich ließ meine Kollegen in dem Glauben, dass ich der unschuldige Norddeutsche sei. Auch bei allen weiteren Fragen nach meinem Privatleben verhielt ich mich ausweichend, nichts, keine Auskünfte, nicht einmal Andeutungen. Auf Azubifesten versuchten sie mich auszuquetschen, manche wollten sich mit mir privat treffen, beides misslang. Andere machten sich an Mario heran, um etwas über mich zu erfahren, doch da Mario eigentlich nichts wusste, konnte er auch nichts sagen. So wurde ich vom unschuldigen Norddeutschen zum kühlen Norddeutschen. Ich hatte wieder ein Doppelleben.

Und dann schwärmte ich Mario so viel von Sylt vor, dass er neugierig wurde. »Warum fahren wir nicht hin?« »Yep!« Ich hatte erst zwei Wochen Urlaub verbraucht und freute mich auf einen Trip mit Mario. Erst nachdem wir eine Ferienwohnung gebucht hatten, wurde mir anders. Erstens Sylt und zweitens mussten wir durch Hamburg. Ich sollte Mario zuvor zumindest von Andreas erzählen, ihn vorwarnen, dass ich im Zug in einen Sitz beißen, mich sinnlos im Speisewagen betrinken oder in die Alster springen könnte. Außerdem sollte man vorsichtshalber die Hamburger Bürger informieren, wir mussten doch am Hauptbahnhof umsteigen, ich befürchtete, Amok zu laufen. Zumindest die Ausgänge in Richtung Steindamm und St. Georg sollte man zur Sicherheit absperren. Jetzt erst merkte ich, wie tief alles noch saß.

Ich zerbrach mir den Kopf: Fahren oder nicht fahren? Ewig wollte ich Sylt nicht meiden, irgendwann musste ich auch mal wieder nach oder durch Hamburg fahren. Ich sprach mit allen und jedem darüber. War es besser, sich der Situation zu stellen oder lieber noch abzuwarten? Schließlich hörte ich auf meinen Bauch, wir fuhren nach Sylt.

144 Mario und ich saßen im Zug nach Westerland. Ich erzählte ihm alles über Andreas, über Hamburg und mich. Na ja, fast alles, das Anschaffen ließ ich weg. Aber auch so reichte es schon: »Klar, da wäre ich auch durchgedreht, ich hätte mich bestimmt totgesoffen, sei froh, dass du in der Klinik gelandet bist.«

Bis Hannover lief die Fahrt erstaunlich ruhig, also, ich war erstaunlich ruhig. Aber dann, noch zirka eine Stunde bis Hamburg. Ein ungeheurer Druck machte sich in meinem Gehirn breit, ich wurde nervös, mir wurde schlecht. Ich musste aufstehen, hatte Angst, das Herumlaufen gab ein Gefühl von Freiheit, im Sitzen verkrampfte sich alles. Mario sagte zu unseren Sitznachbarn: »Können Sie bitte kurz auf unsere Sachen aufpassen?« Eine ältere Frau riet: »Atmen Sie, Sie dürfen das Atmen nicht vergessen.« Mehr bekam ich nicht mehr mit. Dann stand ich irgendwann im Großraumwagen und war leichenblass. Die Frau hatte recht, ich musste atmen, ich hatte wirklich das Atmen kurzfristig eingestellt.

Mario nahm meinen Arm und ging mit mir im Zug auf und ab. Jetzt hätte ich frische Luft gebraucht, das ging schlecht in einem ICE. Eine Zugbegleiterin erkundigte sich, ob alles okay sei. Ich lächelte sie an: »Ja, geht schon wieder, danke.« Mario führte mich zum Speisewagen.

»Wasser, oder was willst du?«

»Ein Bier bitte.«

»Na, ob das das Richtige ist? Aber wenn du meinst.«

Ich saß im Speisewagen, versuchte bewusst und ruhig zu atmen und kam mir vor wie ein Opfer. Das Leben hatte es nicht gut gemeint mit mir. Warum das alles? Ich sah Escort-Andreas vor mir, kurz vor seinem Tod; ich sah meinen Andreas, wie er stundenlang duschte, weil ihn ein Freier halb vergewaltigt hatte; ich sah Chris, wie er in die Pornokamera lachte, obwohl er eigentlich etwas ganz anderes wollte, aber trotzdem so tat, als ob es ihm gefiel; und ich sah den Hotelflur, zwei neue Matratzen vor dem Zimmer, in dem Andreas starb. Das Leben ging weiter, das Zimmer wurde am Tag darauf neu vermietet.

»He du, sieh es doch mal so, du hattest schon eine tiefe Beziehung, ihr hattet Freunde, eine schöne Wohnung. Das haben manche ihr ganzes Leben lang nicht. Und wenn wir durch Hamburg durch sind, wird es bestimmt besser. Ich kenne das auch, mein bester Jugendfreund kam bei einem Motorradunfall ums Leben. Die erste Zeit hatte ich Probleme, auf der Straße zu fahren, auf der er starb. Aber wäre doch auch schlimm, wenn es einen kalt lässt, oder?« Mario konnte Gedanken lesen und ich streichelte ihm dankbar übers Knie.

Die Bahn half mir, den Halt in Hamburg gut zu überstehen.

Kaum hatten wir unseren Bahnsteig für den Zug nach Sylt erreicht, kam die Durchsage, dass der Intercity heute auf einem anderen Gleis abfahren würde. So hatte ich wenig Gelegenheit, nachzudenken oder in tiefe Löcher zu fallen. Und Mario behielt recht, nachdem wir Hamburg verlassen hatten, die letzten Häuser hinter uns lagen, ging es mir besser.

»Auf Sylt das gleiche Spiel? Soll ich schon mal einen Notarzt rufen?« Es war gut, dass Mario es nicht zu ernst nahm, sein schwarzer Humor lockerte die Situation. Ich war gespannt auf die Insel, freute mich sogar. Niemand wusste, dass ich nach Sylt fuhr, damit ich nicht schon im Vorfeld mit guten Ratschlägen oder Verabredungen überhäuft wurde. So konnte ich kurzfristig entscheiden, ob ich Menschen aus meinem alten Leben sehen wollte oder nicht. Aber zuerst einmal wollte ich frei sein. Was hatte die Frau im Zug gesagt? Ich sollte das Atmen nicht vergessen. Genau, ich musste zuerst am Strand durchatmen, zur Ruhe kommen. Und wenn es so weit war, konnte ich immer noch schauen, ob meine Ex-Schwiegereltern oder Robin für mich Zeit hatten.

Die Ferienwohnung war klein, aber schön, nicht weit vom Strand. »Jetzt ans Meer!« Und die Koffer später auspacken, wie früher. Mario war noch nie auf Sylt gewesen; als er den endlosen Strand und die Brandung sah, war er begeistert. »Endlich wieder daheim!«, rief ich gegen den Wind an und bekam eine Gänsehaut. Mario lachte und nahm mich in den Arm. »Komm, lass uns unsere Ankunft feiern, ich gebe einen aus. Und danke für die Hilfe im Zug.« Ich gab Mario einen Klaps auf den Hintern. Wir gingen in eine Bar mit Blick auf das Meer und stießen mit einem Glas Wein auf unseren Urlaub an. Ich war froh, hier zu sein. Ich atmete tief durch.

145 Mein letzter Ausflug ins horizontale Gewerbe war einige Wochen her, Frankfurt eben. Karlsruhe blieb sauber, mein Leben da ganz normal, darüber muss man nicht groß berichten.

Und jetzt die erste Nacht auf Sylt. Wir saßen in einer Kneipe und tranken Alster. Nach kurzer Zeit erkannte mich der Hotelier, mit dem Andreas und ich in seiner Sauna Sex gehabt hatten. Als er Mario sah, wurde er diskret, ich war ihm dankbar. Er zog mich zur Seite und fragte, ob ich einen neuen Freund hätte. Ich erzählte nichts von Andreas und sagte, Mario sei nur ein Bekannter. Ob er auch anschaffen ging? Ich verneinte. Ob ich denn Lust hätte? Ich verneinte abermals. Das wäre zu viel für mich gewesen, da hätte ich immer nur an Andreas denken müssen.

Wenig später kam Robin herein. Er war also einmal ein Wochenende nicht in Hamburg. Und ich musste mir nicht mehr überlegen, wann ich ihn anrufe und was ich sage. Robin war der Typ, der nie nachdachte, er nahm alles immer noch so, wie es kam, ohne es zu hinterfragen. Das Erste, was er sagte, war: »Muss wohl in der Luft gelegen haben. Andreas' Eltern haben mich heute Nachmittag gefragt, ob ich mal wieder was von dir gehört habe.« Mario runzelte die Stirn. Ich klärte ihn auf, erzählte, dass Andreas' Eltern in das Nachbarhaus von Robins Familie gezogen waren und wir uns auf diese Weise kennengelernt hatten.

Mario und Robin gefielen sich, und als Robin fragte, ob wir noch mit in eine Disco kommen würden, sagte ich Nein und Mario Ja. Ich war müde, für mich war die Fahrt der reine Stress gewesen. Aber Mario war aufgedreht, für ihn war alles neu hier. Sie gingen also alleine in den nächsten Laden. Ich wollte noch für mich einen Absacker trinken und dann schlafen gehen.

Als ich die Bar verließ, folgte mir ein Typ. »So ein hübscher Bengel geht alleine nach Hause?«, fragte er mich. »Na klar, weil ich ein Engel bin und kein Bengel«, gab ich frech zurück. Ich sah einem Typen um die vierzig in die Augen, der leicht angetrunken war. Er legte einen Arm auf meine Schulter, ich stieß ihn runter. »He, warum so prüde?«, wehrte sich mein Gegenüber. »Weil ich anständig bin. Sex vor der Ehe, ohne mich!« Der hätte was bezahlt, da war ich mir sicher, ich hätte es nur darauf anlegen müssen. Aber ich wollte nicht. Ich musste sogar weinen bei dem

Gedanken, dass er mir Geld gegeben hätte. Mit Tränen in den Augen lief ich in unsere Ferienwohnung, froh, dass Mario noch unterwegs war.

Ich schlief traurig und erschöpft ein.

146

»He, du kleine Hafennutte, aufwachen, wir gehen frühstücken«, Mario und Robin standen vor meinem Bett. Es war schon mittags, das Nordseeklima hatte mich schlafen lassen wie einen Stein. Hafennutte? Hatte ich richtig gehört? Ich hätte Robin umbringen können. Aber so war er eben, immer unbedacht. Jedenfalls war ich jetzt hellwach und hungrig. Aus dem Frühstück wurde ein Kaffeeklatsch, wir waren zu spät dran. Also tranken wir Kaffee und aßen Torte.

Später am Strand erzählte mir Mario von der Nacht mit Robin. Kurz noch in eine Disco, dann zu ihm nach Hause, seine Eltern waren übers Wochenende in Berlin, er hatte sturmfreie Bude. »Und wie das so ist, man redet über Gott und die Welt, und plötzlich fielen solche Worte wie Bumszimmer oder Nuttentelefon. Und dann überlegte Robin laut, ob Andreas sich auch umgebracht hätte, wenn er nicht anschaffen gegangen wäre. Da habe ich dann natürlich nachgefragt. Scheint Robin auch noch sehr zu beschäftigen, darfst ihm das nicht krummnehmen, dass er geplaudert hat.«

Mir wurde ganz komisch. Ich wollte doch Urlaub machen. Aber war es nicht vorhersehbar gewesen? Vielleicht hätten wir nicht hierher fahren dürfen. Oder wollte ich es darauf ankommen lassen? Lieber jetzt als nie, Augen zu und durch. Und mit Mario hatte ich scheinbar auch den richtigen Reisepartner gewählt. »Keine Sorge«, sagte er zu mir, »ich werde das in Karlsruhe nicht rumerzählen.« Ich glaubte ihm.

Wir gingen lange am Strand spazieren und redeten. Es tat mir richtig gut, alles noch einmal zu erzählen, und auch Mario rückte mit seinen Sorgen und Nöten heraus. Hinterher waren wir beide sehr erleichtert. Keiner sprach es aus, aber ich wusste, dieser Spaziergang hatte unsere Freundschaft auf einen sehr soliden Sockel gestellt. Ich vertraute Mario und er mir. Und ich war mir sicher, ihm ging es ähnlich, als er sagte: »Das war wie Frühjahrsputz im Hirn. Und jetzt geht die Party erst richtig los. Sylt, zieh dich warm an, die beiden Karlsruher Superschwestern kommen.«

Die beiden Karlsruher Superschwestern kauften erst einmal ein Geschenk für Robin, der uns zum Essen eingeladen hatte. Und endlich klingelte ich auch bei Andreas' Eltern. Sie waren nicht da, also schrieb ich einen Gruß auf einen Zettel und klebte ihn an die Eingangstür. Später am Abend bummelten wir durch die Kneipen, wo Mario und Robin um die Wette flirteten. »Stört es dich, wenn wir dich alleine lassen?«, fragte Robin und grinste zu seinem Süßen hinüber. »Nö, haut nur ab, und anständig bleiben, ja?« Ich lachte. »Klar doch, und lass du dich nicht von fremden Männern anquatschen.« Ich bekam von beiden einen Kuss auf die Wange, dann verschwanden sie.

Da stand ich nun mit einem Bier in der Hand, alleine in einer Bar. Um mich herum lauter Männer in guter Laune, fast alles Touristen. Ich dachte an Andreas und mich und unsere Wohnung hier, ich war ja mal so was wie ein halber Einheimischer gewesen. Als mein Bier fast leer war, kam ein Mann Ende dreißig auf mich zu und fragte: »Trinkst du noch ein Bier mit mir?« Ich war der Jüngste hier und nach Hause wollte ich noch nicht. »Ja gerne.« Später verschwand ich mit dem Typen in seiner Ferienwohnung, zog mich aus und legte mich auf sein Bett. Als er mich fickte, war ich wieder die kleine Hafennutte. Nur über Nacht blieb ich nicht, das hatte ich ja noch nie gemocht.

Ich holte mir einen warmen Pullover und ein Bier, ging zum nächtlichen Strand und dachte an die Geschichte vom kleinen Prinzen. Da gab es eine Stelle, wo er auf dem Stern sitzt und herunterschaut. Ich fühlte mich Andreas ganz nah. Und ich wusste auch: Man kann sagen, was man will – Anschaffen ist etwas Besonderes. Ganz klar, es ist ein anderes Hobby als Schwimmen oder Modelleisenbahn, weil es dich selber betrifft. Eine Modelleisenbahn kannst du in die Ecke stellen, aber das, was du auf dem Strich erlebt hast, wirst du nicht mehr los. Wird dir die Lokomotive, die im Kreis fährt, zu viel, kommt sie in einen Karton im Keller. Deinen Schwanz oder deinen Arsch kannst du nicht auf dem Speicher abstellen.

147 Mario hatte es erwischt, er schwärmte nur noch von Robin. Tagsüber, wenn die junge Liebe arbeitete, zeigte ich Mario die Insel. Wir hatten von Andreas' Eltern unsere alten Räder bekommen und düsten durch die Gegend, mal vom Wind geschoben, mal gegen ihn ankämpfend. Nachmittags kam Robin dazu und wenig später verabschiedeten sich die beiden Turteltauben. Ich ahnte schon, wer der Patient auf der Rückfahrt sein würde. War vielleicht ganz gut so, da hatte ich weniger Zeit zum Grübeln.

Die Kombination von tagsüber Programm mit Mario und danach Zeit für mich gefiel mir gut. Zweimal traf ich Andreas' Eltern, erzählte von Karlsruhe und wie es mir sonst so ging. Sie erzählten von sich und dass sie immer noch an den Treffen verwaister Eltern teilnahmen. Vor meinem nächsten Syltbesuch sollte ich mich auf jeden Fall bei ihnen erkundigen, ob sie ein Apartment frei hätten. Dann könnte ich dort umsonst wohnen. Ich war froh. Die alte Wut war verflogen, wir konnten uns annähern.

Wenn Mario und Robin abgezogen waren, lief ich am Strand entlang, danach ging ich zur Fußgängerzone, aß Fischsuppe im Stehen und trank ein Glas Wein dazu. Und ich suchte immer wieder Blickkontakt zu Männern, die auch alleine unterwegs waren. Ja, das war Urlaub. Die Zeit verging wie im Fluge.

Da die schwulen Touristen früher oder später in den gleichen Kneipen landeten, funktionierte der Tratsch vortrefflich. Schon nach wenigen Tagen wussten alle, die es wissen wollten, dass ich auch für Geld mitging. Als ich wieder einmal meine Fischsuppe aß, stellte sich ein Mann mit einem Bier und einem Fischbrötchen zu mir und machte Small Talk. Trockenes Wetter, nur etwas zu kühl, aber besser als Regen und so. »Woher kommst du?« Aus Hamburg, log ich und war wieder in meinem Element, das Spiel war eröffnet. »Hab dich schon im Nanu gesehen. Da gehen ja die wildesten Gerüchte über dich herum. Aber ich höre nicht darauf, die sind bestimmt alle nur neidisch, weil du noch so jung bist«, erzählte mein Tischnachbar. »Sind keine Gerüchte«, gab ich trocken zurück. Mein Gegenüber schluckte. »Du weißt, was sie über dich erzählen?«, flüsterte er. »Du bist ein Stricher.« Er wurde immer leiser, aus Angst, gehört zu werden. »Und was wäre wenn?«, entgegnete ich selbstsicher. »Ach komm, das hast du doch gar nicht nötig. Hör einfach nicht auf die frustrierten, alten Säcke.« Komisch, dachte ich mir, mein Gesprächspartner hatte ungefähr das gleiche Alter wie die, über die er gerade herzog. Und er redete weiter: »Aber bevor du alleine den Abend verbringen musst, können wir ja was zusammen machen, wenn du Lust hast. Und wie gesagt, ich höre nicht auf das Geschwätz der anderen, du bist bestimmt ein ganz Netter.« Machte der einen auf Samariter, weil er es umsonst haben wollte? Er sollte mal lieber auf das Geschwätz der anderen hören. »Ich habe noch eine gute Flasche Wein in meiner Wohnung. Du scheinst ja Wein zu mögen. Wie wäre es, wir trinken ein Gläschen zusammen?«, schlug er schleimig vor. »Zweihundert, dann bin ich dabei.« So ein Depp. Wie ich die Männer mochte, die es klar als Deal ansahen. Sex gegen Geld und fertig. Wären wir nicht in einem Fischrestaurant gewesen, wäre ich garantiert angebrüllt worden. Aber die Öffentlichkeit schützte mich. »Ihr seid doch alle gleich, billige Stricher«, schimpfte er leise. »Du denkst doch auch, du bist besser als die anderen im Nanu, aber weit gefehlt«, einschüchtern ließ ich mich von dem nicht. Mein Freier verschwand weiterhin schimpfend, die anderen seien doch alle nur frustriert. Ich denke, er sprach über sich.

Später ging ich mit einem Mann mit, der mir ganz klar sagte, was er suchte und was er dafür zahlen wollte. Das mochte ich, das machte Spaß. Ich versohlte ihm mit seinem Gürtel den Hintern, beschimpfte ihn als elenden Freier und spuckte ihm ins Gesicht, bevor er mir einen blies. Er war zufrieden und befriedigt, der Typ vom Fischrestaurant dagegen bestimmt immer noch frustriert.

148 Mario regte sich richtig auf, als ich ihm von dem Typen aus dem Fischrestaurant erzählte: »Was bildet der sich denn ein? So würde ich ja nicht mal einen Gleichaltrigen anmachen, außer ich wäre mir sicher, es hat gefunkt. Und dann noch beleidigen, echt der Hammer. Zumal er ja wusste, wer du bist.«

Es sollte noch dicker kommen. Am Strand lief uns der Typ wieder über den Weg. Er kam auf uns zu und sagte zu mir: »Ich hab's mir überlegt, wann hast du Zeit?« »Kein Interesse«, sagte ich kühl und ging weiter, doch der Kerl kam hinterher: »He, ich hab gesagt, ich bezahle, also sag mir, wann du kannst.« Jetzt wurde ich sauer: »Hör mal zu, gestern beleidigst du mich und jetzt denkst du, du hast noch eine Chance? Einfach armselig, niveaulos, krank! Lass mich in Ruhe! Ich habe schließlich Geschmack. Warum denken Typen wie du, dass sie sich verhalten können, wie sie wollen, und trotzdem alles bekommen?« Der Mann griff nach meinem Arm, schaute wütend, aggressiv. Ich bekam Angst. Mario brüllte so laut, dass es der halbe Strand hörte: »Lass uns in Ruhe, du perverses Schwein, oder wir holen die Polizei!« Die ersten Spaziergänger blieben stehen. Der Kerl schaute sich um, ließ meinen Arm los. »Scheiß Stricher.« Zwei Männer mit Hund stellten sich in den Weg: »Gibt es ein Problem? Braucht ihr Hilfe?« »Ist schon gut«, murmelte der Typ und verschwand schnell über den Strand. Mario rief ihm nach: »Noch so ein Ding und wir zeigen dich an!«

Die Leute gingen weiter, die Männer mit dem Hund blieben noch bei uns stehen. Ein schwules Paar, beide Mitte vierzig. Mir zitterten wortwörtlich die Knie. Sie würden schon zwei Wochen hier Urlaub machen und der Typ sei auch schon so lange da, aber immer nur alleine unterwegs. »Eigentlich ein armes Würstchen.«

»Dann soll er seinen Frust aber bitte an einem Sandsack oder so auslassen, aber nicht an mir.«

»Ach, für manche sind Callboys halt Freiwild und keine Menschen.«

»Hier bleibt wirklich nichts verborgen.«

»Nö, so viel ist hier auch nicht los und die Leute haben Zeit, da sorgt ein Typ wie du schon für Gesprächsstoff. Aber keine Sorge, uns ist das egal, nicht wahr, Schatz?«

Wir liefen zu viert den Strand entlang bis zur »Oase zur Sonne«, einer Art Skihütte in den Dünen, wo wir zusammen einen Kaffee tranken, danach trennten sich unsere Wege. Mario und ich wollten zurück nach Westerland, die beiden zogen Richtung Süden. »Die waren ja mal nett, so richtig normal«, meinte Mario, als wir wieder alleine waren. »Ja klar, Idioten wie vorhin sind zum Glück die Ausnahme.«

Bei Gosch hielt Mario einen Stehtisch an der Straße frei, ich holte etwas zum Essen. »Na, du Luder«, hörte ich plötzlich hinter mir. Ich drehte mich um, der Kunde von gestern, der mit dem Gürtel. Irgendwie steckte mir der Schreck noch in den Knochen, ich war sofort wieder aufgeregt, aber grundlos, wie sich herausstellte. »Na, tut's noch weh?« »Aber hallo! Will ich doch meinen. Muss sich auch lohnen, will ja etwas davon haben«, lachte der Kunde. »Ich such mir einen Stehtisch, Sitzen ist noch nicht so gut.«

Mario und ich aßen unseren Fisch, am Nachbartisch stand mein Kunde mit seinen Freunden. »Also, junges Gemüse schmeckt besser als Fisch«, er schaute zu uns rüber. »Ja, so ein schöner gerader Spargel hat schon was«, sinnierte Mario. »Und Eiweiß direkt von der Quelle ist auch besser als totes Getier auf dem Teller.« So in der Richtung ging es weiter, wir lachten Tränen.

149 Eine aufregende Woche ging zu Ende. Robin brachte uns zum Bahnhof. Ich hielt mich absichtlich etwas abseits, weil ich den beiden Zeit zum Verabschieden geben wollte. »Jetzt komm endlich her«, rief Robin zu mir, »wir haben heute Nacht schon ausgiebig Tschüss gesagt.« »Ich will gar nicht wissen, wie das aussah«, gab ich als Antwort. Robin umarmte mich. Als ich gerade in den bereitstehenden Zug steigen wollte, hörte ich vertraute Stimmen. Andreas' Eltern waren gekommen. Es wurden Geschenke ausgetauscht. Mario bekam von Robin einen kleinen Stoffseehund mit blauem Halstuch. Mario reichte Robin einen großen Umschlag. Meine Ex-Schwiegereltern übergaben mir eine Papiertüte. »Aber erst im Zug reinschauen!« Jeder umarmte irgendwie jeden. »Das ist ja wie bei Rosamunde Pilcher, mehr Kitsch ertrage ich aber nicht«, grinste ich und war zufrieden.

Der Zug rollte über die Insel, ich machte meine Tasche auf und holte zwei Piccolos raus. Ritual ist Ritual. Mario saß neben mir: »Mannomann, hättest du mir vor einer Woche gesagt, was wir alles erleben, ich hätte dich für bescheuert gehalten.« Er knuddelte den Seehund, ich schaute aus dem Fenster aufs Meer und stieß in Gedanken mit meinem Schnuffel an. Der Hindenburgdamm kam, wir verließen endgültig die Insel. Ich machte die Tüte von Andreas' Eltern auf. Zwei Piccolos, Friesenkekse und eine Karte: Rituale darf man nie vergessen. (Andreas hatte ihnen also davon erzählt!) Von dem Geld sollte ich mir etwas Schönes gönnen. In dem Umschlag lag ein weiteres Kuvert. Ich schaute rein, sah Geldscheine. Ja, das waren Andreas' Eltern. Zuneigung zeigten sie so.

Und was war in dem Umschlag, den Mario Robin gegeben hatte? »Mir ist nichts eingefallen und ich wollte ihm was schenken. Da habe ich eine Unterhose von mir reingepackt, eine, die Robin so gerne leiden mochte.« Wir lachten, öffneten den Sekt von Andreas' Eltern und tauften den kleinen Seehund auf den Namen Fridtjof.

Kurz vor Hamburg meinte Mario: »Es ist noch früh, lass uns ein paar Züge überspringen, zeig mir dein Hamburg.« Ich überlegte kurz. »Ja, okay, ist vielleicht sogar gut so.« Wir gaben unser Gepäck ab, erkundigten uns, wann der letzte Zug fuhr, und zogen los. Zuerst die Landungsbrücken, der Ort, den ich immer aufsuchte, um zur Ruhe zu kommen. Danach die Reeperbahn, Mönckebergstraße, Jungfernstieg, Alster, kleines Touristenprogramm. Zum Schluss St. Georg, noch zwei Stunden, bis der Zug fuhr, wir waren müde vom Herumlaufen. Kurz in einen Sexshop, dann in eine Stricherkneipe. Wir waren nervös, jeder aus einem anderen Grund. Das erste Bier kippten wir in Windeseile herunter. Mario fühlte sich sichtbar unwohl.

»Willst du gehen?«

»Nee, bloß nicht, gib mir fünf Minuten und drei Bier.«

»Also wenn dein oder euer Leben so war wie die letzte Woche oder das hier, dann bin ich schon etwas neidisch, da hast du ja echt viel erlebt. Aber auf der anderen Seite bin ich froh, das nie erlebt zu haben. Weißt du, was ich meine?«

»Nur zu gut«, seufzte ich.

150 Wir standen wieder auf dem Bahnsteig und warteten auf den Zug. Es war geschafft, ich hatte es geschafft, fast alles.

»Du hast mir gar nicht eure Straße gezeigt.«

»War Absicht, wollte das irgendwie nicht, also nicht wegen dir, eher wegen mir.«

»Zu viel?«

»Kann sein, komm, lass uns etwas für eine Zugparty einkaufen, oder gehen wir in den Speisewagen?«

»Speisewagen? Nee, der Urlaub war schon teuer genug, ich bin pleite.«

»Ich aber nicht. Ich war in Hamburg, ohne durchzudrehen, das ist Grund genug zum Feiern.«

»Ach ja, ich vergaß beinahe, der Herr hat nach dem Urlaub ja mehr Geld als davor. Ist gar nicht mal schlecht, einen aus dem Rotlichtmilieu zu kennen.«

»Hör sofort auf damit oder ich verkaufe dich an den erstbesten Reisenden, der dich haben will. Und wehe, es ist eine Frau!«

»Du gehst nicht nur anschaffen, du bist auch noch pervers. Mit einer Frau? Nie!«

Mario kitzelte mich durch und ich kabbelte zurück. Die Bahnsteige auf dem Hamburger Hauptbahnhof sind immer sehr gut gefüllt, natürlich wurden wir beobachtet. Einige Leute um uns herum hatten das Gespräch mitbekommen.

»Siehst du, das meine ich, jetzt sind wir was Besonderes, zumindest hier. Und das ist der Kick, so ist nicht jeder. Manchmal bin ich sogar etwas stolz darauf.«

»Du hast echt eine Schraube locker.«

Der Zug fuhr ein, Mario und ich suchten uns freie Plätze. Wenig später gingen wir in den Speisewagen. »Wenn du das alles so toll findest, warum bist du nicht in Hamburg geblieben? Karlsruhe muss doch sterbenslangweilig für dich sein«, fragte Mario, während wir auf das Essen warteten.

»Genau das ist mein Problem. Ich weiß, Karlsruhe ist besser für mich, aber leben möchte ich lieber in Hamburg. Es gibt Tage, da zerreißt es mich beinahe. Da habe ich richtig Sehnsucht nach dem Hamburger Leben. Dann sehe ich mich, wie ich nackt vor einem Kunden stehe, und es läuft mir kalt den Rücken runter. Dann möchte ich am liebsten einen Puff aufmachen und für immer in dem Gewerbe arbeiten.«

»Und warum machst du es nicht?«

»Alkohol, ich würde zu viel saufen, da wird einfach viel getrunken. Und in ein paar Jahren bin ich alt und out und dann? In einem Sexshop kassieren bis siebzig? Etwas wenig für den Rest eines Lebens. Nur deswegen bin ich in Karlsruhe, reine Vernunft. Würde es nach der Lust gehen, würde ich mich jetzt am Steindamm herumtreiben. Weißt du, was ich meine?«

»Glaub schon. Zum Glück sind nicht alle wie du, das wäre ein Chaos.«

»Schon klar, aber es ist ein Teil von mir. Und was täte die notgeile Welt ohne uns?«

Das Essen kam, wir saßen noch lange im Speisewagen und redeten. Kurz vor Karlsruhe wurden wir melancholisch. Eine Woche Trubel, immer Menschen um uns herum, und Mario war dazu noch verliebt. Der Gedanke an unsere einsamen Wohnungen machte uns Angst. Aber das geht wohl allen so, die alleine nach Hause kommen.

151 Ich hatte es hinter mir. Meine Kontakte nach Hamburg verloren sich mit der Zeit, wohl auch wegen der Entfernung von über 600 Kilometern. Aber wenn ich wieder durch oder nach Hamburg fuhr, bekam ich immer eine Gänsehaut. Ab und zu ging ich dann noch nach St. Georg, in eine Szenekneipe, nicht als Callboy, nicht als Kunde. Ich trank ein Bier und dachte an früher, an meinen Schnuffel und seinen Prinzen, der eben auch die kleine Hafennutte war. Und dann schoss es mir durch den Kopf: Wäre ich in Hamburg geblieben, hätte mich die Stadt verschluckt, dann säße ich jetzt nicht mehr hier.

In meiner neuen Heimat gab es keine Stricherszene, dafür war die Stadt zu klein. Zwei Callboys lernte ich trotzdem kennen, rein privat allerdings. Irgendwie findet man sich doch immer.

Von außen betrachtet führte ich von nun an ein ganz normales Leben. Anschaffen ging ich nur noch selten, wenn es sich ergab. Ganz ohne ging irgendwie auch nicht. »Sowohl als auch« hing immer noch an meinem Kühlschrank. Einmal Hafennutte, immer Hafennutte.